Massif central,

hautes terres d'initiatives

Au-delà des auteurs cités ci-dessus, cet ouvrage est le fruit des travaux de l'ensemble du laboratoire, qu'il s'agisse de recherches fondamentales (doctorats, publications scientifiques) ou conduites à la demande de divers organismes ou collectivités territoriales du Massif central.

Coordination de l'ouvrage : L. RIEUTORT
Cartographie : F. FAUCON, E. LANGLOIS, F. VAN CELST
Mise en page : F. VAN CELST

Crédits photographiques :

Ph. Arbos (Institut de géographie de Clermont) : p. 16, 18, 76.

O. Bernard : p. 99 (bas)

E. Bordessoule : 4e de couverture et p. 37, 49, 104.

F. Cognard : p. 114.

E. Defive : p. 9, 22, 25, 28, 34, 47, 56, 78, 80, 82, 84, 85, 100, 101, 102, 107, 112, 113, 114, 118, 120.

P. Desmichel : p. 12, 58, 78, 79, 88, 101, 102, 117, 121.

F. Faucon : couverture et p. 7, 9, 13, 28, 37, 38, 59, 67, 86, 87, 91, 92, 97, 106, 107, 108, 118, 120.

E. Langlois : p. 27, 31, 38, 70.

A. Pêcheur : p. 7, 34, 100.

J. ou L. Rieutort : p. 12, 31, 36, 44, 55, 65, 67, 70, 76, 77, 87, 88, 92, 93, 94, 95, 98, 99, 104, 105, 106, 107, 109, 112.

Université Blaise-Pascal (service communication) : p. 44 (haut).

F. Van Celst : p. 25, 46, 47, 58, 59,72, 97.

Photographie de couverture :
Entre tradition et innovation, moulin à vent et éoliennes, Commune d'Ally (Haute-Loire)

Photographie de 4e de couverture :
Clermont-Ferrand, vue de Montjuzet

AVANT-PROPOS

Dans le Massif central comme ailleurs, les thèmes de l'initiative et de l'innovation ont longtemps été étudiés à l'aune du modèle général de développement, des succès de l'économie « productiviste » mondialisée et des techniques qui lui sont associées. Or, sur ce plan, la moyenne montagne du Massif central était perçue comme « fragile ». D'une part, et alors que les hommes et les activités se concentraient dans des lieux (plaines et littoraux, grandes métropoles) où la perspective de profit est maximale, le Plateau central s'enfonçait dans le déclin démographique et économique, marginalisé qu'il était par ses handicaps géographiques et des dynamiques socio-économiques récessives. D'autre part, le Massif central souffrait d'une assimilation à la ruralité et à l'omniprésence agricole et forestière, synonyme de « retard », de « passéisme » social et culturel alors que la ville était porteuse d'images et perceptions positives.

Mais voilà que, aujourd'hui, cette question de l'innovation est reformulée en s'inscrivant justement dans une dynamique de remise en cause partielle de ce modèle de croissance. Certes, le processus de « métropolisation » se poursuit et la mondialisation de l'économie s'accélère même si elle est plus lente qu'on ne l'affirme généralement, car il existe de multiples résistances, les obstacles culturels n'étant pas les moindres. En fait, un autre mouvement « alternatif » se dessine et affecte les pays développés, des États-Unis à l'Europe occidentale. Il repose sur :

• Une remise en cause du modèle « global » de développement et des préoccupations liées à la dégradation de l'environnement. Une partie de la population est fatiguée des excès de la concentration et du productivisme et les arguments « environnementalistes » rencontrent un écho favorable. On évoque l'idée du développement « durable » qui combine développement social, prudence écologique et efficacité économique. De nouveaux critères de localisation des hommes et des activités apparaissent. Ils sont liés aux aménités naturelles, patrimoniales ou culturelles de certains espaces. Pollution, transports saturés, coûts de l'habitat, sans parler des craintes « sécuritaires » évoquées à tort ou à raison, sont dénoncés et l'image des métropoles urbaines s'est peu à peu dégradée au point d'aboutir à un renversement par rapport à la période précédente. De nombreux habitants y résident désormais par obligation (c'est leur lieu de travail) mais aspirent à s'en éloigner. Les campagnes ont souvent retrouvé le chemin de la croissance démographique, y compris dans des secteurs isolés.

• La multiplication des initiatives locales, conséquence fréquemment de l'arrivée de nouvelles populations, de la mise en réseau des actions, des savoir-faire valorisés, des nouveaux liens entre intervention publique (nationale ou communautaire) et innovation privée.

Désormais, la démarche innovante repose souvent sur la valorisation de la seule chose qui ne soit pas « délocalisable », c'est-à-dire le territoire lui-même et ses aménités, ses agréments (cadre de vie et de résidence, environnement, patrimoine, équipements). **Le Massif central a-t-il alors quelques chances nouvelles ?** *En tout cas, il retrouve une certaine attractivité sur laquelle ce livre souhaite revenir, en insistant sur la description et la compréhension de ces mutations, mais aussi sur les réussites et les incertitudes contemporaines. Cette brève présentation, synthétique, utilisant images et cartes, repose largement sur les travaux des géographes du CERAMAC (Centre d'Études et de Recherches Appliquées au MAssif Central, à la moyenne montagne et aux espaces fragiles) de l'Université Blaise-Pascal de Clermont-Ferrand.*

Chapitre 1

LE MASSIF CENTRAL ET LES IMAGINAIRES DE LA MOYENNE MONTAGNE

Laurent Rieutort

Définir et délimiter le Massif central n'est pas une entreprise facile. Des générations de géographes ou d'hommes politiques s'y sont essayé, mais n'ont pas pour autant épuisé le sujet. Il faut dire que cette appellation ne correspond ni à une vieille province comme l'Auvergne, les Cévennes ou le Limousin, ni à une dénomination réellement populaire. Elle a été forgée au XIXe siècle par de savants géologues (Dufrénoy et Elie de Beaumont en 1841) pour caractériser les reliefs du centre-sud de la France, issus d'une ancienne chaîne dite hercynienne au même titre que les plateaux armoricains, les Vosges, le Massif schisteux rhénan. Sous cet angle géologique, l'unité ne fait guère de doute, d'autant que c'est le plus grand ensemble de plateaux de la France, moins élevé que les Pyrénées ou les Alpes, mais bien plus vaste (85 000 km², vingt-deux départements). Cette appellation et celle de « Plateau central » se sont ensuite généralisées. Elles ont été popularisées sur les cartes murales des écoles de la Troisième République, tandis que les géographes du début du XXe siècle, pétris d'histoire et de « sciences naturelles », ont fini par les imposer, multipliant les images à destination du public (le « château d'eau de la France », sa « tête chauve » fortement déboisée, son « pôle répulsif » éparpillant ses émigrants vers les plaines riches). Même si ce territoire n'offre guère d'unité humaine et demeure tiraillé entre influences diverses, parfois opposées, ces divers vocables ont été repris par des entreprises, des banques, des coopératives agricoles ou des administrations. Parallèlement, dès la fin du XIXe, des associations ou amicales d'originaires du Massif se sont constituées, d'abord à Paris, puis en Province ; en se réclamant des hautes terres, elles ont renforcé leur identité. Pour autant, le Massif n'a jamais constitué un tout politique, d'où les précautions des historiens tardant à lui accorder une attention spécifique, malgré les vieilles tentatives de la confédération arverne et la puissance évocatrice de cette image d'une « forteresse » stratégique au cœur de l'unité nationale. Unité administrative et unité économique lui ont toujours fait défaut. Tout au plus la littérature touristique a tenté de populariser ces moyennes montagnes.

La pertinence même de la terminologie mérite donc d'être discutée ; le seul examen d'une carte montre que la position n'est que partiellement « centrale » ou médiane, avec un net décrochement vers le Sud de la France, ce que confirme la forte appartenance du Massif à l'aire du droit écrit et des dialectes d'oc, les parlers d'oïl se limitant à la bordure septentrionale. La notion de « massif » est plus crédible : avec une altitude moyenne de 715 m, ce bloc compact domine souvent nettement les plaines et grandes vallées voisines. Il en résulte bien des conséquences sur le plan climatique comme sur les échanges. Faut-il évoquer les ouvrages d'art de Garabit sur la Truyère ou le viaduc de Millau enjambant la vallée du Tarn ? Mais doit-on pour autant considérer que la seule appartenance au Massif est à l'origine de « spécificités » de la société et de l'économie ?

C'est là qu'intervient une expression qui, associée au Massif central, obtiendra un succès rapide et deviendra un élément clef dans les discours et imaginaires : la moyenne montagne. Dans les représentations, le Massif central est le prototype de la moyenne montagne qui tranche clairement sur les régions qui l'entourent, par le relief et ses paysages, par sa société clairsemée et son économie fragile, par des pratiques et des images…

Une « région naturelle »

Telle est la formule employée dans les manuels scolaires. Appliquée au Massif central, on ajoute le terme de « moyenne montagne » afin de combiner le caractère montagneux qui l'oppose aux plaines voisines et le qualitatif de « moyenne » que l'on peut traduire ici par l'espace compris entre la haute montagne et le bas pays. Mais comment définir précisément cette « moyenne montagne » et en fonction de quels critères ?

Il faut rappeler que la notion même de moyenne montagne s'est imposée tardivement. En France, elle n'apparaît qu'à la fin du XIXe siècle pour désigner tout ce qui n'est pas du domaine de la haute montagne. On peut lire ainsi dans un manuel scolaire que l'«*on nomme grandes montagnes celles*

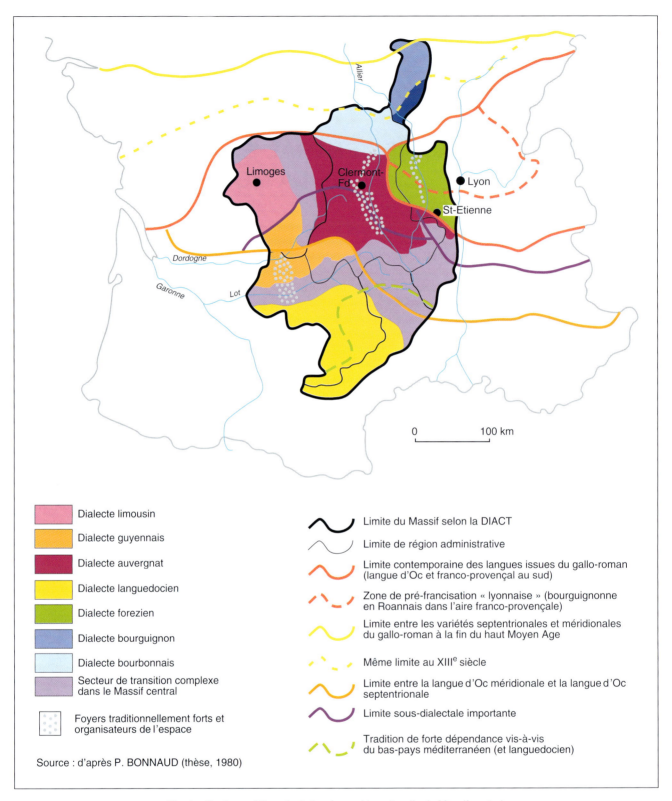

Dialecte limousin

Dialecte guyennais

Dialecte auvergnat

Dialecte languedocien

Dialecte forezien

Dialecte bourguignon

Dialecte bourbonnais

Secteur de transition complexe dans le Massif central

Foyers traditionnellement forts et organisateurs de l'espace

Limite du Massif selon la DIACT

Limite de région administrative

Limite contemporaine des langues issues du gallo-roman (langue d'Oc et franco-provençal au sud)

Zone de pré-francisation « lyonnaise » (bourguignonne en Roannais dans l'aire franco-provençale)

Limite entre les variétés septentrionales et méridionales du gallo-roman à la fin du haut Moyen Age

Même limite au XIIIᵉ siècle

Limite entre la langue d'Oc méridionale et la langue d'Oc septentrionale

Limite sous-dialectale importante

Tradition de forte dépendance vis-à-vis du bas-pays méditerranéen (et languedocien)

Source : d'après P. BONNAUD (thèse, 1980)

Fig. 1 – Quelques éléments de la géographie culturelle du Massif central

qui ont toute l'année des neiges et des glaciers, ce qui rend leur ascension particulièrement périlleuse. On nomme montagnes moyennes celles qui ne conservent des neiges qu'une partie de l'année»[1]. La définition liée à l'étagement climatique (neige/glaciers) associe une approche par la négative (ce qui n'est pas le monde de l'alpinisme alors en plein essor). Les illustrations jointes aux textes élargissent la notion en présentant les formes lourdes de ces *« vieilles »* montagnes aux sommets convexes, de ces *« massifs anciens »* peu élevés. S'ajoute également une connotation péjorative, l'adjectif « médiocre » étant couramment utilisé. Le Massif central *« n'est qu'une moyenne montagne, mais il est tout de même une montagne »* nous dit Ph. Arbos. Dans les années 1950-1960, on précise encore les choses tant sur le plan des formes du relief que dans le domaine de la végétation. Pour les uns, la moyenne montagne montre des *« pentes raides… limitées à la partie inférieure »* située au-dessus des vallées alors que *« l'énergie du relief ne dépasse pas 1 000 m »*. Toujours pour Ph. Arbos (1951), *« non seulement, le Massif est peu articulé, mais il n'a en général, ni crêtes dentelées ni sommets aigus »*. Pour les

Les formes volcaniques des Roches Tuilière et Sanadoire (Dore)

autres, l'étage de la moyenne montagne est situé en dessous de la limite supérieure de la forêt et donc le climat, la végétation ou les processus d'érosion se distinguent de ceux de la haute montagne. A. Fel précise ainsi : *« la véritable haute montagne n'existe pas dans le Massif central : pas de glaciers, pas le moindre névé au cœur de l'été. Mais le climat est bien celui d'une « moyenne montagne », rude et surtout capricieux »*. Il est vrai que le Massif central ne dispose pas d'un réel étage subalpin : les rares « alpages » (monts d'Auvergne au-dessus de 1 550 m, Mézenc, haute Margeride du sud, mont Lozère ou Aigoual, Forez au-dessus de 1 400 m), correspondent moins à une prairie « naturelle » continue qu'à la destruction des forêts par défrichement et abus du pâturage ou de la fauche. Certes, sur les plus hautes pentes, on voit l'arbre se rabougrir, s'isoler avant de disparaître face à la lande, tandis que les difficultés de la reconquête forestière sur d'anciens terroirs pastoraux confirment que les limites sont atteintes sur les sommets battus par les vents et la neige.

Climat, végétation ou relief ? S'agit-il de définir une volume montagneux d'élévation modeste ou seulement un étage « intermédiaire » en dessous des alpages ? Pour les géographes « classiques », le Massif central appartient à la première catégorie : il *« s'étale plus qu'il ne s'élève »* (A. Fel), même si des systèmes de versants, parfois raides dans les « pays coupés » (vallées encaissées en gorges, reliefs « rajeunis » par la tectonique) s'opposent aux systèmes de plateaux tantôt étagés ou vallonnés, tantôt surmontés d'édifices volcaniques.

Au total et même si l'on retient la seule définition « naturelle », les limites de la moyenne montagne restent délicates à donner. Il n'est pas aisé de retenir avec précision une courbe de niveau qui serait en tout lieu la « frontière » entre bas-pays et hautes terres. Plus généralement, tout dépend non seulement de la latitude et de la position océanique ou continentale mais aussi des dynamiques anthropiques. Que signifient les limites de la forêt dans des massifs où les fluctuations de l'occupation ont été permanentes ? Alors que les pâturages d'altitude furent élargis par les éleveurs, peut-on éliminer de la moyenne montagne les estives des monts d'Auvergne ou du Forez ? Reste cependant la notion fondamentale d'étagement de la végétation ou la présence forestière, plus ou moins forte mais

Les plateaux calcaires du Larzac méridional

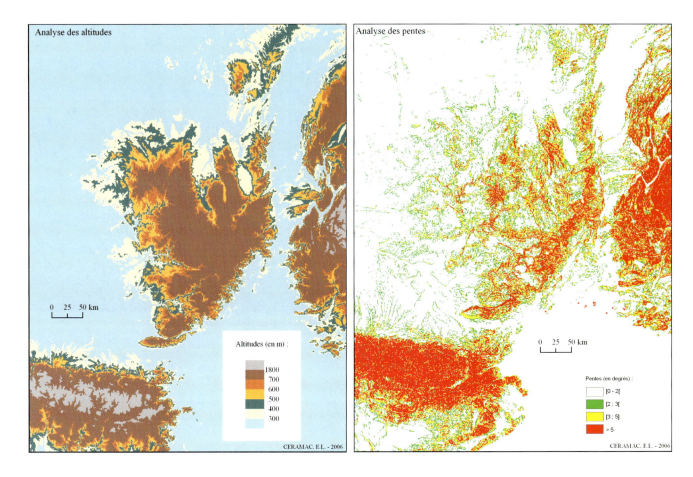

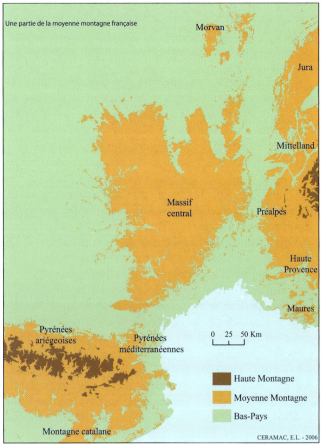

L'élévation en altitude et la vigueur des pentes permettent toutefois de tracer d'utiles limites comme le montre la carte qui isole les zones dont l'altitude est comprise entre 500 et 1 800 m ou qui présente des pentes supérieures à 5°. Réalisée grâce à un Système d'Information Géographique, elle montre clairement les vastes étendues du « Plateau central », parfois couronnées de hautes surfaces (1 884 m au sommet de l'édifice volcanique le plus élevé, 1 699 au point le plus haut du socle granitique). Sur la bordure est ou sud-est, le Massif s'enlève nettement au-dessus des plaines ou vallées bordières, de sorte que le contraste offert par la géologie est renforcé par un contraste d'altitude. Même les Grands Causses se terminent au-dessus du Languedoc par un abrupt, la Séranne. Les différences sont encore marquées vers le sud-ouest même si la Montagne noire s'enfonce progressivement sous la couverture sédimentaire de son flanc méridional. Mais c'est surtout à l'ouest (de l'Albigeois au bas Limousin en passant par les Causses du Quercy) que les limites deviennent floues, sauf lorsqu'un escarpement tectonique (région de Villefranche-de-Rouergue) ou une dépression périphérique sont aménagés en bordure du Massif (bassin de Brive). Au nord et au nord-ouest, entre Marche et Morvan, à l'exception de ces mêmes dépressions, le contraste n'apparaît guère : face aux couvertures sédimentaires (notamment calcaires), on peut retrouver les mêmes altitudes, les mêmes formes du relief et le même paysage de part et d'autre de la limite géologique, et seul un œil averti remarquera que les vallées s'encaissent plus nettement dans les roches du socle ; de même, si le haut Beaujolais est bien montagnard, on est plus hésitant pour les collines charolaises.

Fig. 2 – La moyenne montagne, essai de définition

donnant une touche « verte » aux massifs de moyenne montagne par rapport aux bas-pays.

Des contraintes pour les sociétés locales

De fait, très tôt les scientifiques ont insisté sur la forte occupation de ces moyennes montagnes. Notons cependant que cette approche dépend aussi des perceptions et représentations culturelles. Selon les époques, la montagne a pu être vue comme hostile (grossièrement jusqu'au XVIIIe siècle) ou, au contraire, comme attractive, harmonieuse et poétique, suscitant les visites des Romantiques mais aussi des curistes et malades, des scientifiques (qui étudient sa flore et sa faune) puis des alpinistes. Dans ces discours, la moyenne montagne peut donc s'inscrire soit en négatif (elle est peu « romantique », offre des panoramas qui ne sont pas « à couper le souffle »), soit en positif (elle est humanisée et accueillante).

En réalité, jusque dans les années 1950-1960, les géographes passionnés par les relations entre les sociétés et la nature, trouvent là des « genres de vie » originaux, opposés à ceux de la haute montagne. Pour le Clermontois M. Derruau, « *l'altitude des grandes limites d'arbres et de cultures oppose la moyenne montagne et la montagne alpine. La montagne devient de type alpin quand elle s'élève au-dessus du niveau de la forêt et qu'elle possède une prairie d'altitude qui oriente les genres de vie* »[2]. Or, l'altitude maximale du Massif central « *n'en fait qu'une moyenne montagne* », même si « *de hauts pâturages à chalets pastoraux sont ex-*

Lac Pavin (massif du Sancy)

ploités [...]. L'économie agricole « moyenne » est cependant fondée sur l'herbage sans déplacement du troupeau et sur des céréales parmi lesquelles le seigle a longtemps gardé la première place », et d'ajouter « *il n'y aurait guère d'exagération à considérer cet ensemble comme un vaste « ségala » inégalement modernisé* »[3]. Tous les travaux insistent sur le poids des sociétés rurales et sur une fréquente surcharge démographique dans le passé. On voit ainsi se construire un discours « traditionaliste » empreint de « ruralisme ». Selon cet argumentaire, l'isolement et la réduction des échanges limitent le développement urbain et la pression des intérêts bourgeois ; ainsi s'affirment des campagnes profondément « paysannes » du Morvan aux Cévennes. Des systèmes agropastoraux associent l'élevage à une « petite culture » - céréales, pommes de terre, arbres fruitiers voire vignes sur les coteaux ensoleillés - correspondant au système du bas-pays altéré par le froid. Mais, à la différence de la haute montagne, la vie pastorale ignore les mouvements de transhumance à longue distance, à l'exception de l'estivage local des bovins dans les « montagnes », notamment volcaniques, ou de la venue des troupeaux de moutons du Midi. Migrations humaines ou déplacements du bétail soulignent l'existence de relations avec l'avant-pays, montrant du même coup que la moyenne montagne n'a jamais vécu totalement repliée sur elle-même et que le « mythe » de l'enracinement a été forgé tardivement.

Ces descriptions se doublent d'une approche négative, tentant de montrer les retards ou les handicaps de la moyenne montagne par rapport à la haute et en regard des conditions plus avantageuses de l'avant-pays. Pour de nombreux auteurs, les

La vallée du haut Allier

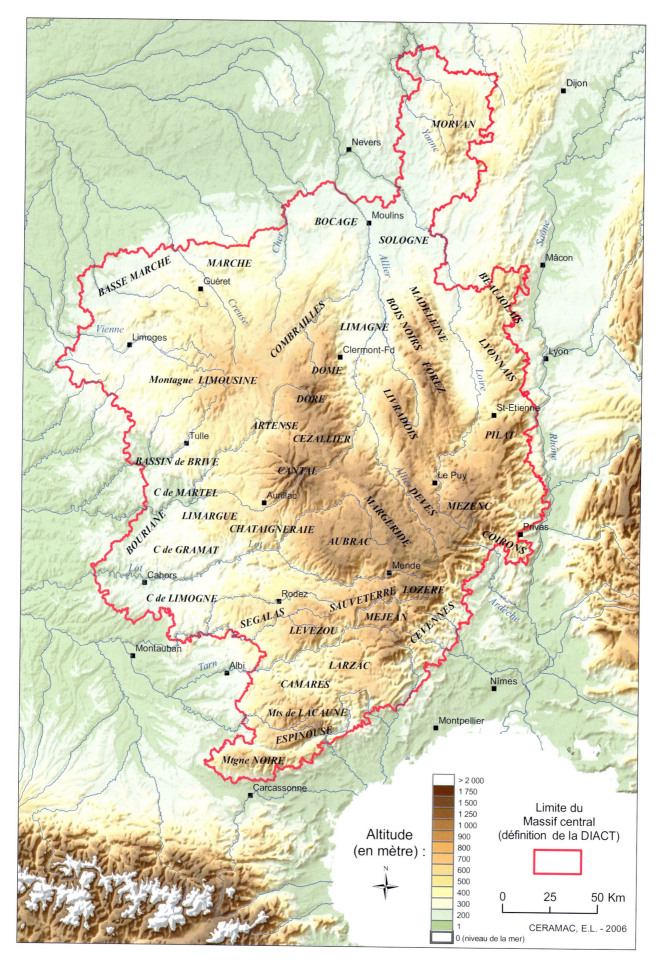

Altitude
(en mètre) :

> 2 000
1 750
1 500
1 250
1 000
900
800
700
600
500
400
300
200
1
0 (niveau de la mer)

Limite du
Massif central
(définition de la DIACT)

0   25   50 Km

CERAMAC, E.L. - 2006

Le Massif central résume bien à lui seul toutes les formes topographiques. En effet, ce vaste plateau de moyenne altitude est à la fois incliné du sud-est (plus de 1 500 m) vers le nord-ouest (300 à 400 m dans le bas Limousin), dénivelé par des failles, aéré par des bassins d'effondrement, entaillé par des gorges étroites et couvert de volcans.

Les plateaux où dominent les roches du socle, celles de la profondeur de l'édifice hercynien (granites, gneiss, schistes..), sont les plus vastes. Ils ont été érodés, donnant des arènes sablonneuses et quelques chaos de blocs ébouleux (Sidobre, Margeride et mont Lozère), certains ayant même été englacés au Quaternaire comme la petite Artense à l'ouest des Dore ou les hautes chaumes du Forez. Mais alors que dans le Limousin et le Morvan, ils sont peu bousculés avec des hautes terres vallonnées (la « Montagne » ou plateau de Millevaches vers 900 m) entourées par des gradins inférieurs (500 m), creusés de vallées et excavés d'alvéoles, au contraire, dans le sud et vers l'est, ce « socle » se relève sensiblement avec d'admirables paysages (1 200 m dans la Montagne noire ou dans les monts de Lacaune, 1 699 m au Mont Lozère, 1 567 m à l'Aigoual, 1 636 m à Pierre-sur-Haute). Il domine les bassins et gorges de l'Allier, de la Truyère, de la Dore ou de la Loire par des hautes terres (monts du Forez, Livradois, Devès, Margeride), tandis qu'il se termine brutalement au-dessus des plaines du Languedoc et du Rhône par des puissants talus, ravinés par les torrents méditerranéens dans les « serres » cévenoles. De nombreuses failles fragmentent alors le relief en un puzzle complexe de blocs surélevés (les « horsts » des morphologues) et de bassins étroits (sillons du Thoré et du Jaur au sud ; fossé de Saint-Étienne et du Creusot à l'est). Du Beaujolais aux approches de Valence, une banquette cristalline vient même ménager, vers 300 m d'altitude, une transition entre la montagne et la plaine du Rhône.

Plus originaux, les plateaux des Grands Causses constituent une sorte de golfe au sud du Massif, entre Rouergue et Cévennes, et témoignent des puissantes couches de calcaires déposées au Secondaire, très perméables et très solubles, qui ont recouvert le socle. Les vastes surfaces pierreuses accidentées de creux (ou « sotchs ») tapissés d'argile rouge, les rochers ruiniformes, les grottes et les « avens » composent un paysage insolite. Mais comme ailleurs, et plus encore, l'impression « insulaire » du plateau soulevé à plus de 1 000 m est saisissante ; au-dessous des corniches blanchâtres, les canyons des rares rivières (Jonte, Tarn, Dourbie) sont entaillés sur 500 mètres de profondeur. D'autres placages calcaires bordent les monts du Lyonnais, du Charolais ou du Mâconnais (roche de Solutré), tandis que les plateaux karstiques du Quercy à l'ouest ont bien des points communs avec les Grands Causses (surfaces pierreuses criblées de dépressions fermées et de gouffres), mais, moins élevés, ils appartiennent déjà à l'Aquitaine.

Les volcans sont liés aux grandes dislocations qui se prolongent jusqu'au Languedoc, et ont été mis en place depuis le milieu de l'ère Tertiaire et jusqu'au Quaternaire récent. Ils sont de types divers même si la morphologie de plateaux domine. Dans l'alignement méridien des Dômes (avec son célèbre puy culminant à 1 465 m), les accumulations de projections l'emportent avec des formes simples (cônes de scories terminés par des cratères simples ou emboîtés, dômes d'extrusion, coulées ou « cheires » rugueuses et incultes) dont l'âge récent et la perméabilité des matériaux expliquent qu'elles aient été à peine remaniées par l'érosion. Un autre type renvoie aux empilements de coulées comme dans l'Aubrac (1 471 m au Truc de Mailhebiau), dans le Cézallier (1 554 m) ou le Devès (1 423 m). Ils donnent des plateaux monotones, démantelés par l'érosion mais peu accidentés en dehors des quelques édifices quaternaires du Cézallier, des cônes de scories (les « gardes ») ou des cratères d'explosion du Devès. Au nord, des coulées ont cascadé vers les limagnes du sud, le long des vallées pliocènes. Au sud, les coulées de l'Escandorgue sont plus récentes. Dans le Velay oriental, les massifs du Mézenc (1 754 m) et du Meygal (1 438 m) sont aussi armés par des coulées ; mais, plus anciennes, celles-ci ont été démantelées tandis que des venues de laves visqueuses, les phonolites, ont contribué à de multiples excroissances (les « sucs ») restées en saillie, aux flancs tapissés de coulées de blocaille (comme le Gerbier-de-Jonc à 1 551 m) ; l'ensemble se prolonge en Vivarais avec les coulées des Coirons qui se terminent en belvédère noirâtre au-dessus du Rhône. Enfin, le Cantal (1 858 m au Plomb, 1 787 au puy Mary) et les monts Dore correspondent à de très grands organismes ou strato-volcans, constitués par des empilements de coulées, des intrusions, des projections, le tout malmené par l'érosion. Le centre, dominé par des pitons de roches plus résistantes, présente un relief presque alpestre, tandis que le réseau hydrographique rayonnant à partir des hauts sommets, découpe les bandeaux basaltiques en « planèzes », plateaux triangulaires au front abrupt vers l'intérieur et dont la surface s'abaisse vers la périphérie. Il faut dire que, lors des anciennes périodes froides, des glaciers ont installé leurs calottes sur les plus hauts édifices, burinant des cirques vers l'amont et de larges vallées en auge, comme celle du Mont-Dore ou le système divergeant du Cantal (Jordanne, Cère, Alagnon…). Le Cézallier et l'Aubrac ont surtout connu des glaciations de plateau dont des langues dévalaient vers les vallées de l'Allier ou du Lot et de la Truyère. Dans les plaines, le volcanisme a créé des formes mineures, dégagées par le déblaiement des sédiments (buttes isolées, anciennes coulées « inversées » en plateaux tabulaires tel Gergovie ou la montagne de la Serre), mais celles-ci ont parfois servi de site aux villes comme à Clermont-Ferrand ou au Puy.

Justement, ces plaines constituent un dernier type de paysage. Souvent étroites (« vallons » et « rougiers » autour des Causses, petits bassins de périphérie comme à Brive ou enchâssés à l'intérieur des terres comme à Aurillac, Ambert ou Montluçon, couloirs dégagés dans les dépôts houillers entre les pays de la Loire et les pays de la Saône ou du Rhône), elles prennent plus d'ampleur le long de la Loire (bassin du Puy, de l'Emblavès, du Forez, de Roanne) et de l'Allier (les « limagnes ») avant de se rejoindre dans les bocages de l'Allier, dans cette Sologne bourbonnaise formée d'épandages argilo-sableux. La Grande Limagne de Clermont est un « bon pays » traditionnel, tantôt argileux et plus humide, tantôt montueux avec les buttes calcaires ou volcaniques, tantôt marneux et couvert d'une terre noire qui lui vaut de riches cultures. Ces plaines, où se concentre une grande partie de la vie urbaine et industrielle, évoquent les autres bassins de l'Europe hercynienne (fossé du Rhin moyen, fossé de l'Ohre en Bohême) et ouvrent le Massif vers le nord, en direction de la région parisienne.

Fig. 3 - Les hautes terres du Massif central

contraintes du milieu, qui, ailleurs, ont perdu une partie de leur pertinence, gardent ici leur pleine validité.

• Le climat s'impose par sa rigueur qui réduit la saison végétative et pénalise les productions agricoles (stabulation prolongée du bétail), éliminant les plantes les plus sensibles ; il multiplie les surcoûts économiques et isole les communautés montagnardes en hiver lorsque la neige complique la traversée des hauts plateaux. Bien des déséquilibres saisonniers des rythmes de vie découlent de cette rudesse accentuée. En outre, sur les versants ouest et nord, le caractère océanique du climat se traduit par une humidité notable qui a pour résultat de créer une ambiance montagnarde et fraîche à des altitudes faibles.

• L'isolement contraint également toutes les activités à tel point que le thème de l'« enclavement » du Massif central a fait florès. Il est vrai que la tendance historique était de contourner ces hautes terres pour emprunter des voies plus longues mais plus rapides. Certes, la notion est alors excessive mais elle a le mérite d'insister sur l'augmentation des coûts et sur la difficulté de la circulation dans une grande partie du territoire. Les massifs montagneux et leurs cols élevés, la topographie en gorges, cloisonnent la région, l'isolent de l'extérieur de tous les côtés sauf au nord, et la gênent dans ses communications internes, surtout est-ouest.

• Le morcellement des unités de vie est réel en dehors des bassins plus ouverts et urbanisés. Classiquement dans le Massif central, les « pays » s'organisent souvent autour de bourgades ou de petites villes-marchés à rayonnement local. Les grandes métropoles sont extérieures, à l'exception de Clermont-Ferrand, Limoges ou Saint-Étienne dont l'essor est d'ailleurs tardif.

Or, face à ces contraintes, la moyenne montagne offre peu d'atouts. D'une part, le potentiel touristique est faible aussi bien en été (ensoleillement aléatoire, paysages monotones) qu'en saison froide (irrégularité et fragilité du manteau neigeux). Il manque les « panoramas » et images fortes appréciés par les acteurs du marketing territorial. Le tourisme y est « banal » dans des massifs volontiers qualifiés de « montagne à vaches ». D'autre part et si le Massif central se distingue de la haute montagne en bénéficiant d'une ample surface agricole utilisable (pentes souvent modérées, sols parfois fertiles...), il a dû se convertir à l'herbe et se spécialiser dans l'élevage sans toutefois afficher des résultats comparables à ceux obtenus dans les bas pays. Enfin, l'industrie moderne est limitée aux métropoles, peu nombreuses, et elle n'est pas fondée sur la « houille blanche » à la différence des Alpes. Le charbon a pu être exploité, notamment dans les bassins de l'est du Massif, mais ces gisements sont en difficulté dans les années 1960 et la sidérurgie se réduit à peu de chose. Bref, de tous les points de vue, la moyenne montagne occupe une position intermédiaire, finalement inconfortable dans un contexte de concurrence entre les territoires et alors que prévaut le modèle de l'économie productive, de la concentration des investissements et des grands aménagements (notamment les stations dites « intégrées » de haute altitude).

Intérieur paysan dans le petit musée de Montrol-Sénart (Haute-Vienne)

Labour traditionnel dans les Dore (1985)

Des territoires sensibles ou renaissants ?

La fin de la société traditionnelle et la crise qui frappe bon nombre de massifs depuis la seconde moitié du XIXᵉ siècle ne permettent-elles pas alors de définir avec plus de rigueur la moyenne montagne ? Le succès de la dénomination après 1975 répond ainsi à la reconnaissance des problèmes spécifiques de ces « terres d'abandon ». Ainsi P. Estienne isole les Vosges, le Jura et le Massif central car *« les problèmes ne sont pas les mêmes en moyenne et en haute montagne, en zone skiable ou en pays de tourisme estival »*[4]. Pour A. Fel, *« la personnalité du Massif central reste forte, mais il reste surtout une « région problème », naguère paysanne et qui trouve difficilement sa vocation nouvelle dans l'Europe industrielle et urbaine ».* Voilà donc des territoires qui posent des *« problèmes d'aménagement »* et rapidement, hommes politiques et agents du développement s'emparent du terme. On insiste sur les moindres rendements agricoles, sur les transports plus lents et l'isolement, sur la marginalisation de ces espaces à l'échelle régionale ou nationale, sur le recul démographique, les faibles densités et les niveaux de vie inférieurs à la moyenne. Tout cela se combine souvent avec l'idée que le progrès a du mal à pénétrer sur les hautes terres où l'on se heurte à l'anémie sociale ou à des perceptions négatives du territoire. De là découle la nécessité d'une assistance : ce qui est « moyen » n'est pas spectaculaire et mérite des aides.

Concrètement, c'est en 1975 qu'un « programme spécial Massif central » donne une certaine consistance à ce territoire. En 1978, c'est l'individualisation en France d'une zone de haute montagne (située à plus de 1 200 m) qui permet d'isoler grossièrement la moyenne montagne. A l'échelle européenne, en relation avec le développement de ces politiques, toute une série de définitions et d'outils sont mis au point. Les critères liés à une directive de 1975 sont largement utilisés (altitude – plus de 700 m voire seulement 600 m dans les Vosges et 800 m sur le pourtour méditerranéen – associée à la pente – plus de 20 % sur au moins 80 % de la zone). Enfin, la loi montagne de 1985 proposée par le ministre René Souchon, ancien maire d'Aurillac et actuel Président de la région Auvergne, distingue les différents massifs français et trace sur la carte **un espace d'intervention qui n'est guère différent du Massif central des géographes, étendu en 2005 au Morvan, même s'il exclut encore le Charolais à l'est et s'élargit sur la bordure aquitaine (Quercy) qui est extérieure à la stricte limite géologique.** Aujourd'hui sur 15 % du territoire national, le Massif central représente plus de 40 % de la zone de montagne française.

Parallèlement, et avec cette même loi de 1985 qui met l'accent sur « l'auto-développement », les théoriciens du « développement local » trouvent en moyenne montagne un terrain privilégié… On croit dans les micro-initiatives et on attend les innovateurs. L'action des élus et des militants socioprofessionnels est incontestable dans plusieurs expériences réussies (Aubrac, Cévennes, Grands Causses, Yssingelais, Montagne limousine...). Plus généralement, les problématiques se renouvèlent. Les critiques sévères apportées au modèle de développement touristique de la haute montagne et la montée en puissance de la pensée écologiste attribuent de nouvelles valeurs à ces hautes terres aux environnements « préservés ». Pour H. Gumuchian[5], avec ses altitudes modestes et ses paysages traditionnels, la moyenne montagne est à la mode car elle est « hospitalière » et répond à certaines aspirations de citadins en quête de tourisme « doux » ou « contemplatif », de « patrimoine » ou de décor « naturel ». Oubliée, la « monotonie » des paysages laisse place à l'idée d'harmonie, de qualité de vie, d'enracinement et de profondeur historique. Pour l'historien P. Cornu, c'est « *la construction progressive, de l'intérieur et de l'extérieur, d'une idéologie de l'enracinement venant substituer une emprise symbolique à l'emprise matérielle défaillante dans ce « cœur vide » du territoire national* »[6]. Les discours « traditionalistes » sur la vie paysanne, le « calme » et les vieux villages sont réintroduits par ce biais, alors que ce même monde rural du passé disparaît peu à peu et que villes et services s'imposent. D'où l'interrogation d'A. Fel : « *qui remplacera le vieux paysan et que deviendront les anciens terroirs délaissés ? Seront-ils occupés par une nouvelle agriculture ? Par des lotissements touristiques ? Par la forêt de résineux ?* ». Dans la littérature régionaliste et agrarienne, le propos sur cette ruralité mythifiée peut aussi se combiner avec une vision identitaire, celle de la « forteresse » des hauts pays où les traits de l'identité se maintiennent mieux qu'ailleurs. On retrouve le thème de l'enracinement dans les petits « pays » qui composent les massifs de moyenne montagne, voire même dans des territoires où l'on choisit de s'installer et parfois de revenir, à mille lieux des logiques actuelles de la mondialisation. D'une certaine façon, le Massif central y gagne une certaine unité. Il peut même être revendiqué, comme lieu spécifique de distinction par rapport au bas-pays des villes et à la haute montagne qui ont subi tant de bouleversements. Habitants et usagers se reconnaissent dans cette moyenne montagne « à taille humaine », et il est clair qu'il faut prendre en compte la perception des populations qui déclarent profiter de ses agréments. Pour certains, la moyenne montagne est aussi synonyme de modernité. Le Massif central est « tourné vers l'avenir ». C'est une « terre vierge à occuper ». C'est un laboratoire pour de nouvelles pratiques de « développement durable », d'une économie compétitive mais plus respectueuse de l'environnement et des sociétés locales. Il facilite les nouvelles relations entre la ville et les arrières-pays

Les hautes terres agricoles du Velay (vers Fay-sur-Lignon)

ruraux et devient « territoire d'accueil ». C'est un « *refuge d'avenir* ». Mais cette double perspective patrimoniale et environnementale peut aussi aboutir à une « mise sous cloche » des « grands espaces » et de la culture et du patrimoine d'antan[7]. Il importe de valoriser les traditions rurales – agricoles ou artisanales –, les savoir-faire d'autrefois dans une même logique de « mise en patrimoine ». Les mesures de protection ou de sauvegarde s'imposent et il est symptomatique que le Massif central se couvre de parcs « naturels » national ou régionaux.

On aboutit à une nouvelle appropriation de la moyenne montagne, par le savoir commun, les élus ou les agents du développement. Objet mal défini du géographe, la moyenne montagne et le Massif central ne risquent-ils pas alors de lui échapper ? Sans ouvrir un débat quelque peu byzantin, mais afin de désigner simplement l'objet étudié dans cet ouvrage, notre approche du Massif central tentera de « croiser » ces différents critères. A cet effet, elle retiendra une limite officielle, celle du Massif central reconnu par la DATAR–DIACT, qui correspond grossièrement aux limites des hautes terres, du « vert massif », et qui a le mérite d'exister depuis plusieurs décennies même si la construction territoriale pouvait sembler artificielle au départ ; en outre, l'existence d'un projet commun ne peut que consolider les solidarités et l'identité du Massif ; toutefois, pour observer les relations établies avec les avants-pays, les cartes et analyses seront établies sur un espace plus vaste.

Notes

1 – SCHRADER F., LEMONNIER H. et al. (1909) – *Premiers éléments de géographie, Cours élémentaire, Notions générales, la Terre, la France.* Paris, Hachette.

2 – DERRUAU M., (1966) – Paysages et habitats ruraux des pays tempérés. *Géographie Générale, Encyclopédie de La Pléiade*, Gallimard, pp. 1 145-1 243.

3 – DERRUAU M. (1961) – *L'Europe,* Hachette, 604 p.

4 – ESTIENNE P. (1978) – *La France, 3. Les montagnes françaises et l'axe Rhône-Rhin*. Masson, 208 p.

5 – GUMUCHIAN H. (1984) – Images et partage de l'espace : le succès de la « moyenne montagne ». *Revue de Géographie Alpine*, n°2-3-4, pp. 265-271.

6 – CORNU P. (2000) – La forteresse vide. Une histoire des hautes terres du Massif central entre déprise humaine et emprise symbolique (XIX-XXᵉ siècle), *Ruralia* [En ligne], n°7, varia.

7 – « *Le patrimoine, c'est le rangement de ce qui est mort et la dévitalisation de ce qui survit* » écrit Louis Assier-Andrieu, *in* Patrimoine en débat, *Les Papiers*, n°9, 1992.

Chapitre 2

UN TERRITOIRE SENSIBLE

Laurent Rieutort

Ainsi délimité, le Massif central groupe plus de quatre mille communes. Il s'étire sur près de quatre cents kilomètres d'est en ouest dans sa plus grande largeur et plus de cinq cents kilomètres du nord au sud. D'une superficie de 80 000 km², il est voisin en taille de l'Autriche et représente le double de la Suisse ou des Pays-Bas, presque le triple de la Belgique. Mais sa population atteint péniblement les 3 777 000 habitants, ce qui paraît faible vis-à-vis de ces mêmes voisins, révélant du même coup les faibles densités des hautes terres (44 hab. au km²). Le Massif central apparaît donc bien au premier abord comme le prototype de l'espace « fragile » où la vie s'est rétractée, où les grandes villes font le plus défaut et où une grande partie du territoire est à reconquérir.

La notion de sensibilité

Sans relancer une fastidieuse discussion sémantique, il importe d'éclairer le lecteur sur le sens de termes et adjectifs souvent employés à propos du Massif central. En effet, qu'il s'agisse d'espaces « défavorisés », puis d'espaces « fragiles » ou « sensibles », bon nombre de qualificatifs ont tenté depuis une trentaine d'années de caractériser « *les régions qui ne vont pas bien* ».

La notion de **région « défavorisée »** s'est très tôt (années 1975) appliquée à la suite de l'individualisation des problèmes spécifiques aux zones de montagne, puis de « moyenne montagne » ou « de piémont » comme le Massif central, et enfin aux espaces ruraux dits « profonds », en proie au déclin démographique et économique, fréquemment secoués par la crise de leur agriculture. On admet que ses difficultés sont issues de handicaps imposés dès le départ par la nature (climat, pente, sols médiocres..), qui infériorisent ces territoires peu compétitifs dans une économie « ouverte » et un marché concurrentiel. Pourtant, cette approche conduit à un déterminisme déguisé : la « crise » n'est évidemment pas le résultat des seules contraintes physiques et les défaveurs de l'agriculture n'expliquent pas à elles seules le processus de marginalisation, d'autant plus que c'est souvent la faiblesse des activités industrielles ou tertiaires qui est en cause.

Le thème **d'espace « fragile »** prend le relais vers 1985. Il désigne ici, littéralement, des zones « *prêtes à se briser* », disposées au risque de rupture, souvent répulsives. On fait appel à des symptômes économiques (richesses produites, évolution du nombre d'actifs…) et sociaux (crise démographique…). On introduit des indicateurs d'effets plutôt que de causes supposées et la fragilité n'est donc qu'aggravée mais non déterminée par le milieu naturel. Le système spatial est dit fragile car les équilibres existants peuvent être rompus à tout moment, même si c'est pour donner naissance à un nouveau système… Dans bien des cas, la crise est également porteuse d'éléments de renouveau, la réadaptation succédant à l'affaiblissement.

Le concept de **marginalité** est également utilisé depuis plus longtemps. Il évoque le cas d'espaces manifestement à l'écart des modèles de développement dominants, mais qui sont en voie d'intégration dans un système géographique englobant. Ces territoires sont donc dans une situation de dominés. Ils sont restés à l'écart des effets d'entraînement directs des pôles de croissance métropolitains. Sur un plan macro-économique, leur contribution à la production de richesses est faible. Les fonctions qui leur sont assignées par la société globale les cantonnent dans un rôle de fournisseurs de matières premières ou de cadre de vie. Les activités locales, faiblement créatrices d'emplois et de valeur ajoutée, sont dépendantes de centres d'impulsion extérieurs ; dépendance d'autant plus marquée que les dynamiques locales sont limitées.

On glisse enfin récemment vers l'idée de **territoire « sensible »**, peut-être moins négative mais qui permet surtout de préciser la notion très relative de fragilité. L'idée principale reste que le processus de sélection est défavorable à certains territoires victimes de la concurrence des régions fortes et mieux placées, et qui sont donc confrontés au déclin démographique et économique. Mais des actions sont possibles et ce type de territoire est aussi « sensible » aux nouvelles dynamiques de développement, qu'il compte sur des impulsions extérieures (les nouvelles attentes des sociétés urbaines) ou sur ses ressources propres, notamment les espaces « naturels », agricoles et forestiers, les paysages ou le patrimoine culturel. Cependant, marginalisation et valorisation peuvent également se traduire par une dégradation de ces ressources : la dimension environnementale s'ajoutant à la sensibilité socio-économique. Ainsi, le développement durable de ces territoires passe par un équilibre subtil et difficile à tenir, entre la nécessité d'exploiter des ressources fragiles et l'exigence de les préserver et de les renouveler. C'est aussi en ce sens qu'ils peuvent être qualifiés de sensibles.

En réalité, par des critères communs qui renvoient à des tendances clairement récessives aux plans économique, socio-démographique ou environnemental, ces différents concepts se recoupent. Ils sont également mis en avant par les acteurs locaux imprégnés de représentations péjoratives et qui souhaitent souligner la fragilité de leur situation, voire exprimer un sentiment d'abandon. Celui-ci peut contribuer à une prise en compte par les politiques publiques sous des qualificatifs variés, voire générer du développement local.

Des fragilités héritées

En réalité, la fragilité socio-spatiale du Massif central résulte à la fois du difficile « équilibre » des siècles passés et de difficultés plus récentes. On a vu que la moyenne montagne de la tradition – celle du maximum démographique du XIXe siècle avec cinq millions d'habitants – est active et caractérisée par une société rurale majoritaire. La vitalité démographique ne laisse pas de surprendre : les hautes terres sont alors peuplées avec des densités souvent supérieures à 50 hab./km², atteignant même 100 hab./km² (limagnes du sud, Cévennes, Beaujolais...) ; seules les hautes surfaces au-dessus de mille mètres, notamment dans la partie méridionale (Causses), ne dépassent guère les 30 hab./km², chiffre encore élevé compte tenu de la médiocrité des milieux. En 1946, on est encore à plus de 50 hab./km² dans le moyen Limousin, le bas-pays de Brive, la Limagne de Clermont et les petites limagnes du sud, les bassins du Puy ou d'Aurillac, l'Yssingelais, le Roannais, la plaine du Forez, les monts du Lyonnais, le haut Vivarais voire les Ségalas. Presque partout ailleurs, on est proche des 30 hab./km² et on se tient à moins de 20 seulement dans la Montagne limousine, la haute Margeride, le Cézallier, l'Aubrac, les Grands Causses du sud ou le Lévézou.

Clermont-Ferrand, rue Blatin vers l'ouest (1930)

L'occupation rurale se double d'une armature de petites cités marchandes au contact des différents « pays », de villes-évêchés ou de pèlerinage, de rares villes industrieuses et surtout de grosses bourgades... Le thermalisme, précocement développé, favorise également l'essor de stations bien équipées, singulièrement avec la venue du chemin de fer (Vichy, Le Mont-Dore–La Bourboule). Mais, jusqu'à la Seconde Guerre mondiale, la fréquentation touristique est dis-

Vignoble du haut Beaujolais vu de Régnié (1930)

crête, avec quelques sites reconnus (monts Dore, gorges du Tarn, vallée du Lot) et assez mal équipés. L'économie rurale est donc largement fondée sur les activités agricoles : les cultures vivrières, pommes de terre et surtout céréales, sont l'objet de tous les soins et le Massif central est d'abord un pays de labours mis à part les monts d'Auvergne... Les forêts, largement modifiées par l'homme, sont marginales, limitées à des territoires peu peuplés. Certes, des variantes existent suivant le milieu naturel et l'histoire mais on retrouve partout quelques grands types : système agro-pastoral ou de petite polyculture des hautes terres cristallines, montagne herbagère des massifs volcaniques où la vie pastorale met à profit l'étagement climatique, bocages des bas plateaux du nord et de l'ouest (du Ségala au Morvan en passant par le Bourbonnais), cultures intensives des bassins. Les paysages sont compo-

Domaine à Pierrefitte en Sologne bourbonnaise (1930)

sites avec ces hameaux de montagne aux longues fermes, l'habitat dispersé des bocages et les villages serrés de la Limagne, des coteaux volcaniques, de la planèze de Saint-Flour ou des plateaux du Velay occidental, toutes régions de polyculture qui, autrefois, organisaient leurs terroirs suivant de fortes disciplines collectives. Plus puissant en altitude, l'élevage profite de races rustiques. Là, il fournit du bétail apte au travail ou à la viande, recherché par les plaines voisines. Ici, il s'oriente vers la fabrication de fromages. Historiquement, le cantal, recherché par les consommateurs populaires du Bassin aquitain ou de la région parisienne, était produit en grandes meules dans des fermes importantes et affiné par des négociants, tandis que les « bleus », la fourme d'Ambert ou le saint-nectaire étaient surtout l'affaire des petits paysans.

Malgré quelques progrès au XIXᵉ siècle (apports d'engrais et de chaux, ouverture commerciale), l'ensemble reste insuffisant sur le plan économique du fait de la surcharge humaine et de la pauvreté du milieu ; sauf en plaine, la nécessité de ressources complémentaires s'impose ; ces dernières recouvrent soit la pratique de l'artisanat (textile, bois...), soit l'accueil d'enfants parisiens ou de pupilles de l'Assistance publique (Morvan, Combrailles), soit les migrations de travail. Celles-ci ont été maintes fois racontées ; il faut dire que, traditionnellement, plusieurs dizaines de milliers de montagnards quittaient temporairement leur ferme

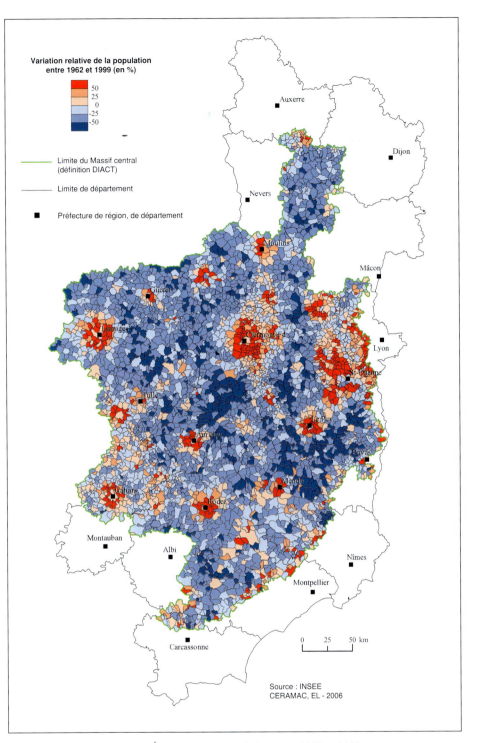

Fig. 4 – Évolution de la population entre 1962 et 1999

ou village afin de trouver de quoi faire subsister leurs familles. Les chemins étaient multiples mais bien organisés par de solides réseaux : départs d'hiver sur les hautes terres pastorales où l'on avait des spécialités (scieurs de long, artisans et colporteurs, négociants), mouvements d'été sur les plateaux du nord-ouest où l'on préférait les métiers du bâtiment (le « limousinage ») profitant de la croissance parisienne ou des chantiers publics, brèves migrations pour les fauchaisons, les moissons ou les vendanges dans les bas-pays proches, notamment ceux du Midi ou de la vallée

du Rhône. La distinction n'est pas facile entre simple migration saisonnière, déplacement pour plusieurs années (y compris vers l'Espagne) et départs définitifs... Pourtant, peu à peu, ces derniers s'imposent. Les vocations religieuses se multiplient parmi les cadets des familles nombreuses. A Paris, le porteur d'eau devient vite petit boutiquier (bois et charbon) puis cafetier, restaurateur. Dans tout le pays, de petits fonctionnaires issus du Massif s'installent tout en gardant une maison de vacances ou de retraite au pays.

En fait, sur place, la société demeure longtemps celle d'une modeste paysannerie, d'affinité méridionale à l'exception des périphéries septentrionales des bocages de l'Allier, de la Basse-Marche limousine, des monts du Cantal ou de certaines hautes terres du sud. En Bourbonnais, les domaines sont partagés en métairies. Partout, ces petits exploitants tentent de s'agrandir, de grignoter un peu de foncier. Il en résulte une profonde empreinte sur la culture et les mentalités. Ainsi, de fortes traditions collectives (terres « communales » et « sectionnales ») entretiennent les solidarités villageoises et les réseaux de parenté. De plus, cette tradition rurale et le poids de l'isolement ont aussi pour corollaire l'émiettement et l'insuffisance de la vie urbaine. Situation qui oppose vigoureusement le Massif central aux Alpes, anciennement pénétrées par les influences de la ville et les grands courants commerciaux. Certes les échanges existent dans les campagnes et des complémentarités associent plaines et montagnes. Mais ces relations qui ignorent les limites administratives, restent limitées à de courtes distances et réduisent les possibilités de spéculations réellement fructueuses.

Cette société traditionnelle culmine au siècle dernier alors que l'équilibre relatif est rompu par l'ouverture d'un monde jusque-là protégé par son isolement. En effet, par une inversion de situation remarquable, le Massif central connaît un

Petite culture au pied de la butte de Nonette (Puy-de-Dôme, 1930)

effondrement démographique spectaculaire ; le recul est souvent précoce (dès le début du XIXe siècle dans le Cantal, l'Aubrac et les Causses), devenant massif de 1890 à 1914. Dans beaucoup de communes rurales, entre la moitié et les deux tiers de la population disparaissent. L'exode est tel que l'on invente le thème du Massif central « pôle répulsif » qui envoie des émigrants vers les plaines : Bassin aquitain, bas Languedoc, couloir rhodanien mais surtout Bassin parisien. D'après P. Estienne, les hautes terres ont fourni près d'un million de migrants entre 1831 et 1911 ! Et, jusqu'en 1975, les soldes migratoires sont continuellement négatifs

dans l'espace rural. Or, par sa sélectivité, l'émigration touche particulièrement les jeunes gens. Il en résulte un vieillissement, une dénatalité préoccupante et finalement des bilans naturels négatifs (excédent des décès sur les naissances). Certes, la dépopulation n'atteint pas cette intensité en tous lieux et à toutes les périodes, mais la crise concerne la majeure partie d'un Massif central qui détenait 13 % de la population française au milieu du XIXe siècle et n'en possède plus que 6 % aujourd'hui. Ce passage du « réservoir d'hommes » à la déprise démographique est fondamental pour cerner les réalités sociales voire culturelles du Massif central. A cet égard, on doit aussi rappeler l'influence de la colonie des Auvergnats de Paris qui a longtemps forgé une identité aux « originaires » d'une grande partie du Massif central (Lot, Corrèze, Cantal, Puy-de-Dôme, Lozère, Aveyron). Cette communauté conserve tant bien que mal ses amicales, son journal et ses solidarités.

En contrepartie, la population urbaine ne cesse de croître, en particulier dans la Loire, le Tarn, l'Allier, le Puy-de-Dôme ou la Haute-Vienne. Mais l'essor n'est pas uniforme : bien des petites cités ont du mal à maintenir leurs fonctions commerciales et administratives. Certes, des industries très anciennes existent (travail de la laine dans le haut-pays castrais ou en Gévaudan annexé par le négoce languedocien, fabrication de la dentelle en Velay, soierie dans le Pilat, l'Yssingelais et l'arrière-pays lyonnais, cotonnades du Roannais, papeterie des régions d'Ambert et d'Annonay, coutellerie thiernoise, tapisserie d'Aubusson…). Mais elles sont souvent très disséminées en petits ateliers, comprenant plus d'artisans travaillant à domicile que d'ouvriers, et elles ont souvent périclité, parfois jusqu'à disparaître victimes de crises précoces ou de la concurrence des foyers du bas-pays. Impulsées par des initiatives et des capitaux extérieurs, quelques « affaires » se sont surtout développées au XIXe siècle : petite industrie diffuse (textile, mégisserie, métallurgie surtout) principalement dans les campagnes de l'est du Massif central ou sur quelques sites isolés (Millau et Saint-Junien pour la ganterie, faïencerie et porcelaine à Limoges, agro-alimentaire comme à Roquefort), mais surtout « pays noirs » périphériques fondés sur les mines de charbon (Saint-Étienne, Blanzy, Messeix et Brassac, Saint-Eloy et l'Aumance, Carmaux et Decazeville, Alès) et la sidérurgie. Jusqu'à la fin du Second Empire, le Massif central est même le premier fournisseur de charbon et de produits métallurgiques en France. L'association de la mine – très éparpillée – et de l'usine reste toutefois inégale : de véritables bassins s'affirment seulement à Saint-Étienne, foyer le plus puissant avec la métallurgie et l'armement, comme à Decazeville, Alès ou Montluçon-Commentry. Spécialisations et

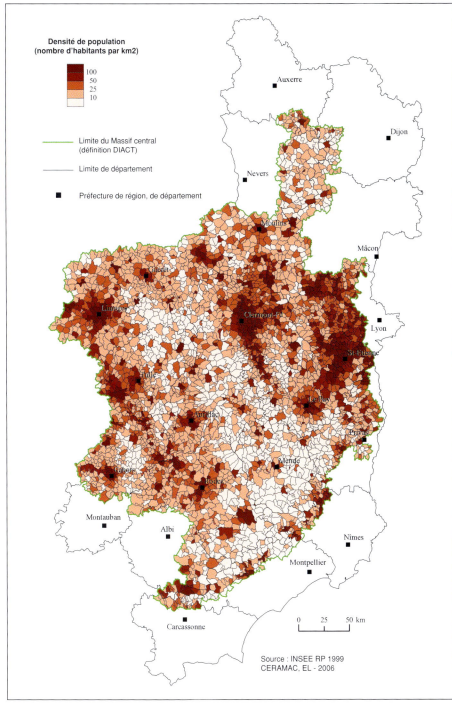

Fig. 5 – Densité de la population en 1999

en dehors de quelques usines d'électrométallurgie comme celles de Saint-Chély-d'Apcher, des Ancizes ou d'Issoire. Une fois encore, l'insuffisance des villes est fortement préjudiciable. En outre, certaines activités connaissent à leur tour de sérieux problèmes de reconversion à tel point que l'on redoute très tôt les risques de « désindustrialisation ».

Des faiblesses contemporaines

L'intensité de la dépopulation, la continuité des tendances négatives alors qu'ailleurs la « renaissance rurale » revivifie certaines campagnes, l'affaiblissement du « stock » humain actuel, ont longtemps constitué le caractère commun – et original – du Massif central dans le cadre national. Certes, les cartes ne sont pas totalement uniformes mais il s'agit plus de nuances que de véritables oppositions.

Une société appauvrie

Les densités humaines sont généralement très basses et cette particularité d'ensemble légitime les plus grandes inquiétudes. En fait, la majeure partie du Massif central appartient à la « France du vide », à ces moyennes montagnes « terres d'abandon ». Dans les campagnes, les densités se tiennent souvent entre 10 et 20 hab./km² , rarement au dessus (plaines de l'Allier et de la Loire, Ségalas, bas-pays limousin et quercynois, Yssingelais), et déjà

génerations industrielles marquent également les villes de Limoges ou Clermont-Ferrand. L'implantation des centrales hydro-électriques est tardive mais poussée : bassin de la Dordogne commencé par la Cie du Paris-Orléans avec les grosses usines de Bort, Marèges, l'Aigle, Chastang et Argentat, bassin de la Truyère très productif avec Sarrans ou Grandval, bassins de la Sioule, du Tarn et de l'Agout avec les sites du Lévézou... Pourtant, cet équipement, qui s'accompagne parfois de vastes lacs aménageables pour le tourisme nautique, n'a guère suscité de créations industrielles et le modèle des Alpes du nord n'est pas applicable au Massif central

quelques taches de très basses densités (< 10) couvrent de vastes ensembles (Margeride, plateaux de La Chaise-Dieu, Aubrac, haut Cantal et Cézallier, Montagne limousine, Causses, Cévennes, Vivarais, monts de Lacaune, Espinouse, Montagne noire...). Les auréoles de densités plus élevées sont réduites aux rayons urbains et périurbains dont l'ampleur dépend étroitement de la taille de l'agglomération ; c'est ainsi que l'on repère sans difficulté sur la carte les influences positives de Brive-Tulle, de Guéret, de Limoges, de Rodez-Decazeville-Figeac, de Clermont-Ferrand ou de Saint-Étienne voire de Lyon.

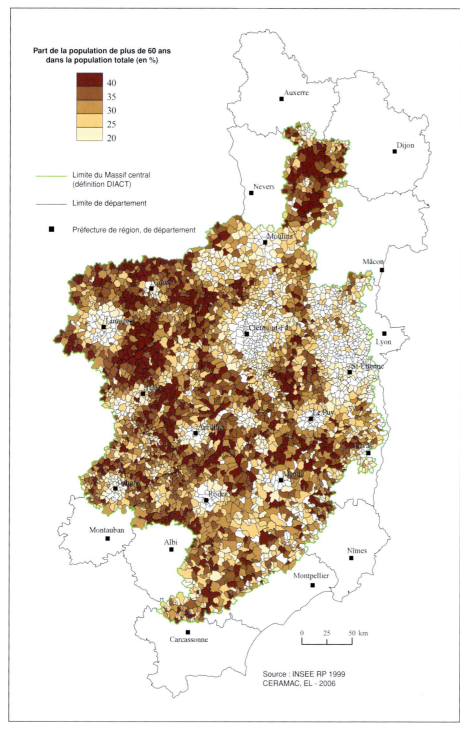

Part de la population de plus de 60 ans
dans la population totale (en %)

40
35
30
25
20

Limite du Massif central
(définition DIACT)

Limite de département

■ Préfecture de région, de département

0 25 50 km

Source : INSEE RP 1999
CERAMAC, EL - 2006

Fig. 6 – Part de la population de plus de 60 ans

sur deux a plus de 42 ans, âge « médian » supérieur de quatre ans à celui observé en France. Cependant, on remarque que l'Auvergne est un peu moins frappée par le phénomène que le Limousin ou que le sud du Massif. Il n'en reste pas moins que certains espaces ruraux connaissent une dégradation lourdement aggravée : par exemple le Cantal, longtemps très vivant, vieillit à un rythme inquiétant. En fait, seule la proximité d'une agglomération permet une diminution significative des pourcentages (val d'Allier, bordure orientale).

Ces constats débouchent sur une aggravation des dynamiques démographiques. Alors que la situation se stabilise ou est relancée dans les autres montagnes françaises qui « renaissent », le Massif central continue globalement à se dépeupler. Il a encore perdu plus de quarante mille personnes entre 1990 et 1999. La fragilité humaine demeure. De plus, si globalement quelques départements se signalent par une légère amélioration (Puy-de-Dôme, Haute-Loire, Loire, Rhône, Lot), le délestage s'amplifie dans la moyenne montagne. À l'exception des périphéries orientales et méridionales, les déficits se sont aggravés sur les hautes terres auvergnates, dans les bocages bourbonnais, dans le Morvan, le Roannais, en Limousin, sur les plateaux du nord et de l'ouest Aveyron, en Margeride ou dans le Tarn. Cette décrépitude démographique est particulièrement alarmante car les défaillances sont généralisées : le solde naturel négatif – à la différence des Vosges, du Jura ou des

Cette pauvreté démographique reste le principal handicap du Massif central, d'autant que, à ces problèmes « quantitatifs », s'ajoutent des déséquilibres qualitatifs. On évoquera en particulier la chute brutale de la fécondité des jeunes ménages, le renforcement du célibat ou des couples sans enfants et le vieillissement accéléré de la population. Sur l'essentiel du territoire, on compte désormais autant de personnes âgées (> 60 ans) que de jeunes de moins de 20 ans et, dans un grand nombre de cantons, c'est plus du quart de la population qui a dépassé 65 ans. En outre, la situation continue à se dégrader au cœur d'un Massif où un habitant

Alpes en dehors de quelques secteurs méridionaux – s'est longtemps ajouté au déficit migratoire. Certes, celui-ci est devenu très légèrement positif depuis 1990 ; désormais, l'ouest du Limousin, les cantons méridionaux, les limagnes ou la bordure orientale constituent des zones d'accueil. Mais les départs continuent à l'emporter sur les arrivées dans d'autres cantons (Auvergne montagnarde, Bourbonnais, bande médiane du nord de l'Aveyron à l'Ardèche, massif de l'extrémité sud-ouest). Enfin, il faudrait apprécier la « qualité » des migrants et en particulier leur âge : les retraités sont nombreux à s'installer dans le sud ou l'ouest du Massif central tandis que l'on note un déficit de jeunes actifs entre 18 et 29 ans. Au total, il apparaît nécessaire de distinguer, d'une part, un très grand nombre de cantons exsangues ou qui fléchissent depuis peu et, d'autre part, de rares secteurs vivants où la dénatalité est faible et où les tendances migratoires sont favorables. Ces foyers de bonne santé démographique se situent soit à proximité des aires urbaines, soit dans les Midis attractifs ou dans des milieux connaissant une dynamique de développement local (Yssingelais).

En fait, l'affaissement humain du Massif central affecte aujourd'hui aussi bien les villes que les campagnes. Les faibles densités rurales ne constituent pas une grande originalité dans les campagnes françaises. Mais les menaces – économiques et démographiques – sont particulièrement alarmantes. En fait, il faut insister sur le rôle toujours prépondérant de l'agriculture qui fait du Massif central un cas désormais original dans la montagne française. Avec encore plus de 8 % des actifs – soit deux fois plus que la moyenne nationale –, et localement davantage (20 % dans de nombreux cantons), le Massif central représente aujourd'hui le seul et dernier massif montagneux fondamentalement agricole d'autant plus que la pluriactivité paysanne n'y apparaît qu'en de rares secteurs. Cette sur-représentation constitue un lourd handicap pour l'avenir de « campagnes profondes » aux activités de relais très insuffisantes. Alors que la concurrence est grande au sein de l'Europe et entre les exploita-

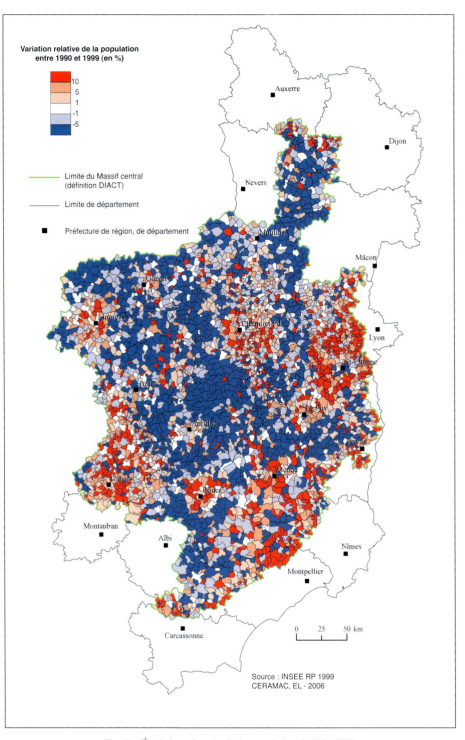

Fig. 7 – Évolution récente de la population (1990-1999)

tions, on peut légitimement s'interroger sur le devenir de l'espace rural. Par ailleurs, la modernisation agricole (concentration, spécialisation et course à la productivité), tardive mais rapide, a pour effet de rejeter une fraction importante de la main-d'œuvre et contribue à assombrir des perspectives démographiques déjà inquiétantes. Au total, le maintien d'un tissu rural, déjà bien compromis, est particulièrement incertain. Globalement, les prévisions de l'INSEE légitiment les plus grandes inquiétudes : d'ici 2030, le Massif central devrait perdre encore 270 000 habitants !

Les risques s'affirment déjà, d'une part, à travers la disparition ou la désorganisation des services élémentaires des villages mais aussi des bourgs-centres et, d'autre part, avec la dégradation du patrimoine immobilier ou de l'espace agricole (embroussaillement, dégradation des pâturages) ; l'abandon est visible dans une partie de la Montagne limousine, dans les pays coupés et les campagnes méridionales (Vivarais, Cévennes, sud Larzac, Espinouse, Montagne noire) ; les « montagnes » d'estive en crise dans les années 1950, sont aujourd'hui vouées à un élevage extensif : troupeaux non traits, enclos de fil de fer, travail simplifié. Ici et

Saint-Etienne : au premier plan, chevalement du Musée de la Mine

là, le reboisement en épicéas et sapins s'impose (comme dans la chaîne des Puys ou les massifs orientaux) sans qu'apparaisse une filière solide (propriétaires privés peu mobilisés, entreprises trop morcelées).

Des maillages incomplets

L'insuffisance de la population urbaine est plus originale dans le cadre national. Sauf sur sa périphérie et surtout dans sa partie septentrionale, le Massif central souffre de l'absence de puissantes impulsions urbaines, conséquence à la fois de l'éloignement des grandes métropoles et des difficultés traditionnelles de la vie de relation à l'intérieur des hautes terres.

Il faut rappeler que la desserte a longtemps été médiocre, malgré le chemin de fer dont l'implantation fut difficile (rampes à fort pourcentage, construction de tunnels ou viaducs fort coûteux comme ceux des Fades, de Garabit ou de Tanus) et lente, alimentant le mythe de « l'enclavement » d'un massif contourné plus que traversé ; la concurrence entre les compagnies ferroviaires désireuses de canaliser le trafic du vin a certes bénéficié au Massif, mais les tracés ont alors obéi plus aux besoins du Midi qu'aux nécessités locales. Le réseau est donc incomplet, décevant par les carences et la lenteur des services collectifs offerts. Malgré la mise en service de quelques matériels rajeunis, il tarde à se moderniser ; le fret ferroviaire recule avec la désaffection de certaines lignes. Faut-il rappeler que l'électrification avait déjà fait contourner les hautes terres (en dehors de la ligne Paris-Toulouse ou de celles des vallées de la Loire et de l'Allier) et l'on peut craindre le même enchaînement avec le réseau TGV à l'exception de Saint-Étienne. En outre, les liaisons entre les métropoles (Clermont–Limoges, Clermont–Lyon, Clermont–Toulouse…) se sont dégradées.

Certes, dès l'entre-deux-guerres, les autobus ont rendu de grands services dans les campagnes et autour des villes. Aujourd'hui ces services publics ont largement disparu et il a fallu attendre longtemps avant que les petites routes sinueuses ne soient améliorées, qu'un réseau cohérent apparaisse et que les premières autoroutes voient le jour : de Saint-Étienne vers Lyon dans les années 1970, entre Clermont-Ferrand et Saint-Étienne au début des années 1980, de Clermont-Ferrand à Bourges et Paris vers 1989, de Clermont à Béziers ou à Périgueux tout récemment. Des travaux sont en cours sur la Route Centre Europe Atlantique (RCEA) et sur la RN 88 Lyon-Toulouse. Mais il manque une ouverture vers le nord-est via la Bourgogne et les flux restent modestes au cœur du Massif, même pour le transit. Il faut dire qu'aucun des grands projets Trans-Européens ne le traverse. La desserte aérienne, un temps améliorée, est désormais extrêmement fragile, même à Clermont ou Limoges. On est souvent dépendant des décisions des compagnies à bas prix tandis que les liaisons entre les métropoles et surtout avec Paris ont des coûts très élevés et n'offrent pas une clientèle suffisante. D'autres retards ont été pris en matière de téléphonie mobile et haut débit. Finalement, des aires urbaines (Roanne, Rodez, Castres-Mazamet, Aurillac, Aubenas, Decazeville, Villefranche-de-Rouergue, Moulins, Le Puy), voire des départements entiers (Lot, Lozère, Ardèche, Allier), ont encore une mauvaise desserte et une médiocre accessibilité à Paris.

Le poids des héritages ruraux fait que la part des campagnards est toujours forte : majoritaire jusque dans les années 1960, ce monde rural conserve encore plus du tiers des habitants avec des taux records dans le Cantal, la Lozère ou la Creuse. D'après l'INSEE, les aires urbaines couvrent un quart de l'espace du Massif et concentrent un peu plus de 60 % de ses habitants, alors que, en France, ces espaces des villes regroupent 82 % de la population. En dernière analyse, ce faible encadrement expliquerait les handicaps démographiques et économiques des hautes terres ; les villes animant insuffisamment l'espace régional, redistribuant peu les hommes et les activités d'où la modestie de la « renaissance rurale ». Toutefois, l'examen des cartes montre que l'on a souvent conclu trop vite à l'absence d'un véritable réseau urbain, hiérarchisé et fonctionnel. La formule est excessive car le Massif ne manque pas d'organismes urbains et on observe une trame régulière de bourgs-centres, de petites villes et de villes moyennes. Manifestement, aucun espace n'échappe à leur polarisation. En outre, à la tête du réseau, on reconnaît deux métropoles régionales (Limoges et Clermont) qui assurent un bon contrôle et possèdent des activités tertiaires de commandement, du moins jusqu'à un certain stade. Les capitales régionales extérieures (Lyon, Montpellier, Toulouse) dont on redoute l'influence excessive, n'interviennent directement que sur des espaces bordiers, finalement limités. Il n'en reste pas moins que cette analyse doit être nuancée à son tour et ce pour au moins trois raisons. En premier lieu, il convient de rappeler que l'existence de ce tissu urbain n'implique pas toujours une organisation cohérente et des liaisons équilibrées dans la hiérarchie ; traditionnellement la dispersion est une entrave et beaucoup de villes du Massif central sont plus juxtaposées que liées entre elles. Ici les localités restent rivales, là elle s'ignorent totalement ; cette indifférence conduisant certains organismes à préférer entretenir des relations avec les grandes métropoles lointaines plutôt qu'avec leurs voisines ou avec une capitale régionale demeurant modeste. Certes, la situation s'est sensiblement modifiée depuis les années 1970 et l'affirmation de la métropole clermontoise est indiscutable. Mais la véritable hiérarchie fonctionnelle reste à établir et les projets de mise en réseaux des villes moyennes témoignent de cette carence. Deuxièmement, on soulignera que les dynamiques actuelles montrent à la base ou au milieu de la hiérarchie des dynamiques peu favorables. Trop modestes, les bourgs ou les petites villes connaissent par exemple un affaiblissement inquiétant. De même, le poids des villes moyennes est insuffisant. Enfin, en troisième lieu et outre leurs difficultés économiques, on doit insister sur les lacunes des deux métropoles qui voient leur échapper certains domaines du tertiaire supérieur ; dans bien des cas, force est alors de recourir à Paris et de manière sélective à Lyon. Le réseau urbain du Massif central reste donc fragile et mal placé dans un contexte européen. En outre, le poids démographique de

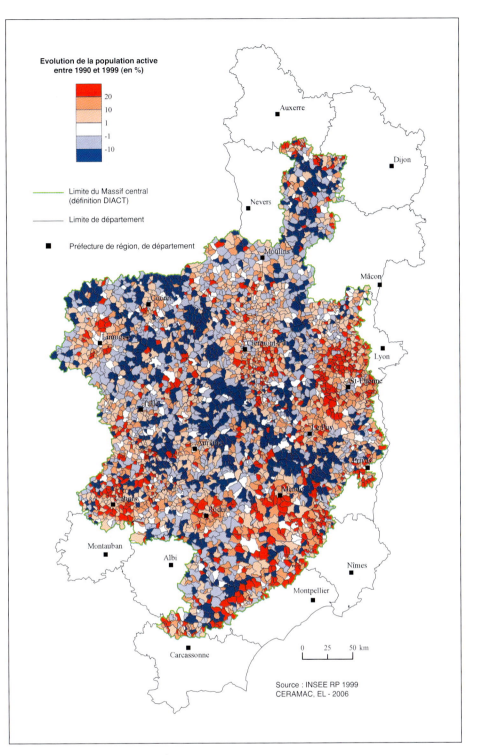

Fig. 8 – Évolution récente de la population active

Clermont – ou de Limoges – est tel que l'on peut se demander si ces grandes villes n'absorbent pas la vie régionale plus qu'elles ne la ranime.

Une économie incertaine

L'examen de l'évolution en valeur absolue de la population active est ainsi riche d'enseignements. On sait que sur l'ensemble du pays elle a tendance à s'accroître. Or, dans la majeure partie du Massif central, elle régresse et l'Auvergne se signale aujourd'hui comme l'une des rares régions à accuser un sensible recul du nombre des actifs. En fait, à l'échelle du Massif, les cartes montrent que les cantons les plus frappés sont non seulement des foyers industriels mais aussi des secteurs souvent agricoles qui n'arrivent pas à maintenir un potentiel secondaire et tertiaire déjà très faible. Seules les agglomérations et leurs auréoles périurbaines se distinguent, avec de ponctuels cantons touristiques et, une fois encore, les bordures orientales du Massif (Loire, Rhône, Haute-Loire...).

La timidité du tertiaire urbain a déjà été évoquée. Certes, le retard des années 1950 a été comblé rapidement et les villes du Massif central ont aujourd'hui des taux d'actifs dans le tertiaire proches des moyennes nationales. Cependant, cet essor s'est concentré et contribue à accentuer les déséquilibres du système urbain. De plus, certains domaines sont absents des métropoles (sièges sociaux, bourse, sociétés de conseil ou d'expertise...) et surtout les dynamiques des services de Clermont et plus encore de Limoges sont inquiétantes. Les deux agglomérations perdent ainsi certaines fonctions (directions régionales notamment) et connaissent un ralentissement sensible de la croissance du tertiaire supérieur (secteur financier, conseil aux entreprises, publicité...). En fait, ces fonctions vivent sur une base régionale faible et en déclin, ce qui met en cause leur maintien futur. En milieu rural, elles relèvent soit des équipements des bourgs ou des petites villes, soit des emplois liés au tourisme diffus. Or, dans ces deux domaines et sur l'ensemble du Massif, le bilan est modeste. Les commerces et services dépendent directement de campagnes qui s'anémient au rythme de la dépopulation. Non seulement les fermetures sont fréquentes, mais nombre de bourgades n'offrent plus de commerces « intermédiaires », la clientèle les court-circuitant pour s'adresser directement au niveau supérieur donc à la ville plus ou moins proche.

La fonction touristique suscite de nombreux espoirs à l'image des Alpes ou des Pyrénées. Mais son impact en terme d'emplois est limité, en dehors de quelques espaces spécialisés. Les cartes montrent ces inégalités : des cantons sont peu concernés (bocages de l'Allier, Limagne, Combrailles et plateaux limousins, ouest aveyronnais et nord lozérien...) alors que de rares foyers s'imposent, parfois méconnus (montagne volcanique en Auvergne, lac de Vassivière en Limousin, haut Allier et haute Ardèche, vallées du Lot et gorges du Tarn, Cévennes et Grands Causses). Il faudrait ajouter des espaces de loisirs et de résidences secondaires, en particulier à l'est (Lyonnais, Forez, Velay et Vivarais) profitant du voisinage lyonnais. Enfin, les tradi-

tions thermales sont incontestables : l'Auvergne détient le cinquième rang national bien que les stations (Vichy, Le Mont-Dore, La Bourboule, Châtelguyon, Royat...) s'adaptent très inégalement à la nouvelle donne médicale et ludique. Globalement, la moyenne montagne souffre d'une faible clientèle potentielle (accès, éloignement) et surtout du manque de moyens ou d'initiatives des ruraux, indifférents ou réticents face à cette activité. Il en résulte encore globalement de faibles capacités d'accueil et des équipements ou hébergements marchands trop peu rénovés en dehors des rares stations de sports d'hiver (Le Mont-Dore, Besse, Le Lioran) souvent peu rentables, la pratique du ski de fond restant décevante par rapport à celle du Jura. Bref, la fréquentation est diffuse et marquée par la dispersion des lieux, des acteurs et des équipements. La clientèle extérieure au Massif est modeste : quelques Parisiens, des vacanciers de l'Ouest ou du Midi et beaucoup d'« originaires » émigrés revenant au « pays » à la belle saison... ; l'aspect ponctuel se retrouve dans la multiplication des résidences secondaires, en particulier autour des grandes agglomérations, dans les « suds » ou dans les secteurs où l'exode a libéré des habitats de caractère.

Ainsi, hors des foyers urbains et de quelques pôles ruraux, les activités non agricoles sont trop peu nombreuses pour compenser le recul de l'emploi agricole et remédier au déclin des actifs. Dans ces conditions, l'agriculture pèse toujours un poids considérable mais avec guère plus de 100 000 exploitations. En fait, comme nous l'avons évoqué plus haut, les fermes traditionnelles, trop petites et peu spécialisées, ont souvent fermé leurs portes et le mouvement est loin de se ralentir dans le haut Limousin ou les massifs de l'est. Le parcellaire est encore trop morcelé, avec un retard du remembrement en altitude. Sur les exploitations restantes – une ou deux par hameau – la spécialisation et l'intensification sont parfois vigoureuses. L'orientation vers l'élevage est nette : les deux tiers des exploitants en dépendent et neuf hectares sur dix sont consacrés aux fourrages (cultures temporaires, prairies naturelles). Dans tous les cas, techniques modernes et races sélectionnées ont fait beaucoup progresser les rendements. L'orientation laitière (à peine 20 % des fermes) s'impose lorsque la taille des exploitations apparaît mesurée et quand l'encadrement agroalimentaire est solide ; des bassins laitiers cohérents se dessinent sur les hautes terres de l'est (Velay, monts du Lyonnais), dans la montagne volcanique auvergnate, dans la Châtaigneraie, sur la Planèze de Saint-Flour ou dans les Ségalas aveyronnais. L'original « rayon de Roquefort » au sud-ouest du Massif, s'intensifie également mais avec de moins en moins d'éleveurs de brebis laitières. Sur les moyens plateaux, la polyculture céréalière peut se maintenir tout en étant subordonnée à la production animale (maïs ensilé par exemple). L'élevage pour la viande (vaches allaitantes, ovins et systèmes mixtes) s'impose avec l'agrandissement des fermes. On discerne de solides bassins de production qu'ils soient anciens (aire charolaise du Bourbonnais ou de la plaine de Roanne, aire limousine, foyer ovin des bocages du nord et de l'ouest ou des moyennes montagnes méridionales) ou plus récents (monts du Cantal et Aubrac, Margeride, Livradois-Forez...). Enfin,

Anciennes terrasses sur les pentes du mont Lozère

sont engendrées par des influences urbaines venues de l'extérieur, des plaines rhodaniennes ou méditerranéennes.

Sur l'ensemble du Massif central, l'emploi industriel, sauf en quelques foyers, demeure modeste et n'a pas connu de croissance significative. La fonction secondaire (bâtiment compris) ne fournit en général qu'une part médiocre de l'emploi : de un dizième à un quart sur l'ensemble des cantons du Massif central, parfois moins. Toutefois, à condition de comptabiliser les entreprises de un à dix salariés, les chiffres atteignent des valeurs plus notables, ce qui témoigne de structures souvent émiettées. Il n'en reste pas moins que ce tissu de PME apparaît encore incertain dans le milieu rural : la moyenne montagne compte peu de ces « districts industriels », souples et innovants, qui assurent – ailleurs – la prospérité des campagnes. De fait, le tableau de l'industrie rurale est assez facile à résumer avec sa localisation plutôt montagnarde, ses PME, ses branches « classiques » (travail du bois, IAA, textile, cuir) ou plus renouvelées (métallurgie, pharmacie, plastique). Dans les bas pays ou dans les vallées, l'activité manufacturière se concentre surtout dans les villes. En fait, à la suite d'une histoire commune évoquée plus haut, certaines cités ou bassins houillers ont bénéficié d'un réel développement, mais les crises et les licenciements n'ont pas manqué. Plusieurs ensembles d'importance sont ainsi classés comme pôles de reconversion : bassin de Montluçon, d'Issoire-Brassac, de Saint-Étienne, de Figeac-Decazeville ou de Roanne. La plupart des foyers se sont pourtant maintenus : Val d'Allier – qui court depuis Issoire

on rappellera que la spécialisation céréalière s'est surtout concentrée dans le bas pays, en particulier sur les bonnes terres de Limagne (blé, maïs de semence, oléagineux, betterave à sucre, tabac). Dans les vallées abritées ou sur les coteaux, parfois envahies par la friche, quelques terroirs viticoles résistent.

Cependant, le bilan reste déconcertant de complexité du fait, d'une part, de résultats économiques décevants et, d'autre part, d'une absence d'unité. Les résultats sont donc loin des espérances nées des années 1970 : qu'il s'agisse des revenus, des coûts de production ou des rendements ; la part des aides publiques et européennes dans le budget des exploitations révèle cette impuissance de hautes terres largement assistées. Le tableau remet en cause les choix opérés jusqu'ici (modèle productiviste) et légitime quelques inquiétudes face à la réforme de la PAC. Déjà, les quotas laitiers ont entraîné une âpre sélection et la voie de l'extensification peut avoir des conséquences fâcheuses sur les sociétés locales et les paysages. Seul, le choix des productions de qualité offre d'excellentes opportunités, mais le Massif central tarde à suivre cette direction, surtout si on le compare aux montagnes de l'est du pays. En fait, ces incertitudes se doublent d'importants clivages entre les campagnes : des bastions agricoles solides (centre-ouest du Massif central) ou en voie de réorganisation (Cantal, Aubrac, plateaux limousins, Combrailles auvergnates, Margeride...), s'opposent à des espaces à la dérive, en voie de désagrégation et sans orientations agricoles clairement définies (Livradois, Forez, Montagne limousine, Cévennes...). C'est là que la crise et le dépeuplement sont les plus avancés sauf quand des activités non agricoles

Thermes de Royat

et Brioude jusqu'à Moulins et reste dominé par l'agglomération clermontoise –, bassins de Saint-Étienne et de Roanne, Yssingelais, sillon du Thoré, sites de Thiers-vallée de la Dore, Montluçon-Commentry, Limoges, Rodez, Tulle-Brive. En dehors des régions orientales, la répartition inégale de l'industrialisation répond assez bien à celle de l'urbanisation, mais les structures n'offrent guère d'unité et la géographie reste contrastée.

On perçoit dans tout cela, la marque négative d'un Massif central, espace « sensible » ou « défavorisé », dont les caractères, l'histoire ou l'organisation territoriale se sont longtemps mal prêtés aux exigences technico-économiques. Or, en ce début de XXIᵉ siècle, une nouvelle donne semble se dessiner…

Chapitre 3

UN « PAYS VERT »
POUR LE DEVELOPPEMENT DURABLE ?

Laurent Rieutort

Paradoxalement, avec la remise en cause du modèle « global » de développement et les nouvelles préoccupations liées à l'environnement, le Massif central retrouve une certaine chance. Nouveaux emplois et nouveaux touristes choisissent ces hautes terres de plus en plus mises en avant car elles constituent à l'échelle européenne :

• des lieux de biodiversité environnementale et paysagère (forêts, prairies naturelles) ;

• des territoires au riche patrimoine culturel et identitaire pouvant être valorisé à travers des biens marchands, des produits dits de montagne ;

• des réservoirs d'eau, en particulier l'été, en la stockant soit sous forme de neige, soit dans les lacs et réservoirs, parfois aménagés pour l'installation de groupes hydro-électriques ;

• des endroits récréatifs et touristiques.

Il importe toutefois d'éviter que le Massif central ne soit exclusivement transformé en « musée de plein air », en espace dédié aux loisirs et à la nature pour les sociétés urbaines ou en réserve de matières premières exploitées voire surexploitées de l'extérieur.

L'herbe et l'arbre

La réputation de « pays vert » du Massif central n'est pas usurpée : la forêt et la prairie constituent bien, généralement, les deux composantes du paysage, si bien que les cultures, autrefois omniprésentes, occupent des espaces réduits. La plus grande partie du Limousin, la haute Auvergne, le Velay, le Bocage bourbonnais, les bassins ligériens et leur encadrement montagneux, la frange méridionale du Massif apparaissent comme des exemples types, même si, ici et là, des exceptions sont à signaler car la part des cultures devient plus importante (bassin de Brive, Châtaigneraie cantalienne, Devès, bassin de Feurs ou Sologne

bourbonnaise). Il existe cependant quelques « anomalies ». La plus remarquable est celle des limagnes qui s'étirent depuis Varennes-sur-Allier au nord, jusqu'à Brioude au sud. Les cartes montrent bien l'ampleur des cultures et les limites nettes de cet ensemble sédimentaire, y compris de ses annexes. De même, dans toute la partie méridionale, le paysage est plus composite, soit qu'il associe cultures et prairies (ainsi dans les Ségalas de l'Aveyron et du Tarn), soit que les landes ou les terrains de parcours, peu entretenus, aient conservé ou même accru leur place. Il en est ainsi dans les Grands Causses, en Vivarais ou sur certains secteurs des Causses du Quercy. Ces landes ne doivent pas être confondues avec les prairies d'altitude du Haut-Forez, des Dore, du Cantal ou de l'Aubrac, souvent d'assez bonne qualité et terres d'estives pour les troupeaux durant l'été. Les statistiques agricoles confirment ce rôle de la prairie : sur les quatre millions d'hectares de terres exploitées, plus de 60 % sont composées de surfaces toujours en herbe et 20 % sont destinées aux cultures fourragères. Le Massif central possède ainsi la plus grande prairie naturelle de France, voire d'Europe. Son image de marque peut également bénéficier

Prairies et forêts dans la Montagne bourbonnaise

de la présence de la forêt. Aujourd'hui, les taux de boisement avoisinent 36 % (taux supérieur de sept points à la moyenne nationale), avec des pourcentages plus élevés dans les départements montagneux. Cette transformation contemporaine de l'environnement des hautes terres, naguère « chauves », résulte probablement des bonnes aptitudes du milieu écologique pour le reboisement en résineux mais surtout de l'exode rural qui a libéré partout des terres incultes. Cette ressource est majoritairement entre les mains de propriétaires privés, seulement un dixième des surfaces étant publiques et soumises au régime forestier. A titre d'exemple, en Auvergne on compte près de 600 000 ha de forêts privées appartenant à 240 000 propriétaires, dont plus de 80 % ont moins de un hectare.

Vallée de l'Allier, au pied des orgues basaltiques (Haute-Loire)

Pendant longtemps, l'exploitation forestière et la filière-bois ont été marquées par de réelles carences. La médiocrité de la production était à la fois quantitative (faibles rendements) et qualitative (peu de bois d'œuvre), liée à des raisons conjoncturelles (jeunes plantations) et structurelles (enclavement et morcellement foncier, faible motivation des propriétaires privés). De même, l'industrie restait lacunaire, souvent limitée à la première transformation (scieries) ou à la papeterie, avec des structures artisanales, quelques rares menuiseries. Finalement, l'apport financier restait modeste. Récemment, les perspectives ont été renouvelées en lien avec une augmentation du potentiel de la ressource (arrivée au stade de récolte des peuplements résineux) et une amélioration des capacités industrielles ; dans le même temps, la demande des consommateurs favorables au matériau bois mais également à l'environnement, a renouvelé les enjeux. Du côté des propriétaires, de réels efforts ont été accomplis afin de rationaliser l'exploitation, à travers de nouveaux plans de gestion. Les collectivités territoriales (régions et départe-

ments mais aussi communautés de communes) et les professionnels du secteur (chambres consulaires, interprofessions et syndicats) accompagnent l'exploitation et la transformation de la ressource bois renouvelable (du bois énergie à la pâte à papier en passant par le sciage, le bois construction) tout en réfléchissant au potentiel touristique et « multifonctionnel » des espaces forestiers. L'utilisation de nouveaux outils (par exemple les Systèmes d'Information Géographique) permet de mieux connaître la ressource et de mobiliser les acteurs de terrain autour d'actions incitatrices sur le moyen terme (développement des coopératives et du secteur de l'exploitation, regroupement en propriété et en gestion territoriale des espaces forestiers, incitations économiques et fiscales, voiries forestières). La dimension environnementale passe par la généralisation de l'écocertification, tandis que la valorisation énergétique du bois permet d'ores et déjà d'utiliser une partie différente de la récolte (petits bois, sous produits et produits connexes), à l'image d'expériences réussies dans le Morvan, le Pilat ou le Velay.

Un château d'eau mieux valorisé

Dans le cadre national, la place de château d'eau du Massif central est bien connue. Mais cette ressource est inégale et vulnérable. Certes, le régime des eaux renvoie à la variété des climats et à l'influence du relief qui se retrouve dans la pente assez forte des rivières, dans la violence paradoxale des crues, dans l'importance des charges solides des rivières. Mais les précipitations globales restent modestes, et ce d'autant plus que les

Étagement de la végétation dans le massif du Mézenc

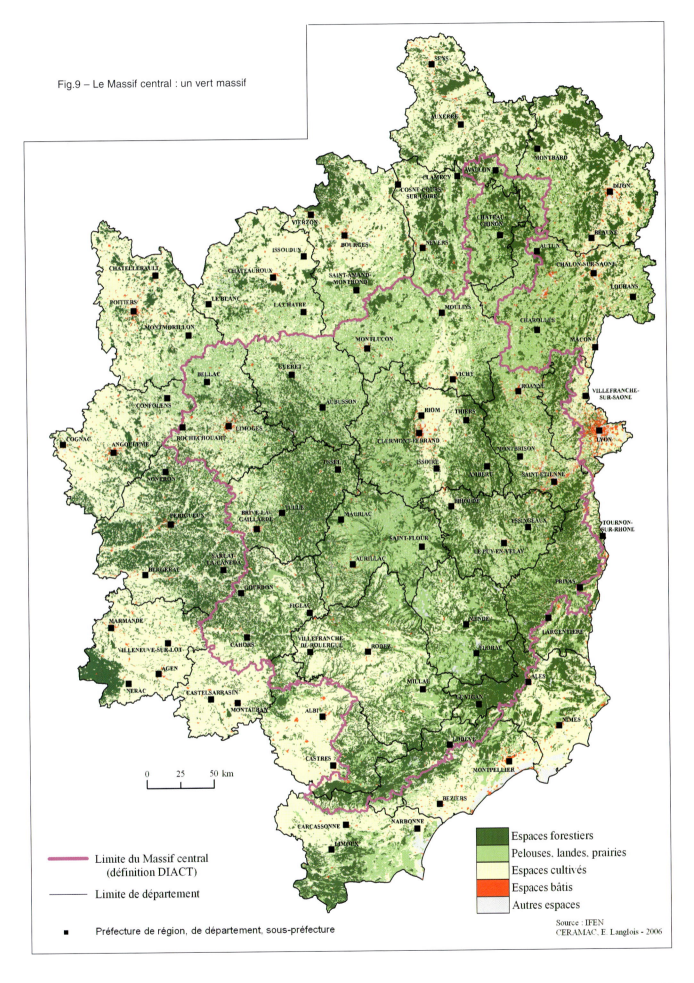

Un « pays vert » pour le développement durable

Fig.9 – Le Massif central : un vert massif

Espaces forestiers
Pelouses, landes, prairies
Espaces cultivés
Espaces bâtis
Autres espaces

Limite du Massif central
(définition DIACT)

Limite de département

Préfecture de région, de département, sous-préfecture

Source : IFEN
CERAMAC, E. Langlois - 2006

29

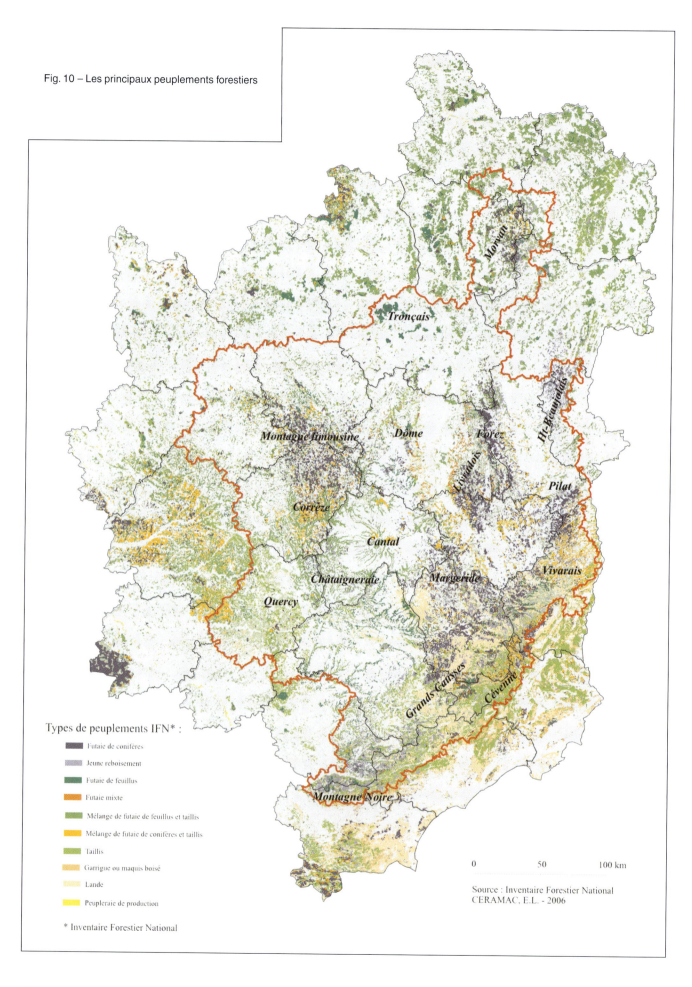

Fig. 10 – Les principaux peuplements forestiers

Types de peuplements IFN* :

- Futaie de conifères
- Jeune reboisement
- Futaie de feuillus
- Futaie mixte
- Mélange de futaie de feuillus et taillis
- Mélange de futaie de conifères et taillis
- Taillis
- Garrigue ou maquis boisé
- Lande
- Peupleraie de production

* Inventaire Forestier National

0   50   100 km

Source : Inventaire Forestier National
CERAMAC, E.L. - 2006

Sur les versants exposés à l'ouest, l'étagement classique passe par une chênaie à basse altitude, souvent mêlée de châtaigniers à l'ouest et au sud-ouest. Puis, à mi-pente la hêtraie, d'abord mélangée de chênes, puis exclusive ou assortie de résineux (sapins, épicéas) et de bouleaux, compose le paysage normal de la couverture forestière, largement remaniée par l'homme. Sur les versants est, les sapins et hêtres sont limités aux ubacs et c'est le pin sylvestre qui s'impose en Margeride, dans le Velay, sur les Causses ou dans les bassins intérieurs, tandis que les plantes à affinités méridionales garnissent les secteurs abrités, la « vraie » flore méditerranéenne (chênes verts, oliviers) colonisant l'étroit liseré cévenol dominé par une châtaigneraie bien dégradée. Historiquement, les landes à genêts, fougères et bruyères étaient étendues, enserrant partout les terroirs cultivés. Elles subsistent, mêlées à des ligneux bas, dans une grande diagonale qui court du mont Lozère à la Montagne limousine. Mais, depuis la fin du XIXe siècle, ce sont surtout les boisements spontanés ou l'enrésinement (épicéas, mélèze, Douglas, pins noirs) qui l'emportent (Aigoual, Margeride, Dôme, Livradois-Forez, plateau de Millevaches…)

bassins intérieurs, notamment le Val d'Allier, sont peu arrosés avec des pluies d'été trop vite évaporées. L'écoulement se fait surtout vers l'ouest et le nord, avec des régimes de caractère océanique, remarquables par les crues de saison froide et des basses eaux prononcées en été. Cette mauvaise tenue – tout comme les risques d'inondations –, ont fait multiplier les barrages qui peuvent soutenir les débits pour l'alimentation des nappes, l'irrigation des plaines ou la production électrique… avant même de se soucier des besoins des touristes. En outre, les réserves profondes sont rares et peu importantes. Les lacs sont nombreux, mais de petite taille, mises à part les retenues artificielles. Certes, il faut également tabler sur l'altitude et les apports de l'enneigement qui assurent une certaine rétention hivernale des eaux de pluie et, à l'opposé, des hautes eaux printanières. Mais ce manteau nival est irrégulier et la fonte des neiges ne joue qu'un rôle occasionnel dans des débits globalement médiocres, les modules spécifiques dépassant rarement 10 l/sec/km². Sur l'Allier, le rapport entre la moyenne du mois le moins bien alimenté et la moyenne du mois des hautes eaux est de un à six, contre un à cinq pour la Seine et un à deux pour le Rhône. De même, sur la bordure méditerranéenne, les régimes deviennent plus irréguliers encore, signalés par un écoulement modeste mais surtout par des ondes de crues d'automne et de printemps (comme sur les Gardons, l'Ardèche, l'Orb, l'Hérault). Ces dernières sont redoutées par leur violence et la rapidité de leur propagation, pas seulement en milieu méditerranéen. Il arrive que des crues océaniques et méditerranéennes se conjuguent, accompagnées parfois de la fonte des neiges, comme sur le haut Tarn, le Lot supérieur, le haut Allier ou la haute Loire, mais des accidents marquent aussi les plateaux limousins, y compris en été, à l'occasion de gros orages.

Il n'en reste pas moins que l'eau constitue une richesse et un des potentiels du Massif central, intervenant de plus en plus, à la fois comme ressource pour de nombreuses activités et comme milieu à protéger. Rappelons ainsi son rôle clef pour les filières des eaux minérales (le Massif compte environ le tiers des sources et produit la moitié des eaux minérales en France) et thermales (une vingtaine de stations auxquelles s'ajoutent les produits et services dérivés comme le « thermoludisme » ou l'industrie des cosmétiques), sans oublier l'agriculture irriguée, l'industrie, la production d'énergie (hydroélectricité), les loisirs (pêche) et le tourisme… L'embouteillage a donné naissance à un secteur en pleine expansion (Volvic, Vichy, La Salvetat, Quézac,…). Des progrès ont été accomplis sur le plan de la gestion comme de la caractérisation quantitative de la ressource (localisation, débits, interrelations entre les rivières, nappes, lacs, retenues ou zones humides, relations entre ressources en eau et forêt) et de la genèse de sa qualité (processus physiques, chimiques, biologiques ou morphologiques). A ces connaissances s'ajoutent celles sur l'impact des activités humaines sur les milieux aquatiques et, peu à peu, s'affirme

Reboisement à la suite de la tempête de 1999 (Montagne bourbonnaise)

Hautes eaux de l'Allier à Saint-Pourçain

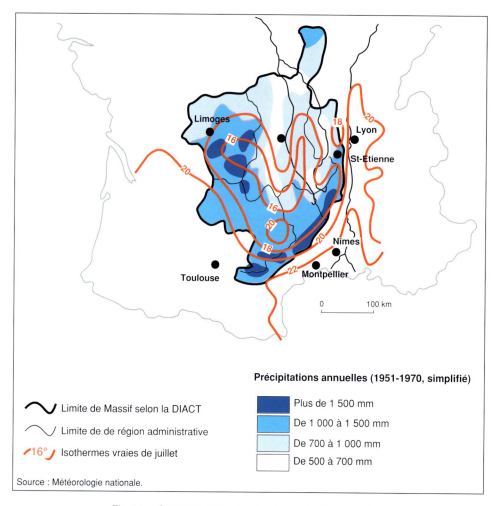

dans le Massif un véritable pôle d'excellence scientifique. Ces réflexions et la nouvelle Directive Cadre sur l'Eau s'accompagnent d'une mise en réseau prometteuse : collectivités, syndicats de gestion, agences de l'eau, services de l'État, associations et sociétés locales. Enfin de telles préoccupations et la volonté d'associer de façon durable les multiples usages conduisent à de nombreuses conventions locales et assurent une meilleure gestion de la ressource.

Protection et valorisation

En définitive, la qualité de l'environnement du Massif central, attestée par les inventaires lancés depuis 1982 (appelés ZNIEFF : Zones Naturelles d'Intérêt Écologique, Floristique et Faunistique), conduit à prendre des mesures

Précipitations annuelles (1951-1970, simplifié)

- Plus de 1 500 mm
- De 1 000 à 1 500 mm
- De 700 à 1 000 mm
- De 500 à 700 mm

Limite de Massif selon la DIACT

Limite de de région administrative

16° Isothermes vraies de juillet

Source : Météorologie nationale.

Fig. 11 – Quelques éléments climatiques du Massif central

P. Estienne (1956) a montré que le Massif est trop peu étendu pour avoir des caractères climatiques propres. Il participe plus ou moins fortement aux influences bordières océaniques ou méditerranéennes, même si son inclinaison vers le nord-ouest lui inflige les perturbations venues de l'ouest ; les caractères méditerranéens étant limités à une frange méridionale étroite, déjà élevée et froide, mais soumise aux averses brutales, surtout en automne. Cela dit, la masse et le relief interviennent pour modifier certains aspects soit par l'effet de l'altitude (refroidissement, précipitations abondantes), soit par l'orientation des massifs, multipliant les contrastes, accentuant la pseudo-continentalité des bassins. L'opposition entre les versants ouest et est l'emporte sur les nuances adret-ubac bien connues dans les Alpes. A cet égard, le grand alignement volcanique des Dôme à l'Aubrac joue le rôle de limite climatique : dès que l'on passe cette ligne de crêtes fortement arrosée, vers l'est apparaît un milieu plus sec que l'on peut qualifier d'intramontagnard (Velay, Margeride), traditionnellement plus favorable aux céréales. Partout, la rigueur des longs hivers est le trait le plus caractéristique, les bassins pouvant être encore plus froids que les sommets lors des journées de brouillard et « d'inversion de température ». Il gèle plus de cent jours par an au-dessus de 600 m d'altitude dans le Morvan et en Limousin, mais seulement à 750 m dans le Velay et au-dessus de 1 000 m dans les Cévennes. De novembre à mai, l'enneigement n'est pas négligeable, mais il est rarement persistant du fait des « redoux » liés aux vents d'ouest. Accompagné de vents violents (l'« écir », la « burle »), il est responsable des congères qui bloquent la circulation sur les plateaux.

Originale « moyenne montagne » : la neige manque pour les sports d'hiver mais trouble les transports plus vigoureusement que dans les grandes vallées alpestres. Dans l'ensemble, les étés sont frais en altitude et il peut geler en toute saison au-dessus de 700 m ; seules les plaines ont des étés lourds et orageux, tandis que le sud connaît une sécheresse qui est plus le reflet de la latitude que du voisinage de la Méditerranée. Par-delà ces caractères communs, le climat de « moyenne montagne » présente donc bien des nuances. Les influences océaniques dominent sur les hauts versants exposés à l'ouest avec de fortes précipitations (1 400 m sur les plateaux limousins, 1 500 à 2 000 mm dans les monts d'Auvergne) et une grande fraîcheur. Il va se dégradant vers l'est (Livradois, Forez, Morvan, Charolais, Beaujolais, Lyonnais, Pilat, Velay et nord Vivarais) ; les bordures aquitaines sont également arrosées (Montagne noire, monts de Lacaune), mais les totaux sont plus modestes sur les moyens plateaux (moins d'un mètre), notamment dans le sud-ouest (sécheresse relative de l'été), au centre et à l'est ou *a fortiori* dans les bassins intérieurs et les plaines de l'Allier ou de la Loire (600 à 800 mm) ; c'est ici que l'insolation est la plus forte et les saisons très contrastées, avec la fréquence du gel hivernal. Enfin, on a vu que le versant cévenol est géographiquement limité du Vivarais méridional à la région de Saint-Pons, avec de grosses pluies de saison froide (plus de 2 m de précipitations à l'Aigoual ou au Tanargue) ; les influences méditerranéennes n'intéressent que les hautes vallées de la Loire, de l'Allier, du Lot, du Tarn ou de l'Agout, pénétrant modestement par le Larzac vers les vallons abrités ou le « rougier » de Saint-Affrique.

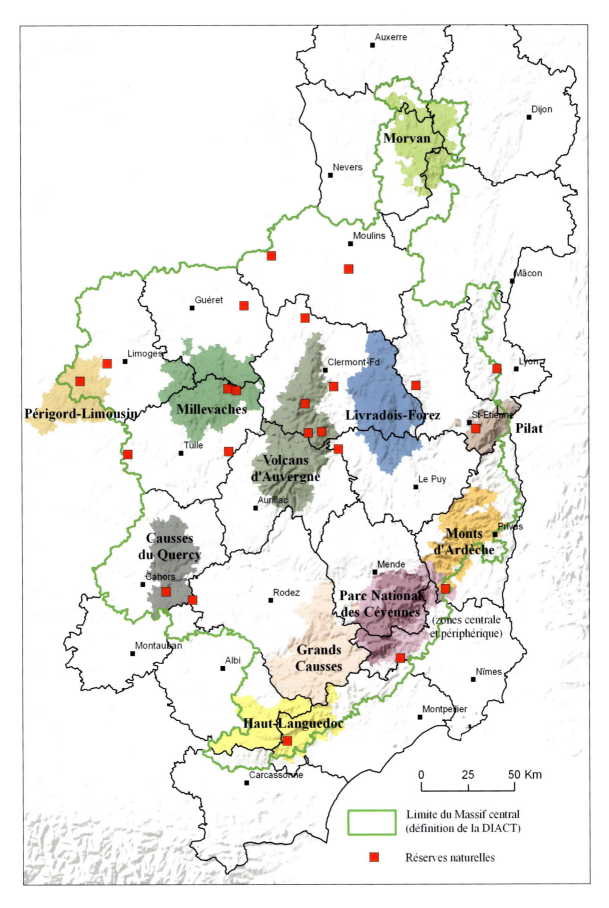

Fig. 12 - Parcs et réserves naturels

Lac du Guéry et massif du Sancy

de protection ou de sauvegarde, sans négliger une valorisation et un développement local respectueux des équilibres naturels. Remarquons toutefois que les arrêtés de biotope (sauvegarde d'espèces protégées) ou les réserves naturelles ne sont pas plus nombreux dans le Massif que dans les régions voisines. La partie sud est ainsi peu concernée par ces mesures et si les arrêts de biotope touchent plusieurs secteurs du Limousin, de la Loire ou du Velay, les réserves naturelles sont peu nombreuses, bien que parfois emblématiques (vallée de Chaudefour dans les monts Dore, val d'Allier, gorges de l'Ardèche). En revanche, les classements de site (protection essentiellement paysagère) sont nombreux et surtout les parcs occupent des superficies considérables :

• Parc Naturel National des Cévennes, créé en 1970 sur 117 communes, avec sa zone périphérique davantage consacrée au développement culturel, économique et social du territoire, et la zone centrale (52 communes et 91 000 ha) strictement protégée même si elle fait exception à la règle du fait de la présence d'une population permanente avec laquelle des conflits existent, malgré les nombreux compromis sur la chasse, le sylvo-pastoralisme et la mise en valeur du patrimoine bâti ; le Parc a été reconnu en 1985 par l'UNESCO comme Réserve mondiale de biosphère, accentuant les flux touristiques (près de 800 000 visiteurs par an).

• Parcs naturels régionaux, gérés par les collectivités locales réunies en syndicat de gestion, qui ont à la fois une mission de protection et de développement économique, dont cinq sont intégralement inclus dans le massif (Volcans d'Auvergne sur 400 000 ha et Livradois-Forez en Auvergne, Morvan en Bourgogne, Millevaches en Limousin, Grands Causses en Aveyron et Causses du Quercy dans le Lot) ; quatre autres le sont largement (Pilat, monts d'Ardèche, haut Languedoc qui est le plus ancien, ouvert en 1973 suite à l'action engagée dès 1958 pour la préservation du massif du Caroux) ou partiellement (Périgord-Limousin). Finalement, la frange sud–sud-est du Massif est bien dotée, tandis que des projets sont à l'étude (Aubrac, haut Allier et Margeride).

Très orientés vers la protection et la mise en valeur du patrimoine naturel et humain, ces parcs ont évolué vers la volonté de structurer le développement local, à l'image des nouveaux « pays » intercommunaux, mais dans le respect de l'environnement (pelouses et landes d'altitude, forêts) et avec le souci de favoriser l'exploitation des ressources (agriculture, petite industrie, tourisme), parfois avec l'appui des programmes européens Leader. Ainsi, le Parc des Volcans affiche ses maisons de la pierre, des fromages, des tourbières ; et il lutte contre l'érosion des pistes, la sur-fréquentation des engins motorisés tout-terrain ou la régression des zones humides… tout en tentant de maîtriser la forte pression touristique et de loisirs aux portes de Clermont. De même, le parc du Pilat est conçu dans le souci d'associer la métropole stéphanoise à son arrière-pays rural aux traditions agricoles et artisanales (passementerie). Ailleurs, notamment lorsque les processus de déprise sont avancés et que les parcs appartiennent à une deuxième génération, on met l'accent sur le développement local, comme dans le Livradois-Forez, les monts d'Ardèche, le Morvan ou les Grands Causses, en association avec les élus, les acteurs économiques ou culturels et la population

Hauts plateaux enneigés dans le Mézenc

locale. Partout, l'accueil ainsi que les activités éducatives ou culturelles sont mises en avant dans les chartes, y compris avec des sites muséographiques, même si les parcs interviennent également dans les plans locaux d'urbanisme afin de contrôler les nouvelles constructions, encadrées par des règles et des prescriptions architecturales.

Les sociétés locales du Massif central et leurs responsables ont ainsi beaucoup à gagner pour mieux protéger et valoriser leur environnement et surtout pour réfléchir à un véritable développement territorial qui englobe une dimension paysagère et se traduise par la mise en œuvre d'un dispositif innovant assurant la qualification environnementale du Massif.

Chapitre 4

LES DYNAMIQUES D'OUVERTURE

Frédéric Faucon, Jean-Paul Diry, Mauricette Fournier, Laurent Rieutort

La question de l'ouverture du Massif central a longtemps été au cœur des préoccupations, qu'il s'agisse de désenclavement pour les échanges de biens et de personnes ou que l'on parle d'accès à l'éducation et à la culture. L'image d'un territoire « isolé », notamment dans ses campagnes, a ainsi péniblement marqué les esprits. Mais les réalités actuelles paraissent beaucoup plus complexes avec une incontestable amélioration de l'accessibilité et de la desserte en équipements et services, ce qui autorise tout à la fois l'accroissement des échanges, la mise en réseau des différents acteurs et la promotion d'un système de formation et d'information performant.

Une amélioration inégale des transports

Le système de communications du Massif central, qu'il repose sur des réseaux réels ou virtuels, est rarement mis en avant pour ses qualités ou pour son avance technologique. Bien au contraire, il fait plus souvent la une des journaux parisiens pour ses voies ferrées à l'état d'abandon, ses fermetures de lignes aériennes, les véhicules immobilisés par les adversités hivernales, les téléphones portables qui ne « passent pas », que pour la mise en service de nouvelles infrastructures. Le Plateau central, obstacle aux communications, est une réalité très ancienne : dans son étude sur les routes d'Auvergne au XVIIIᵉ siècle, F. Imberdis montre comment les marchandises en transit entre le Bassin parisien et la région méditerranéenne le contournaient déjà pour emprunter la vallée du Rhône et comment les vieilles routes montagnardes disparaissaient peu à peu au profit des localités les plus importantes. Un scénario semblable se reproduit lors de l'établissement du réseau ferroviaire français avec la mise à l'écart du Massif. Au-delà de ces images médiatiques et de ces faits historiques, les infrastructures maillant ce territoire sont-elles comparables à celles des

autres régions ? Quelle est la nature des flux les parcourant ? Quels axes de progrès peuvent être envisagés ?

Les modifications de la structure des réseaux

La progression du réseau routier

Les routes du Massif central commencent à s'améliorer régulièrement à partir du milieu des années 1970 ; en effet, en 1975, l'État met en œuvre le « Plan Routier Massif central ». Celui-ci concerne dix-sept départements, même si les quatre départements de l'Auvergne en sont les principaux bénéficiaires avec la moitié des itinéraires à aménager. Des

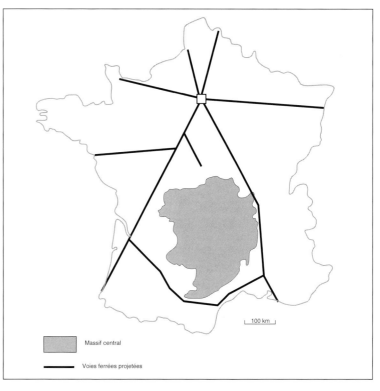

Massif central

Voies ferrées projetées

100 km

Fig. 13 – Loi du 11 juin 1842 : réseau de voies ferrées projeté

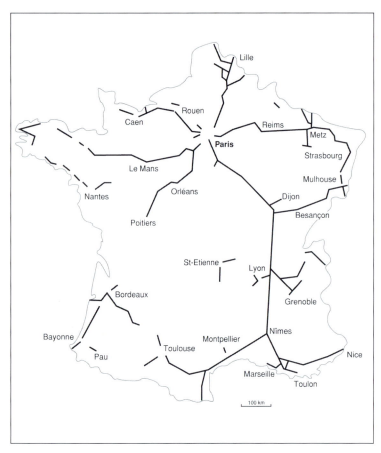

Flig. 14 - Le réseau autoroutier en 1980

vent contournement des villes et villages et mise à deux fois deux voies. Il faut ajouter que le réseau complémentaire de rang régional ou départemental fait l'objet d'efforts aussi soutenus de la part des collectivités locales. En 2006, le Massif central profite donc d'un réseau routier de très bon niveau avec un maillage serré équivalent à celui des autres régions, fait remarquable si on le rapporte au faible peuplement des régions traversées.

Le réseau aérien rénové

C'est en marge du Massif central que se trouvent les grandes infrastructures aéroportuaires (Toulouse, Lyon, Montpellier), captant une partie de la population des hautes terres. Ces plates-formes présentent plutôt des dynamiques positives, le nombre de lignes tendant à croître. Au centre-nord du Massif, Clermont-Ferrand–Auvergne est l'aéroport le plus important. Il est caractérisé par un réseau de niveau régional avec des lignes vers les principales métropoles françaises ou de la proche Europe. Ce nombre de lignes a plutôt été orienté à la baisse au cours des dernières années ; cela est dû essentiellement à un transfert d'une partie du *hub* clermontois au profit de Lyon–Saint-Exupéry. Les autres aéroports sont d'un niveau plus modeste (Limoges, Rodez, Aurillac, Le Puy, Saint-Étienne, Brive). Tous possèdent au moins une liaison vers Paris. Quelques-uns ont vu s'installer des lignes *low cost* notamment à destination du Royaume-Uni, mais ce réseau a fluctué beaucoup au cours des dernières années. Remarquons que, pendant la dernière décennie, deux aéroports (Roanne et Montluçon-Guéret) ont perdu leur unique vol vers Paris, ces deux agglomérations n'étant plus raccordées au réseau

travaux interviennent sur des itinéraires nécessitant d'énormes investissements. Des routes nationales sont reconstruites sur une grande partie de leur tracé avec parfois mise à deux fois deux voies de certaines sections. C'est le cas par exemple de tronçons de la Route Centre Europe Atlantique (RCEA) dans l'Allier, destinée à assurer une jonction entre la façade atlantique et l'Est de la France, ou bien, au sud, de la mise à deux fois deux voies de la RN9 entre Clermont-Ferrand et Massiac. Mais c'est à partir du milieu des années 1980 que le développement du réseau s'accélère avec l'ouverture de nombreuses sections autoroutières ; le Massif jusqu'ici laissé à l'écart, se connecte peu à peu au système autoroutier français : A72 entre Clermont-Ferrand et Saint-Étienne en 1985, A71 vers Orléans en 1989. Le CIAT du 5 novembre 1990 adopte le schéma national autoroutier. Trois grands axes bénéficient de financements importants au titre de l'aménagement du territoire : ce sont l'A20, l' A75 et l'A89 avec différents tronçons mis en service entre 1990 et 2005. Les travaux se poursuivent sur le réseau routier national (RN7, RN88, RCEA) avec le plus sou-

Aéroport Clermont-Ferrand–Auvergne

Viaduc des Fades mis en service en 1909

une douzaine de bassins d'emplois (Montluçon, Moulins, Vichy, Mende, Le Puy…).

L'adaptation difficile du réseau ferroviaire

Le réseau ferroviaire n'a pas bénéficié d'un tel niveau d'investissements. Le fait le plus remarquable a été l'électrification de l'axe Paris / Clermont-Ferrand en 1990. Ailleurs, des travaux d'amélioration ponctuels ont eu lieu. Ils concernent principalement des voies ferrées en périphéries urbaines (Lyon / Saint-Étienne, Clermont / Issoire) ou quelques liaisons interurbaines (Albi / Rodez). En revanche, faute d'un entretien suffisant, de nombreuses lignes ont vu leur état se dégrader au point d'imposer des limitations de vitesses de plus en plus basses (Béziers / Neussargues, Arvant-Alès) sur un réseau où elles étaient déjà peu élevées. On ne compte plus les sections où la vitesse oscille entre 30 et 70 km/h provoquant une augmentation des temps de parcours. Des investissements prévus ont été supprimés ou ajournés voire reportés sur le mode routier ; par exemple, une partie de l'argent prévu pour la rénovation de la ligne Béziers-Neussargues a été basculé afin de financer des travaux sur la RN88. L'électrification de la ligne Clermont-Issoire a également été ajournée. Par ailleurs, les régions en charge des services ferroviaires ré-

aérien. Leur position trop proche de Paris et la concurrence du rail et de la route ne les rendaient plus viables.

Le haut débit

Malgré les insuffisances dénoncées par les usagers de base comme par les entrepreneurs, la couverture en nouvelles technologies de communication s'est nettement amendée dans le Massif central. Non seulement, l'irrigation en fibres optiques progresse le long des axes de transports, mais, surtout, la téléphonie mobile et le haut débit se diffusent, laissant de moins en moins de vides en dehors de quelques territoires de confins (marges de l'Allier et Montagne bourbonnaise, Montagne limousine, Cézallier, nord du massif cantalien, Livradois, Aubrac, Margeride, rebord sud-ouest et Cévennes, Montagne ardéchoise, Morvan). Les opérateurs d'ADSL sont désormais bien présents dans toutes les zones urbaines et dans les principaux foyers d'activités, en particulier sur l'est du Massif. Il s'agit donc d'un incontestable progrès, réalisé sur le court terme, avec de réels efforts des collectivités territoriales (par exemple, en Lozère, 85 % des communes devraient être prochainement dotées du haut débit) et le soutien des chambres consulaires dans le cadre du programme « Cybermassif » qui déploie des centres de services destinés aux PME dans

Nouveaux autorails X73500 au dépôt de Clermont-Ferrand

Viaduc de Millau sur l'A75 ouvert en 2005

gionaux ont impulsé des politiques très contrastées. Pendant que Rhône-Alpes, Limousin, Midi-Pyrénées et Languedoc-Roussillon s'engageaient très tôt dans une réflexion autour des TER et des infrastructures les concernant, l'Auvergne est restée très en retrait, arguant notamment du fait qu'il appartenait à l'État de financer ces projets. Elle s'est ainsi classée pendant toute la décennie 1990 parmi les cinq plus mauvais élèves de l'ensemble des régions françaises pour l'investissement dans les infrastructures ferroviaires. Ce n'est donc pas un hasard si, aujourd'hui, l'Auvergne est la plus concernée, en nombre de kilomètres, par les abaissements de vitesses liés au mauvais état du réseau. Il faut néanmoins remarquer que, si les autres régions citées ont fait un réel effort sur de nombreuses lignes, celles du Massif central n'ont pas été une priorité. C'est en conséquence, et sauf exceptions, un réseau en mauvais état qui maille le Massif.

L'évolution des services et des flux

La route mieux placée

La carte des flux routiers présente un Massif central en dehors des grands couloirs de circulation de l'Hexagone. Si l'on excepte les périphéries urbaines (Clermont-Ferrand, Limoges, Saint-Étienne), on remarque un niveau de trafic remarquablement constant quels que soient les principaux axes observés (A20, A75, RCEA). Le trafic sur autoroute et voies rapides est toujours de l'ordre de douze à quinze véhicules/jour même si l'on prend soin d'ajouter celui des nationales parallèles. C'est environ six fois moins que l'axe rhodanien. Notons que, il y a une dizaine d'années, ce rapport était déjà semblable à un niveau de trafic moindre. Beaucoup de nationales acheminent un trafic particulièrement faible dès que l'on s'éloigne des zones urbanisées. Les parties les plus élevées des hautes terres semblent même de véritables confins avec des flux parmi les plus faibles de France :

1 200 véhicules / heure / jour sur la RN106 au sud de Mende, 2 800 sur la RN88 entre Mende et Langogne, 2 400 sur la RN140 au sud-est de Brive.

Dans le Massif central, comme partout aux échelles européenne et française, le trafic routier croît de manière continue depuis plusieurs décennies ; remarquons cependant que le rapport de trafic entre les routes les plus et les moins chargées n'évolue guère. Au-delà de la quantité, la composition de ces flux est particulièrement intéressante à observer. Sur l'A75, en 2002, à Aguessac, le trafic dans la zone interne au Massif (hors période estivale) atteignait 59 %, celui d'échange (zone interne/hors zone interne) 27% et celui de transit 13 %. Sur l'A20, en 2004, à Montauban nord, le trafic zone interne aux cinq départements de l'A20 (Haute-Vienne, Corrèze, Lot, Tarn-et-Garonne, Haute-Garonne) était de 54 % soit un niveau comparable à celui de l'A75. Le niveau de trafic de transit à longue distance est du même ordre que sur les grands axes (type A7, A9) en valeur relative, mais bien plus faible en valeur absolue. La part des poids lourds varie même si elle se situe fréquemment entre 10 et 15 % du trafic total. La seule exception notable est consti-

Viaduc sur le Chavanon (autoroute A89)

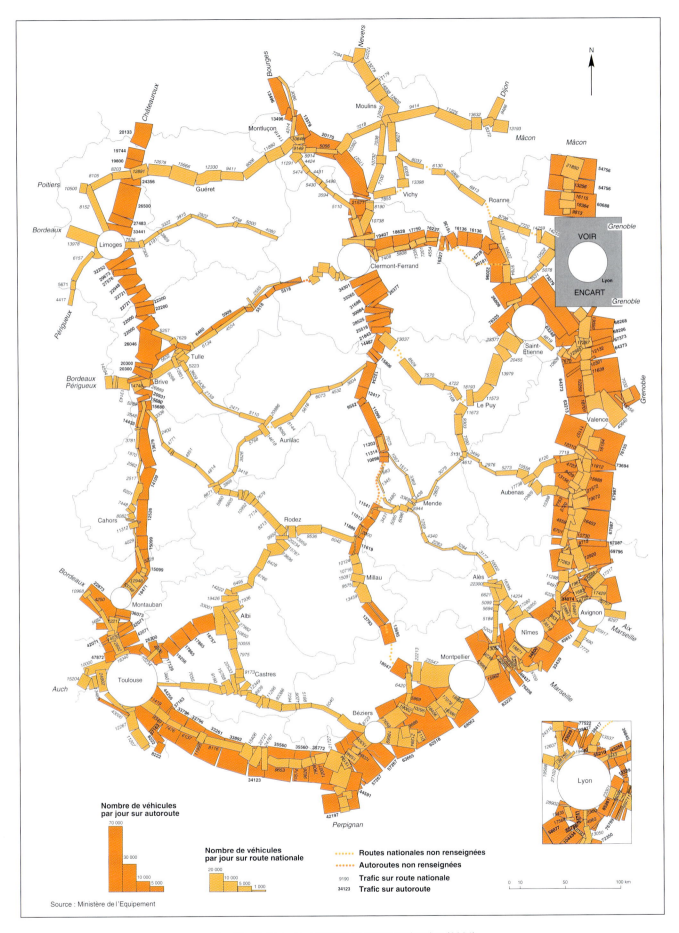

Fig. 15 - Trafic sur autoroutes et routes nationales (2004)

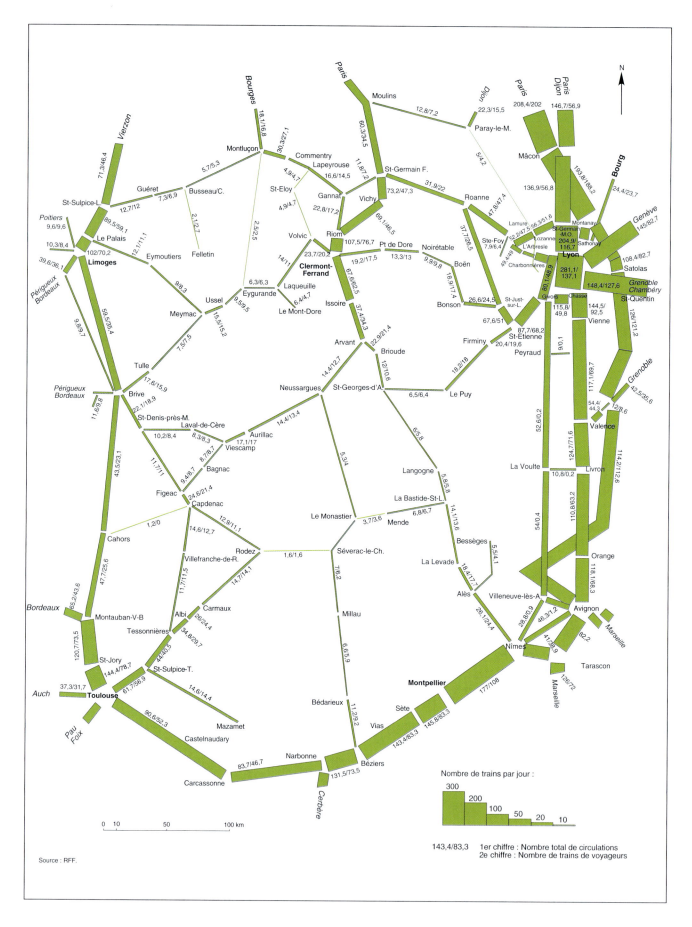

Fig. 16 - Trafic ferroviaire (2004)

tuée par la RCEA au nord du Massif où le flux de poids lourds représente environ un tiers du trafic total. Malgré des progrès, le Massif central n'est donc pas un espace de circulation routière très dense, les axes majeurs demeurant périphériques.

Un surcroît de trafic pour le rail ?

La carte du nombre de trains par jour montre une similitude évidente avec celle des trafics routiers. On retrouve, bien sûr, les grands couloirs circum Massif central qui acheminent plusieurs dizaines de trains quotidiens. En suivant l'axe limagnais jusqu'au sud de Clermont-Ferrand, le degré de circulations ferroviaires est également important. Là encore, les grandes périphéries urbaines procurent aux marges du Massif un regain de trafic (ouest lyonnais et stéphanois, étoile toulousaine). A l'opposé, la plupart des lignes des hautes terres voient passer entre quatre et six trains par jour. Sur certaines sections, les services ont été réduits très fortement ces dernières années. Le recul du fret ferroviaire français et la politique d'abandon des trafics diffus par la SNCF ont fait s'effacer les trains de marchandises de quasiment toutes ces lignes de montagne où une circulation de ce type est devenue un événement sporadique. La plupart des circulations sont donc constituées par des trains de voyageurs. Là encore la situation est contrastée. Sur les relations péri ou interurbaines, l'offre s'est globalement renforcée. Par exemple Clermont et Limoges sont plus fréquemment reliées à Paris. Cependant, sur ces grandes lignes, la vitesse commerciale stagne. A l'opposé, de nombreuses relations de rang national ont disparu depuis cinq ans. Ce sont par exemple les trains Bordeaux-Lyon via Limoges, Montluçon et Roanne, ou ceux via Brive, Tulle et Clermont-Ferrand. La plupart des trains de nuit ont été supprimés et, sur beaucoup de ces relations, les temps de parcours se sont allongés. Certes, les régions ont en partie contrebalancé ce constat peu glorieux, en repositionnant les horaires, en augmentant les fréquences et en introduisant des matériels neufs ou rénovés. Midi-Pyrénées, Languedoc-Roussillon et Rhône-Alpes ont été les fers de lance de cette politique. En revanche, on a vu que la région Auvergne a tardé à acheter du matériel roulant : faute d'engins neufs, la SNCF y a donc déplacé beaucoup d'équipements anciens libérés par les autres régions. Malgré cela, depuis 2002, le trafic ferroviaire croît dans le Massif central si l'on considère cet espace globalement, en y incluant les lignes de banlieue comme celles des hautes terres ; le détail de chaque section étant bien sûr contrasté. Cette progression est due à un contexte favorable au chemin de fer du fait, entre autres, de la cherté du pétrole, des engorgements urbains qui font se reporter de nombreuses personnes vers le rail. Elle est aussi le fruit des politiques régionales pour la plupart de plus en plus favorables au rail.

L'aérien fluctuant

Le trafic aérien évolue de manière très contrastée selon les aéroports considérés. Remarquons tout d'abord que les flux mondiaux (et donc également en Europe et en France) croissent régulièrement. Les grandes plates-formes aéroportuaires comme Lyon suivent ce mouvement, tandis que les aéroports du Massif central n'évoluent pas tous dans ce sens. Le trafic baisse régulièrement à Clermont-Ferrand depuis le déplacement d'une partie du hub vers Lyon et la réduction du nombre de lignes. Sur plusieurs autres aéroports, le trafic est assez stable (Aurillac, Le Puy, Castres, Brive). Ce sont souvent des infrastructures qui ne possèdent qu'une seule ligne vers Paris et qui assurent les déplacements d'une clientèle essentiellement professionnelle qui ne varie guère d'une année à l'autre. Enfin, plusieurs aéroports voient leur trafic augmenter rapidement. Le phénomène est particulièrement visible à Limoges, Rodez et à Carcassonne, aéroports certes situés en marge du Massif mais qui en desservent l'extrême sud (Montagne noire). Cette évolution est principalement due à l'arrivée de compagnies à bas prix (*low cost*), Ryanair notamment. Celles-ci ont ouvert des lignes vers l'Europe du nord et particulièrement vers le Royaume-Uni. A Limoges comme à Rodez, le trafic vers Londres représente presque la moitié du total de l'aéroport. Il s'agit essentiellement de Britanniques qui viennent soit pour de courts séjours, soit pour s'installer définitivement ; ils continuent alors à effectuer des navettes

Aéroports	2000	2001	2002	2003	2004	2005
Aurillac	16 899	16 940	17 637	17 447	14 578	17 039
Brive	35 249	17 656	21 971	21 564	21 955	24 570
Carcassonne	133 966	211 893	187 819	252 061	273 644	341 520
Castres	16 807	13 343	19 284	20 268	18 635	19 843
Clermont-Ferrand	902 114	832 669	1 060 795	992 024	621 812	580 937
Limoges	120 244	135 960	163 988	191 360	226 844	282 637
Lyon-Saint-Exupéry	6 021 061	6 058 809	5 724 567	5 858 464	612 793	6 561 365
Montpellier	1 750 000	1 542 570	1 560 024	1 585 261	1 325 821	1 303 502
Nîmes	269 437	319 428	230 511	134 282	156 156	205 909
Le Puy	8 421	7 702	7 150	7 710	7 441	7 457
Roanne	8 477	7 693	1 843	*Plus de ligne régulière*		
Rodez	73 037	71 113	62 911	114 864	143 603	157 171
Saint-Étienne	117 478	123 548	111 614	114 610	94 224	102 956

Tab. 1 – Evolution du trafic passagers des aéroports du Massif central et des principaux aéroports de la périphérie proche (source : DGAC)

régulières avec leur pays d'origine pour des motifs familiaux ou professionnels.

Quels transports dans le Massif central de demain ?

La route

Grâce aux investissements massifs, le réseau routier du Massif central permet des temps de trajet performants entre les principaux centres d'activités. Ces temps, compte-tenu des limitations de vitesses, deviennent maintenant quasiment incompressibles. Il est même probable que de nouvelles limitations de vitesses plus restrictives (envisagées au niveau européen pour des motifs sécuritaire et énergétique), ainsi que des encombrements grandissants dans les périphéries urbaines, dégradent un peu les performances du système routier de demain. Il faut aussi éviter de donner aux infrastructures un effet automatiquement structurant. Nous avons vu qu'une faible partie des flux de transit des grands corridors est transférable sur les axes du Massif qui demeurent, de surcroît, handicapés par des contraintes spécifiques de pentes ou de viabilité hivernale. Le trafic supplémentaire peut être le fait de flux qui arrivent dans le Massif, qui y passent mais aussi qui s'en évadent au profit des grandes métropoles périphériques. Dès lors, tirer parti de la nouvelle infrastructure repose bien sur les acteurs locaux et sur leur capacité à mobiliser les forces vives autour de projets le long de l'axe. Sans ce jeu d'acteurs, dans un milieu globalement en déclin, l'effet « déstructurant » de l'axe peut être supérieur aux effets positifs. Au-delà de la portée d'un linéaire, la croisée autoroutière est souvent mise en avant (à Clermont-Ferrand par exemple) comme un atout décisif. C'est là une amélioration évidente de position, mais des dizaines de villes en Europe peuvent se targuer de posséder les mêmes chances...

Réseau ferroviaire

Comme ce fut le cas pour les voies ferrées au XIXe siècle puis du réseau autoroutier, le Massif central sera probablement le dernier grand espace français ignoré par le réseau de trains à grande vitesse. La carte du réseau existant, en cours de réalisation et projeté, ne laisse qu'une petite entrée à Limoges grâce à un barreau éventuel en cul-de-sac. A l'issue de la réalisation de ce plan, Clermont-Ferrand sera la dernière capitale régionale non desservie. Ce sera également la

plus éloignée en temps de Paris et, d'une manière générale, de l'Europe de la grande vitesse. Hors de ce programme TGV, le retard d'investissements sur le réseau ferroviaire est patent. Les temps de parcours sont démesurément longs vers toutes les destinations à l'échelle nationale (Paris, Lyon) et davantage encore au niveau régional (Montluçon, Le Puy). Pourtant c'est bien le mode ferroviaire qui possède le plus fort potentiel de développement si l'on rapporte le volume d'investissements à réaliser et le temps gagné. Ce calcul joue encore bien plus en faveur du chemin de fer si l'on intègre des notions de sécurité, d'économie d'énergie, d'environnement, notions qui s'inscrivent dans des perspectives de développement durable. D'ailleurs, un certain nombre de projets à court et à long termes sont actuellement étudiés ou en cours de réalisation. Quelques exemples peuvent être cités. La ligne Paris–Clermont-Ferrand devrait être améliorée à l'horizon de quelques années avec l'augmentation des vitesses à 200 km/h sur certaines sections après suppression des passages à niveau. Deux raccordements directs évitant les rebroussements des trains vont également permettre des réductions de temps de parcours. Le premier en construction, situé à Saint-Germain-des-Fossés amènera une diminution notable de la durée de parcours entre Clermont, Vichy et Lyon ; le second, à Nîmes, profitera à de nombreuses relations du sud-est du Massif (Nîmes–Alès– Clermont, Nîmes-

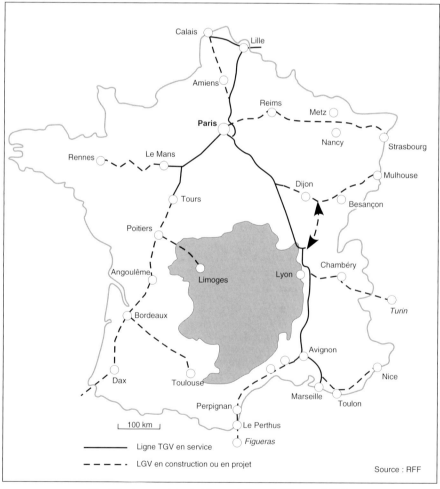

Fig. 17 – Les projets de Lignes à Grande Vitesse (LGV).

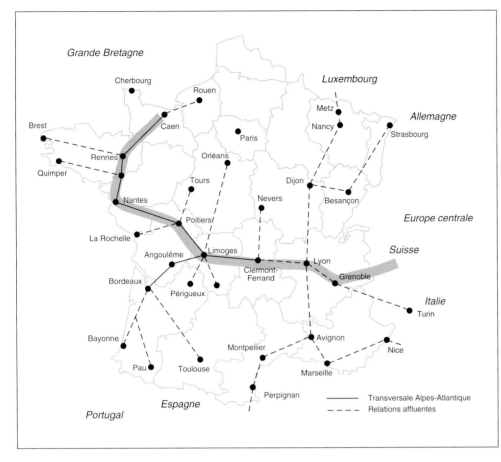

Fig. 18 - Transversale Alpes-Atlantique : le maillon-clé du TGV européen
Péninsule ibérique/Allemagne/Italie/Europe centrale (source : Association ALTRO)

lignes régionales sont souvent à la limite de la rentabilité : il suffit d'une légère modification d'un paramètre (baisse du nombre de passagers, augmentation du coût du carburant) pour qu'apparaissent des déficits et donc des suppressions. Il faut toutefois distinguer certaines lignes ayant un rôle d'aménagement du territoire (Paris / Aurillac, Paris / Le Puy, Paris / Rodez) dont l'exploitation est alors subventionnée par les collectivités et par un fond de péréquation du transport aérien. Ces lignes sont souvent d'une grande importance pour l'économe locale et les entreprises qui apprécient cette ouverture sur l'Europe et le monde. Autre cas particulier, celui des compagnies *low cost* qui se trouvent en opposition avec la catégorie précédente. Souvent présenté comme une manne pour une région, le système contient aussi des effets qui peuvent s'avérer pervers pour les ter-

Mende). D'autres travaux devraient intervenir sur Paris-Montluçon, Paris-Limoges-Toulouse. De nombreuses relations interurbaines souffrent de la vétusté des voies, très pénalisante pour le matériel neuf. Les régions du Massif se sont engagées dans des réflexions et des études autour de ces infrastructures régionales ; cela devrait se traduire, à assez court terme, par des régénérations de voies et donc des réductions de temps de parcours. A plus long terme, existe un grand projet de ligne nouvelle pour le Massif central nommé TAA (Transversale Alpes Atlantique). Ce projet a été initié par l'association ALTRO (Alternative Logistique Transport Ouest). Il s'agirait de construire une ligne nouvelle ouest-est à travers le Massif central selon un itinéraire à définir. De nombreuses collectivités locales ont adhéré à l'association et soutiennent vivement ce projet. La phase de financement des études de faisabilité est en train d'être bouclée.

Réseau aérien

Le transport aérien est un mode coûteux notamment en raison de la forte dépense énergétique. Toutes les compagnies aériennes mondiales peuvent connaître des évolutions brutales et opposées (de la montée en puissance éclair à la faillite aussi rapide). Il existe une instabilité permanente du réseau qui s'adapte très vite car il est très simple pour une compagnie d'ouvrir ou de fermer une ligne. Beaucoup de

ritoires et les collectivités qui les gèrent. En effet, il s'agit pour ces compagnies de rechercher des trafics rémunérateurs, soit parce qu'il y a un marché potentiel important, soit parce qu'il y a des possibilités de subventions, les deux conditions pouvant se cumuler. Cela veut dire que les compagnies à bas prix ouvrent des lignes sans engagement de durabilité. Le danger pour la collectivité locale est de financer une infrastructure qui peut coûter plus cher que les gains liés aux retombées qu'elle procure. Par exemple, en 2001, Rodez coûtait 14 euros par passager atterri, Saint-Étienne 8,43 euros. Le coût devient démesuré si les lignes ferment, laissant subsister une infrastructure surdimensionnée. Beaucoup de collectivités ont tenté de faire venir les compagnies en distribuant des subventions et des exemptions de taxes, ce qui revient à financer des compagnies privées avec des fonds publics. Cela est en voie de régularisation, l'Union européenne ayant édicté des règles strictes limitant ce processus

Les progrès de l'enseignement supérieur et de la recherche

A la rentrée 2004, on recensait près de 93 000 étudiants dans l'ensemble du Massif central, toutes formations confondues, des cycles courts aux doctorants, des filières généralistes aux parcours professionnels de toute nature y

Complexe universitaire des Cézeaux (Clermont-Ferrand)

compris dans les domaines de l'agriculture ou de la santé. De surcroît, en 1999, l'INSEE dénombrait près de 9 000 emplois dans le secteur de la recherche. Au dynamisme des grands groupes privés (Michelin, Limagrain…) s'ajoutent les laboratoires du public (INRA, universités…) avec un poids national parfois supérieur à ce que laisserait supposer la démographie universitaire (en particulier à Clermont-Ferrand). Plusieurs centres de transfert technologique, des incubateurs d'entreprises assurent la jonction avec les entreprises et facilitent la réalisation de projets innovants. La répartition géographique des étudiants comme de la recherche est cependant très inégale.

• Les trois agglomérations universitaires – Clermont-Ferrand, Limoges et Saint-Etienne – rassemblent à elles seules près des quatre cinquièmes des effectifs (respectivement 22 %, 19 % et 38 %) ; 56 % de ces étudiants « métropolitains » sont inscrits dans l'une des quatre universités du Massif central. Toute la partie sud et une grande partie de l'est du Massif échappent à l'influence de ces centres majeurs, les étudiants se dirigeant vers les grandes agglomérations périphériques comme Toulouse, Montpellier ou Lyon.

• Depuis les années 1970, les villes de second rang ont réussi à capter certaines formations. Les collectivités locales ont souvent consenti des investissements importants, considérant l'enseignement supérieur comme une vitrine, source de prestige, avec des retombées non négligeables sur l'économie locale. Dans un ensemble à faible densité, les universités ont généralement refusé de décentraliser les formations de base et les cursus liés à la recherche. En revanche, les IUT et, au-delà, toutes les formations professionnelles jusqu'au niveau licence, ont trouvé dans ces villes des terrains d'élection. S'ajoutent les BTS, les IUFM dans les chefs-lieux de département, etc., si bien que, aujourd'hui, toutes les villes « moyennes » du Massif central – Aurillac, Brive, Montluçon, Moulins, Rodez, Roanne, Le Puy, Vichy – accueillent de 1 000 à 1 500 étudiants.

• Enfin, la carte indique qu'une cinquantaine de petites villes et parfois de simples bourgs de quelques centaines d'habitants affichent une ou des formations post-baccalauréat. A titre d'exemple, à la rentrée 2004, on dénombrait 900 étudiants en Creuse et 1 150 en Lozère. Les héritages (en particulier pour les cursus agricoles), l'action persévérante de tel ou tel élu, parfois la présence d'une grande entreprise ou d'un tissu industriel, garantie de débouchés, sont à l'origine de cette dispersion. Toutefois, les cycles courts à orientation professionnelle l'emportent. Au total quelque 7 000 étudiants (moins de 8 % des effectifs du Massif central) sont dispersés dans ces localités modestes.

Ces succès de l'enseignement supérieur doivent cependant être relativisés. D'une part, le Massif, pour 14 % de la superficie du pays ne rassemble guère que 4 % des étudiants de l'Hexagone. D'autre part, ses villes universitaires restent de taille moyenne à l'échelle française et *a fortiori* dans une perspective européenne (35 000 étudiants à Clermont-Ferrand en 2004-2005, mais 62 000 à Montpellier, 98 000 à

Nouveau Pôle Chimie des Cézeaux

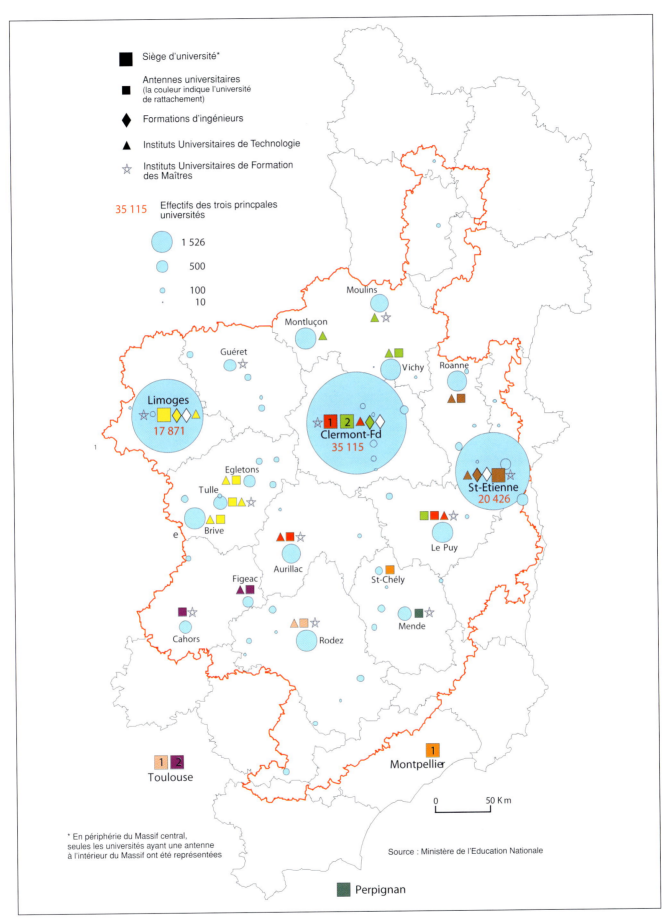

Fig. 19 - L'enseignement supérieur dans le Massif central

Toulouse, 122 000 à Lyon). A cette considération quantitative, s'ajoute une péjoration qualitative : les formations d'ingénieur, les classes préparatoires aux grandes écoles sont sous-représentées par rapport aux moyennes nationales alors que les parcours de techniciens et donc les cycles courts sont au contraire plus largement développés. Enfin, en règle générale, la progression du nombre total d'étudiants durant les cinq dernières années est très nettement inférieure aux chiffres relevés pour la France entière.

On l'aura compris, les faiblesses démographiques du Massif central, mais aussi, et il faut le souligner avec force, des revenus familiaux modestes constituent des entraves au développement universitaire et, si l'on n'y prend garde, les écarts risquent de s'aggraver surtout dans une perspective d'abandon de toute politique d'aménagement du territoire au profit d'une reconnaissance de pôles capables de relever les défis de la concurrence européenne et mondiale. Ces pôles rassemblent unités de recherche, centres de formation et entreprises engagés dans des projets communs et disposant d'une masse critique suffisante. Sur les soixante-six pôles labellisés en 2006, six concernent le Massif et soulignent les points forts de la recherche-développement (mécanique et mécatronique, micro-ondes, phototonique et réseaux sécurisés, céramique, alimentation et biotechnologies en particulier dans le domaine des céréales et de la viande). Cependant, un seul de ces pôles offre une dimension internationale (aéronautique, espace) et il dépend essentiellement du Sud-Ouest et en particulier de Toulouse. Par ailleurs, les structures permettant la diffusion et la valorisation de la recherche demeurent trop modestes. En fait, ces faiblesses de l'enseignement supérieur, de la recherche et du développement sont révélatrices des lacunes des « métropoles » du Massif central et d'un tissu économique dominé par les PME.

La culture, levier de développement

L'arrivée de nouvelles populations et le renouvellement de la société du Massif favorisent une ouverture culturelle aux antipodes du repli identitaire. A cet égard, les exemples

Musée Roger Quilliot à Clermont-Ferrand

du festival du court-métrage à Clermont, de l'opération Lire à Limoges, du festival de musique de La Chaise-Dieu, des rencontres des fêtes Renaissance du Roi de l'oiseau au Puy, des Cultures du monde à Gannat ou du théâtre de rue à Aurillac sont symptomatiques des multiples manifestations à caractère culturel où l'on tente parfois de valoriser des traditions (le conte, la langue d'oc, les cultures de montagne). Par ailleurs, l'offre culturelle s'est améliorée dans les villes comme dans les bourgades qui proposent équipements et services (bibliothèques, écoles de musique, lieux de diffusion de spectacles ou de pratiques artistiques). Les efforts de programmation, y compris d'expositions d'art contemporain sont évidents. Certes, des disparités existent encore qui ne tiennent pas seulement à la densité de population ou à la proximité des villes, mais renvoient clairement à des dynamiques locales. L'offre est ainsi grandement influencée par les associations, qui jouent un rôle essentiel, par les initiatives privées, lorsqu'elles existent, et, naturellement, par les actions menées par les collectivités territoriales, bien qu'elles soient le plus souvent jugées encore trop timides. Or, les élus locaux (maires, présidents de communautés de communes) constituent des acteurs essentiels, par leur capacité à mobiliser les populations et, surtout, les financements, que ceux-ci soient destinés à la

Zénith d'Auvergne dans la plaine de Sarliève, à Clermont-Ferrand

Centre de documentation dédié au cinéma et au court-métrage
(Clermont-Ferrand)

mise en œuvre de politiques publiques ou au soutien des initiatives locales, principalement associatives. Enfin, l'émergence de projets ambitieux ou l'existence d'équipements « phares » apparaissent bien souvent liés à des concours de circonstances peu ordinaires, où l'effet d'opportunité joue très fortement : un contexte local favorable, une personnalité politique forte et suffisamment influente, caractérisée par une certaine ouverture d'esprit et des politiques publiques nationales et/ou européennes incitatives. En effet, de plus en plus souvent dans les milieux ruraux de faibles densités, ce sont les programmes européens, et notamment les projets leader, qui permettent de financer les projets de développement culturel. La dynamique associative des Combrailles doit beaucoup au programme Leader +, tout comme, dans le haut Allier, la petite ville de Langeac qui s'est, grâce à ces fonds, dotée d'équipements conséquents.

La question du développement culturel dans le Massif central peut s'inscrire dans une double perspective. D'un côté, il peut s'agir de faire avancer, à travers la culture, le développement de ces territoires : il s'agit de la dimension culturelle du développement, thème qui émerge dans les années 1980 avec les lois de décentralisation et l'accroissement des budgets pour la Culture. D'un autre côté, on compte favoriser l'accès à la culture de populations, notamment rurales, perçues comme isolées, dans un souci de démocratisation, mais aussi d'égalité ou d'équité entre l'offre des campagnes et celle des métropoles : dans ce cas, le projecteur est mis sur la dimension rurale du développement culturel. Encore faut-il tenir compte d'une vision partielle, la culture étant seulement un facteur de développement territorial parmi d'autres, son rôle restant indirect, lié à l'environnement général des activités économiques, ou limité au « cadre de vie », à la « qualité de la vie » et au bien-être des populations qui choisissent d'habiter dans les campagnes du vide. Ce

n'est donc que très récemment qu'une prise en compte du caractère multidimensionnel des projets de territoire a favorisé les enjeux culturels et la nécessaire mobilisation des acteurs locaux. A cet égard, les initiatives et premiers succès de Saint-Étienne sont éloquents.

L'impact du développement culturel sur les territoires est encore peu quantifiable, les répercussions pouvant être directes ou indirectes. Les effets de telles initiatives paraissent bénéfiques sur les sociétés rurales clairsemées, notamment en terme d'ouverture d'esprit. Dans ces campagnes, probablement plus qu'ailleurs, la dialectique complexe de l'enracinement identitaire et de l'ouverture est fondamentale. La confrontation culturelle, le métissage, la possession de plusieurs identités paraissent indispensables, générant des dynamiques nouvelles, favorisant la mobilisation des acteurs et, paradoxalement, la cohésion sociale, grâce aux échanges, aux multiples rencontres entre habitants. On découvre que la culture est un service perçu comme essentiel, en particulier par les nouveaux résidents qui recherchent une offre de proximité, souhaitent exercer des pratiques en « amateur » ou pouvoir bénéficier d'un enseignement artistique. De plus, une offre culturelle diversifiée peut générer des visites et donc des liens, des échanges avec d'autres territoires. Enfin, ces initiatives constituent un atout pour donner aux habitants une perception positive de leur territoire, images qu'ils construisent et qu'ils projettent à l'extérieur. Les représentations sont d'autant plus favorables, la requalification des lieux est d'autant plus forte que la population est amenée à s'impliquer, à s'investir personnellement, ce qui contribue à l'émergence d'un sentiment de fierté, véritable ferment des dynamiques de mise en patrimoine ou plus globalement de développement. Justement, sur ce plan, on doit admettre que les répercussions sont surtout liées à la dimension touristique du projet, de l'équipement ou de la manifestation culturelle. On connaît ainsi la capacité d'un fes-

Culture et mise en scène du patrimoine lors de la fête du « Fin Gras »
à Chaudeyrolles (1996)

tival à attirer un public nombreux avec tous les effets directs sur l'économie (acteurs du tourisme, commerçants) et indirects en terme d'image, de marketing territorial, d'ouverture sociale. Plus généralement, les projets culturels participent à l'effervescence des initiatives, à des processus cumulatifs à condition toutefois qu'ils soient conçus en association avec d'autres outils de développement et qu'ils favorisent la complémentarité des activités (par exemple lorsque des exploitants agricoles proposent de l'accueil ou des spectacles « à la ferme » ou bien quand des hôtels-restaurants associent à leur fonction marchande des produits culturels). La culture parvient alors à identifier et à mobiliser d'autres activités, d'autres ressources territoriales. Il n'en reste pas moins que des difficultés subsistent. D'une part, bon nombre d'activités culturelles reposent encore trop souvent sur le bénévolat, la polyvalence des acteurs, ce qui implique aussi un certain manque de professionnalisme et une difficulté pour changer d'échelle. D'autre part, la concurrence d'autres activités ou fonctions reste forte : l'aide sociale, le tourisme, les activités sportives ont davantage d'échos, ainsi que nous avons pu le signaler, auprès des élus et des agents de développement. Enfin, l'offre culturelle reste soumise à de nombreux aléas dans son financement, notamment pour les services publics ou para-publics tandis que les initiatives individuelles privées profitent d'une plus grande autonomie financière, mais restent fragiles.

Malgré les faiblesses de sa population et l'absence de grandes concentrations urbaines, le Massif central s'ouvre. Transports rapides, formation et recherche scientifiques, culture... de nombreux secteurs, autrefois déficients, se sont sensiblement améliorés, même s'il faut tenir compte de multiples nuance locales. Désormais, toute la question est de savoir si de véritables cercles vertueux peuvent s'enclencher, associant par exemple, expansion économique, accueil de nouveaux actifs et vie locale attractive ?

Chapitre 5

UNE TERRE D'ACCUEIL

Françoise Cognard, Jean-Paul Diry, Laurent Rieutort, Pascal Desmichel

Si l'innovation suppose l'introduction de changements faisant évoluer un système, il est clair que l'arrivée de nouvelles populations, comme la multiplication d'initiatives pour attirer et accueillir à la fois touristes et nouveaux habitants, constituent une rupture après des décennies d'exode, d'image de « pôle répulsif » et de tendance au repli sur soi. L'affirmation d'un Massif central « territoire ouvert » témoigne incontestablement de nouveaux comportements et de la volonté de se doter d'une nouvelle identité. De nombreux territoires du massif revendiquent en effet aujourd'hui cette étiquette de « territoire d'accueil ». Certaines expériences pionnières à l'échelle nationale en matière de politique d'accueil y ont d'ailleurs été menées, en particulier en région Limousin. Mais ces innovations sont-elles acceptées par les sociétés locales et conduisent-elles aux résultats escomptés ?

Nouveaux arrivants

La question de l'arrivée de nouvelles populations dans le Massif central est évidemment d'importance. Dès la période 1975-1982, P. Estienne, remarquait « *un certain renversement de la tendance migratoire* », mais il ajoutait aussitôt, « *reste à savoir si ce flux d'arrivants persistera ou si, comme c'est plus probable, le mouvement de baisse ne se réinstallera pas, notamment en milieu rural* ». Aujourd'hui, ces nouveaux arrivants sont souvent présentés comme un espoir, voire comme une chance, par de nombreux élus et responsables professionnels. On affiche là une sorte de réponse aux difficultés des espaces fragiles, en s'appuyant sur tout un discours qui n'est pas nouveau, mais qui suscite de multiples questions. À quelles conditions cette immigration peut-elle réussir ? Quels sont les apports des nouveaux arrivants pour les sociétés locales ? Sont-ils des « porteurs

de projets » ou des « marginaux » ? Conservent-ils leur travail en ville ou sont-ils de véritables créateurs d'emplois ?

La réalité des flux

Contrairement à certaines idées reçues, les nouveaux habitants représentent une frange non négligeable de la population du Massif central. Alors que, entre 1982 et 1990, le déficit migratoire atteignait encore 9 000 personnes, la période 1990-1999 est caractérisée par un renversement historique, avec un excédent de plus de 27 000 personnes qui recouvre l'arrivée d'environ 359 000 migrants (et le départ de 332 000 individus). Les résultats de l'enquête de recensement partiel réalisée en 2004 confirment la reprise récente de croissance des régions du Massif central et en particulier de l'Auvergne et du Limousin, et cela essentiellement grâce à un renforcement de l'excédent migratoire. Ainsi, en Limousin, celui-ci passe-t-il d'un apport de 1 500 habitants par an sur la décennie 1990 à près de 2 650 personnes par an entre 1999 et 2004. De même, l'Auvergne attire-t-elle de plus en plus de nouveaux habitants : 17 800 personnes entre

Nouveaux arrivants installés dans une ferme des Combrailles

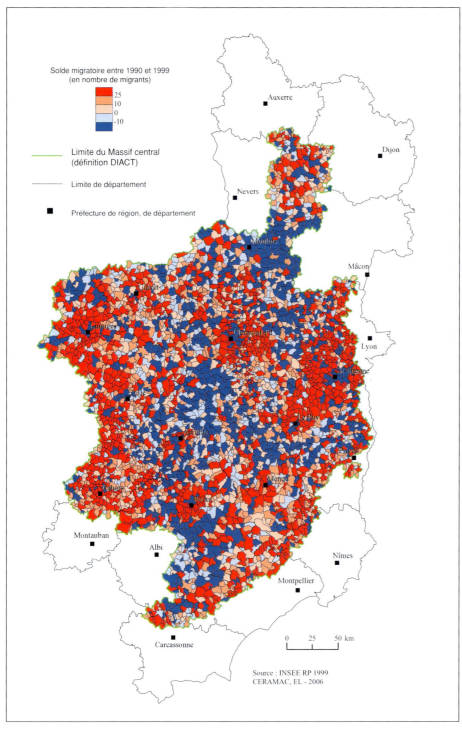

Fig. 20 – Solde migratoire entre 1990 et 1999

méridionales (les Cévennes détenant un record avec près de 24 %). Sur une période plus longue, compte tenu de l'accumulation, les ratios sont naturellement plus élevés encore. Entre 1990 et 1999, si l'on considère les chiffres de l'INSEE concernant les changements de domicile entre département, sur la dernière période intercensitaire le flux atteint la moyenne de 13,5 % sur les onze départements appartenant en totalité au Massif central. La mobilité apparaît donc à la fois importante et limitée. Importante, car, si l'on ramène les chiffres en valeur absolue, ce sont environ 150 nouveaux venus qui sont recensés sur cinq ans dans un canton moyen de 2 000 habitants et dans des campagnes réputées sans emplois. Et c'est souvent grâce à ces arrivées que le solde migratoire est devenu positif ou s'est amélioré. Mais le mouvement peut être aussi considéré comme modeste, car il faut toujours tenir compte des départs possibles de certains ménages après un séjour plus ou moins long dans une commune d'accueil. En outre, des espaces sont peu concernés et les inégalités géographiques demeurent considérables. L'amélioration de la situation des communes proches des principaux pôles urbains est d'autant plus sensible qu'elles bénéficient d'un solde migratoire positif et d'un redressement des bilans naturels. A l'inverse, si la situation du rural isolé s'améliore, elle demeure néanmoins plus mitigée, certains secteurs continuant souvent à être répulsifs, même si les déficits migratoires masquent parfois une grande turbulence de la population et de nombreuses arrivées. Le rythme de décroissance y est néanmoins plus faible que dans les années 1960. Les données issues des Recensements de la Population font apparaître ces différences spatiales. Par exemple, sur les cartes relatives au nombre de personnes ayant changé de résidence et de département entre 1990 et 1999, on note, en valeur absolue, un double mouvement, à la fois de polarisation sur les métropoles et de diffusion vers les villes petites ou moyennes, voire sur les bourgs. Mais la mobilité ne doit pas être sous-

1999 et 2004 (soit une très nette amélioration par rapport à la période précédente). Pour le bilan des entrées et des sorties, l'Auvergne détient désormais le onzième rang sur les vingt-deux régions françaises, et le Limousin le sixième. D'après différentes enquêtes sur des communes-test, durant la seule période quinquennale 1996-2000, on peut estimer l'apport des migrants à un peu moins de 10 % de la population totale, avec des maxima dans les territoires soumis aux effets d'une périurbanisation diffuse ou dans les contrées

estimée dans des espaces isolés, à l'image des bocages limousins ou bourbonnais, de l'est auvergnat, du nord Aveyron ou du versant méridional. En pourcentage, la figure prend même une autre physionomie, les écarts spatiaux étant finalement moins marqués, ce qui révèle l'importance du mouvement, y compris vers les campagnes. Avec des taux supérieurs à 20 %, on notera en particulier la bonne place du nord des Combrailles, du Bocage bourbonnais, de la Marche, de la Montagne limousine, du Livradois-Forez, du Velay, du haut Cantal, de l'Aubrac, des Grands Causses, d'une partie de la Margeride, des Cévennes ou du Vivarais sud-oriental.

De profondes recompositions sociales

Cependant, si les cartes soulignent une nouvelle réalité démographique – celle de la récente attractivité du Massif –, elles ne disent rien du détail de la composition qualitative des flux. Or, l'amélioration globale du solde migratoire ne doit pas occulter le fait que les échanges demeurent toujours fortement déficitaires pour les jeunes (ce déficit s'est même accru entre 1999 et 2004 en Auvergne et en Limousin), l'excédent migratoire se remarquant en fait essentiellement à partir de trente ans. Car, si le bilan migratoire est positif pour les familles et les retraités, il demeure toujours négatif pour les classes jeunes (16-29 ans), qui poursuivent leurs études ou trouvent un premier emploi à l'extérieur du Massif. Mais, au-delà des chiffres, il importe de souligner que ce renversement spatial et migratoire s'accompagne fréquemment d'une double mutation sociale, pour les territoires, comme pour les migrants. D'une part, du côté des territoires d'accueil, ces arrivées entraînent un renouvellement démographique profond, parfois déstabilisant. Les migrants sont tout d'abord nettement plus jeunes que la population « autochtone ». Car, contrairement à certaines analyses superficielles, il est clair que les retraités sont minoritaires parmi ces flux migratoires. Les « nouveaux habitants » sont en effet surtout des jeunes couples, avec une forte proportion de personnes en âge de travailler, et possèdent globalement des niveaux de formation supérieurs à ceux des « locaux ». Il y a donc là d'incontestables ferments de renouveau économique. En outre, ces jeunes ménages ont des enfants, ce qui se traduit par un élargissement de la base de la pyramide des âges et contribue par exemple au maintien des équipements scolaires. D'autre part, la mutation sociale concerne également les nouveaux arrivants. En effet, les enquêtes montrent qu'un grand nombre d'actifs change d'emplois ou de statut en s'installant dans le Massif. Cette mobilité professionnelle peut renvoyer au passage de la vie active à la retraite, mais également à la perte de l'emploi sur le lieu de départ, ou au choix d'une réorientation professionnelle conduisant à la création d'activités. Au total, on aboutit à une nouvelle situation dans laquelle les catégories socioprofessionnelles traditionnelles du monde rural sont peu représentées. Ouvriers et employés concentrent fréquemment le tiers des emplois, alors que le tertiaire couvre plus de 80 % des actifs occupés. L'éventail des profils s'est en effet très largement ouvert. À l'installation traditionnelle

de retraités provenant des régions urbaines, qui constitue toujours un apport non négligeable dans un certain nombre de secteurs (Morvan, plateau de Millevaches…), mais qui a tendance à se complexifier (les « retours au pays » apparaissant beaucoup moins exclusifs), s'ajoutent aujourd'hui des phénomènes plus inédits. Si les nouveaux habitants ayant une activité sont en général les plus attendus par les élus locaux, leurs profils sont en fait variés, ceux que l'on nomme les « porteurs de projet » recouvrant des situations très diverses. Certains se contentent de changer de logement et continuent à exercer leur travail en ville, restant ainsi dans une logique résidentielle périurbaine à plus ou moins longue distance, alors que d'autres viennent vivre en milieu rural et y travailler. Leur installation s'accompagne alors fréquemment d'un changement de profession, qui peut être souhaité, mais qui est aussi parfois subi. La reprise d'une activité déjà existante, même si celle-ci est transformée et modernisée, constitue un premier mode d'implantation, qui a d'ailleurs suscité le développement de différents organismes et médias spécialisés dans la mise en relation entre territoires ruraux et « repreneurs potentiels ». Mais, pour pallier la faiblesse des emplois locaux, il est en fait souvent nécessaire d'arriver avec un travail ou de le créer. C'est pourquoi certains migrants s'adaptent et mettent tout en œuvre pour pouvoir vivre dans le lieu de leur choix dans une logique d'auto-emploi. D'autres installations sont le fait de personnes qui n'ont que peu de contraintes de localisation, soit parce qu'elles sont très mobiles dans leur activité professionnelle, soit parce qu'elles ont un emploi leur laissant une certaine liberté d'organisation et/ou de localisation (artistes, télétravailleurs, etc.).

Une place de choix est également accordée dans les discours sur les nouveaux habitants aux populations fragilisées. En vérité, sauf exception, leur poids réel est modeste, même si la proportion de chômeurs et de personnes en situation précaire est effectivement plus importante chez les migrants que parmi les ruraux. Ce groupe de populations fragilisées demeure composite, associant à la fois des personnes dans une logique de repli économique et d'autres qui, par leur choix d'implantation en milieu rural, revendiquent une certaine marginalité. Les migrants étrangers enfin, viennent pour l'essentiel d'Europe du Nord. Ils comptent à la fois des actifs et des inactifs et ne constituent donc pas à proprement parler une catégorie « à part », si ce n'est par certains problèmes d'intégration ou besoins d'accompagnement spécifiques. S'ils se sont implantés d'abord de manière préférentielle dans certaines régions (Ardèche par exemple), on signale maintenant un peu partout dans le Massif la progression, parfois rapide, de leur présence. On assiste ainsi depuis quelques années à une arrivée importante de Britanniques en Limousin.

Derrière ce désir d'installation se cache en général pour tous ces migrants, l'association d'une « idée de fond », correspondant à l'image désormais attractive de la campagne, et d'une rupture (licenciement, événement familial, maladie, héritage, etc.) servant de facteur déclenchant. Contrairement aux mouvements de population caractéristiques de toute la période d'exode rural où c'était la perspective d'un emploi qui imposait le choix d'une destination, la recherche d'un travail ou d'une promotion sociale apparaît rarement comme un facteur premier dans le cas de ces migrations, qui ne sont pas motivées uniquement par des critères économiques rationnels. Comme on est en général en présence de projets de vie globaux et rarement d'une logique strictement professionnelle, le choix du cadre de vie et le bien-être retiré par l'installation en milieu rural interviennent de manière très importante et brouillent les schémas traditionnels expliquant la localisation des emplois ruraux. Le Massif central, aujourd'hui mieux desservi par les infrastructures de transport modernes et pouvant compter sur un environnement préservé et la diversité de ses paysages, apparaît donc, *a priori*, bien placé pour répondre aux aspirations de ces citadins et profiter de ce nouveau contexte migratoire.

Les enjeux : l'innovation économique et sociale

L'enjeu de l'accueil de nouvelles populations est double pour le Massif ayant souffert d'un long processus d'exode et de dévitalisation : à la fois démographique et économique. Car, on l'aura compris, ce qui incite les territoires à vouloir développer leur attractivité et à placer les politiques d'accueil au centre de leurs préoccupations dépasse la simple logique de migration de peuplement : c'est bien une plus-value économique qui est la plupart du temps espérée. Pourtant, le taux de chômage de ces arrivants est, dans l'ensemble, plus élevé que celui des autochtones (en particulier en raison des difficultés du conjoint à trouver un emploi) et, au-delà des phénomènes classiques d'induction économique, les créations d'activités ne sont souvent pas aussi importantes que les discours prometteurs sur les porteurs de projets pourraient parfois le laisser supposer. Sur la base de l'échantillon constitué, si l'on considère les seuls actifs :

• 15 % sont au chômage ou vivent dans une grande précarité ;

• 45 % ont un emploi plus ou moins éloigné de leur domicile « rural » ;

• 25 % ont trouvé un emploi existant déjà dans leur commune d'accueil ;

• et seulement 10 à 15 % ont créé leur propre activité.

Au total, sur cinquante-cinq communes étudiées (1 500 km^2) durant la période 1996 2000, soixante-dix projets ont effectivement abouti à une création d'activités. En d'autres termes, 12 % des actifs s'étant installés dans les campagnes du Massif, sont aussi à l'origine de la création d'un emploi, que celui-ci soit banal ou de plus haute qualification. Il faut dire que le recours à l'innovation est parfois nécessaire pour les migrants, à la fois du fait du tissu économique environnant peu dense, mais aussi pour répondre à leur désir d'autonomie. Ces entrepreneurs innovants représentent à la fois peu et beaucoup. Peu, si on les rapporte au champ géographique concerné ou même à la totalité des emplois occupés par les nouveaux arrivants. Cependant, un tel chiffre est loin d'être négligeable dans des espaces où l'hémorragie d'emplois est continuelle et où les seules initiatives en la matière viennent souvent des migrants. En réalité, le processus paraît confronté à de nombreuses limites. D'une part, les entreprises créées restent de petite taille (celle du couple, l'embauche de salariés étant très rare) et souvent fragiles (disparitions et *turn-over* fréquents, recours nécessaire à la pluriactivité, bas revenus familiaux, difficultés de passage à une autre échelle économique, par choix pour certains, mais également par manque d'expérience, de capitaux ou de réseaux établis). D'autre part, en raison de ces problèmes, mais peut-être également du fait d'insuffisances de l'accueil local, ces innovations ne se propagent-elles guère, n'étant que rarement suffisamment étoffées pour engendrer une réelle dynamique. La diffusion demeure donc (encore ?) limitée, à l'exception des régions méridionales – du Lot à l'Ardèche – qui se singularisent par des processus actifs de « renaissance rurale ». En outre, les initiatives des migrants n'augurent en rien de la capacité du milieu local à entretenir et à faire fructifier les « projets ». De telles lacunes se retrouvent logiquement dans l'accueil des nouveaux arrivants. Certes, des contrastes importants existent au sein du Massif central, en fonction du degré d'ouverture des sociétés locales, mais aussi des attitudes individuelles des migrants. Et même si, officiellement, des politiques d'accueil d'échelles diverses existent, au niveau local l'investissement peut encore être amélioré. Il faut dire que, dans des sociétés rurales, fréquemment fragilisées, ces arrivées sont parfois source de déséquilibres économiques et culturels, les nouvelles populations ayant fréquemment des aspirations et un regard différents sur le territoire. Des tensions et des affrontements plus ou moins larvés peuvent ainsi apparaître, concernant en particulier l'accès au foncier, bâti ou non, et un certain nombre de conflits d'usage entre ruraux de souche et nouveaux arrivants. Et, bien que beaucoup moins mis en avant, les départs existent. Certes, ils ne recouvrent pas nécessairement des échecs, illustrant également l'hypermobilité de nos sociétés modernes, les nouveaux habitants étant, dans l'ensemble, plus « turbulents » que les autochtones. D'après nos enquêtes, près de la moitié d'entre eux effectueraient ainsi des migrations pendulaires en direction des villes, selon des modalités variées. Certains pratiquent des migrations de travail à longue distance impliquant parfois une multi-résidence avec un logement en ville, ce qui confirme l'existence de territorialités multiples, et par conséquent également d'investissements locaux variables.

Vers des politiques d'accueil

De fait, depuis quelques années, une volonté forte d'organiser et de développer des politiques d'accueil semble s'affirmer à l'échelle du Massif central. Celui-ci se déclare ainsi « territoire d'accueil », et on y organise des « Foires à l'installation » et des « Universités de l'Accueil » afin d'inciter les migrants potentiels à venir « Créer et Vivre dans le Massif central », selon l'appellation du dispositif conçu en 2001 par la DATAR Massif Central pour encourager l'accueil de nouveaux actifs. Diverses procédures, à différentes échelles, se sont ainsi mises en place. Mais c'est incontestablement la région Limousin qui a joué le rôle de pionnière au niveau français et même européen en la matière. Dès 1999, elle crée une Direction de l'Accueil au sein du Conseil

Régional, chargée de jouer un rôle d'interface entre les candidats à l'installation et ses territoires et de faire la promotion de « l'offre » du Limousin. C'est également la co-organisatrice avec le Collectif Ville-Campagne et le CNASEA de « Projets en Campagne », sorte de Foire à l'installation en milieu rural organisée tous les deux ans à Limoges (2001, 2003, 2005), qui s'est imposée comme le lieu de rencontre national des acteurs de l'accueil et des candidats au départ à la campagne.

L'ensemble ne doit pas abuser l'observateur : la concurrence entre territoires est vive pour capter et amplifier le mouvement d'installations, d'où la volonté exprimée par beaucoup d'élus de mettre en place ces « politiques d'accueil » qui ne sont en fait que des politiques d'aménagement et de développement s'appuyant sur des analyses réalistes des mutations économiques et sociales. Ces tentatives, pour être couronnées de succès, impliquent toujours une grande volonté, des choix clairs et une inscription dans la durée car les effets n'en sont pas immédiatement perceptibles. De ce point de vue, la région Limousin témoigne d'une persévérance certaine avec des résultats non négligeables.

Ces politiques reposent toujours sur quelques points essentiels : convaincre les populations locales des bienfaits de l'installation des nouveaux venus ; créer une image positive des territoires en veillant à ne pas valoriser des représentations trompeuses fondées sur des clichés parfois contre-productifs (la tranquillité, le calme peuvent être aussi synonymes d'immobilisme) ; favoriser l'accessibilité (y compris dans le domaine des nouvelles technologies) ; mettre en place une véritable politique de logements (recensement des possibilités, rénovation du parc) ; offrir un système de formation permanente ; repenser l'espace en accordant une attention spéciale aux petites villes et aux bourgs-centres, points d'ancrage fondamentaux pour les commerces et services de proximité ; impliquer les collectivités à toutes échelles et en définissant bien le rôle de chacune (qui fait quoi ?). C'est à ce prix que les migrations pourront s'amplifier et que l'on obtiendra la stabilité des installations. Encore faut-il que des tendances contraires – et en particulier l'accroissement des coûts de l'énergie – ne viennent pas perturber ces arrivées si prometteuses.

Nouveaux touristes

Quelle est la physionomie du tourisme à l'échelle du Massif central ? Cette question, finalement peu traitée, suppose tout à la fois d'examiner le sujet touristique sous l'angle de la répartition géographique de l'offre marchande et d'envisager les logiques des pratiques dites « touristiques » afin d'en montrer les impacts et enjeux territoriaux.

Analyse de la répartition géographique de l'activité touristique

L'analyse géographique proposée ici s'appuie sur le superposition d'un certain nombre d'indicateurs dits « touristiques », à savoir les chiffres de fréquentation des structures touristiques payantes (élément fondamental pour

appréhender la réalité économique du tourisme), le degré d'intensité touristique[1] en période estivale, les capacités d'hébergement et la part des résidences secondaires, et enfin les notes attribuées par le Guide Vert aux sites et paysages du Massif central. Deux grands foyers d'économie touristique se distinguent alors aisément.

L'Auvergne volcanique et ses sites emblématiques

L'axe de la Haute Auvergne se matérialise clairement, en ce sens qu'il correspond globalement au périmètre du Parc naturel régional des volcans d'Auvergne. Il est le marqueur de l'identité auvergnate, avec toutes les images et « cartes postales » qui s'y rattachent. On y retrouve donc les trois grands ensembles volcaniques et leurs sites majeurs dont la fréquentation très élevée n'est pas sans poser de problèmes (gestion des flux, stationnement, érosion des sols et des chemins…) : c'est le cas au puy de Dôme, au puy Mary… On retrouve fort logiquement les principaux prestataires touristiques (Vulcania, puy de Lemptegy, château de Murol, musée de la Toinette…) et les espaces de stations (Super-Besse, Chastreix, Super Lioran, Le Mont-Dore, La Bourboule, Royat…). En quelque sorte « intercalés », les hauts plateaux apparaissent nettement moins marqués par l'empreinte touristique ; le Cézallier et l'Aubrac ne concentrent pas de sites à forte fréquentation ou d'espaces s'apparentant à de véritables stations, ce qui n'empêche pas une pratique diffuse non négligeable et la présence de prestataires jouant un grand rôle dans l'économie touristique régionale (fabrique de couteaux et coopérative fromagère de Laguiole, vélorail d'Allanche). Bien que non directement desservie par de grands axes routiers, la région est cernée par des axes structurants tels que l'A75 à l'est, l'A89 au nord et à l'ouest. La ligne de chemin de fer Clermont / Aurillac joue aussi un rôle dans la desserte de la station de sports d'hiver du Lioran (et la station verte de Vic-sur-Cère dans une moindre mesure). A noter qu'un autre projet ferroviaire reliant Vulcania au sommet du puy de Dôme est à l'étude pour favoriser l'économie et l'environnement touristique.

Le sud Massif central : Causses et Cévennes

Si l'axe auvergnat correspond globalement à une seule et même région administrative, l'autre grande entité touristique du Massif central est divisée entre le Languedoc-Roussillon et Midi-Pyrénées. Les Cévennes sont gardoises et lozériennes, parfois élargies au sud de l'Ardèche, les Grands Causses et le Haut-Languedoc sont successivement partagés entre Aveyron et Lozère, Tarn et Hérault voire Aude pour le versant sud de la Montagne noire. Les curiosités créées par les formes d'érosion calcaire bénéficient encore d'une forte notoriété : le cirque de Navacelles, les chaos de Montpellier-le-Vieux, les grottes des Demoiselles figurent parmi les neuf curiosités qui «valent le voyage » recensées par l'édition régionale « Gorges du Tarn, Cévennes, Languedoc » du guide Michelin. Une économie touristique a pu se développer suite à l'aménagement et à l'ouverture (payante) au public de certains sites. Le rebord cévenol et caussenard, reconnu

53

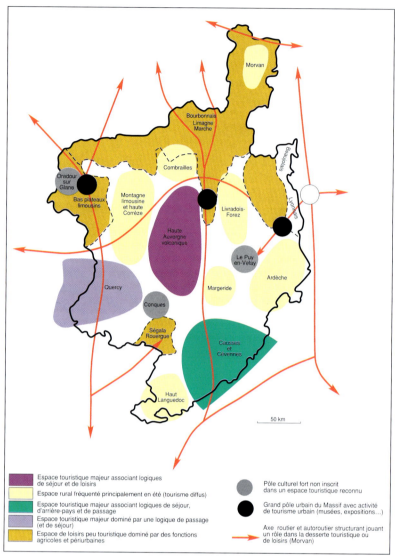

Fig. 21 – Les types d'espaces touristiques du Massif central

à fait révélateur de la reconnaissance et du pouvoir d'attraction de ces deux entités touristiques.

Les autres territoires

Qui identifie le haut Quercy et ses grands sites touristiques (Rocamadour, Padirac, vallée de la Dordogne, Saint-Cirq-Lapopie) au Massif central ? Certes, cet ensemble géographique dominé par des causses peut être considéré d'un point de vue géomorphologique et topographique comme une première « marche » vers le Massif central. De même, le territoire fait administrativement partie de l'entité Massif central. Cependant les réalités économiques et les pratiques touristiques sont tout autres. L'espace de vie et l'espace vécu des habitants n'a d'abord qu'un faible lien avec le Massif (Toulouse au sud et l'Aquitaine à l'ouest représentent incontestablement les pôles d'attraction des Quercynois). Et les sites touristiques eux-mêmes sont à relier avec l'Aquitaine voisine ; en remontant la vallée de la Dordogne, le visiteur se rend des grandes curiosités du Périgord noir à celles du Quercy sans même se préoccuper des frontières administratives qui séparent le département de la Dordogne de celui du Lot, le grand Bassin aquitain du Massif central. Il n'existe ni rupture topographique nette, ni changement de paysage, ni modification fondamentale de l'habitat. L'occupation du sol est toujours dominée dans les vallées par les vergers et de manière générale par le système de polyculture de type aquitain. Si on y ajoute la confusion des noms (la rivière Dordogne est un axe touristique particulièrement structurant du département du Lot), le rattachement à l'entité Massif central est encore plus hypothétique.

Sans tradition touristique (contrairement à toutes les entités évoquées ci-dessus qui ont fait l'objet de pratiques et mises en tourisme dès la dernière moitié du XXe siècle), les territoires du socle granitique ont des formes moins spectaculaires qui n'ont pas créé de « grands sites » spectaculaires. Il n'y a pas de pôles de fréquentation majeurs sur le plateau de Millevaches, en Livradois-Forez, dans les monts de Lacaune, les Combrailles, en Margeride. Les points sur lesquels se focalise la fréquentation correspondent à des plans d'eau (Vassivière en Limousin, le Laouzas en Haut-Languedoc Bort-les-Orgues…), avec toutes les incertitudes que représentent ces équipements (aléas climatiques, héritage du tourisme social marqué par des hébergements souvent non rentables, difficulté de gestion en raison de l'exploitation prioritaire de l'entreprise EDF). Ces régions tout particulièrement touchées par l'exode et par un enrésinement massif, encore plutôt enclavées, sont marquées plus qu'ailleurs par le phénomène des volets clos de la résidence vraiment « secon-

pour le caractère exceptionnel de ses paysages (la corniche tout particulièrement) détient des curiosités majeures du tourisme de découverte économique français, parmi lesquelles les caves de Roquefort (les entreprises Société et Papillon comptabilisent chacune plus de 100 000 entrées) et l'observatoire du mont Aigoual.

Il est finalement très intéressant de constater que ces deux entités touristiques majeures correspondent aux deux régions de montagne repérées et reconnues avant la « découverte du Massif central ». B. Debarbieux[2] rappelle en effet que « jusqu'au milieu du XIXe siècle, les descriptions géographiques du centre-sud de la France ne distinguent que deux ensembles de reliefs remarquables, les monts d'Auvergne et les Cévennes ». La « photographie » du Massif central touristique de 2006 ressemble à s'y méprendre à celle de 1869, venant confirmer l'idée que les pratiques ont tendance à rester immuables à travers le temps. Ce qui attire, ce qui constitue le spectaculaire, n'a finalement pas changé, le trame est identique. Le découpage géographique des éditions régionales du guide Michelin est d'ailleurs tout

daire ». C'est le retour du migrant ou du descendant qui vient passer ses vacances au mois d'août et qui repart très vite rejoindre la capitale une fois les premiers froids arrivés et la saison des champignons achevée… Dans cette France des faibles densités, l'intensité touristique s'avère forte.

La limite administrative inclut des territoires qui n'ont rien à voir, ou presque, avec l'ensemble de moyenne montagne traité. Les plaines du Bourbonnais, de la Limagne, du Forez, ou même les derniers plateaux limousins, n'ont pas à proprement parler de lien avec le Massif central, et moins encore avec le Massif central touristique. L'intensité touristique y est faible, notamment sous l'influence de la pression des fonctions agricoles et périurbaines (Clermont-Ferrand et la Limagne, Saint-Étienne, Roanne et la plaine du Forez, Limoges et les plateaux de l'ouest, Moulins et le Bourbonnais). Cependant, des pôles touristiques d'ampleur non négligeable ont pu s'y développer grâce à des situations privilégiées et à des métropoles qui focalisent à la fois une démarche classique de tourisme urbain (visites de grands musées notamment), et une activité de loisirs en périphérie. Ce loisir périurbain se caractérise par la présence de parcs animaliers et d'animation (Le Reynou et Bellevue près de Limoges, les parcs de Courzieu et de Saint-Martin-La-Plaine dans l'ouest lyonnais…). La réussite du parc du Pal dans l'Allier peut être incluse dans cette même logique de loisirs périurbains : même si la situation géographique est a priori nettement plus éloignée d'un pôle urbain, cette entreprise très dynamique a su profiter de sa situation au cœur d'un important réseau de villes petites et moyennes (Montluçon, Moulins, Vichy, Nevers, Limoges, Clermont-Ferrand). Il y a enfin des pôles touristiques isolés et pourtant dotés d'une fréquentation très élevée. Ici, c'est le caractère culturel exceptionnel qui suscite à lui seul un tourisme de masse. Trois pôles peuvent être identifiés dans ce grand Massif central. Deux ont un lien évident entre eux malgré la distance qui les sépare : il s'agit du Puy-en-Velay et de Conques, situés sur l'illustre chemin de Saint-Jacques de Compostelle, caractérisés par un patrimoine religieux hors du commun, et tout particulièrement par des basiliques classées chacune au patrimoine mondial de l'UNESCO. Ces sites religieux et spirituels, aux cadres paysagers remarquables, sont pourtant plutôt enclavés mais ne souffrent pas de ce contexte qui, dans le cas de Conques, est peut-être un garde-fou. Enfin, le village martyr et centre de la

Château de Cougoussac
ouvert au public (Lozère)

Ancienne loge du Forez restaurée
par des résidents secondaires

mémoire d'Oradour-sur-Glane, témoignage des atrocités de la Seconde Guerre mondiale, s'inscrit dans ces sites incontournables qui drainent une fréquentation considérable même à l'écart des grands flux de circulation.

Les pratiques touristiques : des logiques à prendre en compte pour saisir les enjeux territoriaux

Au-delà des indicateurs évoqués plus haut, les territoires touristiques du Massif central ne répondent pas aux mêmes logiques de fréquentation et donc aux mêmes formes d'organisation économique et spatiale du tourisme. Les attentes en terme d'impacts ne peuvent donc pas être appréhendées de la même manière partout.

Les régions de passage : des logiques ponctuelles mais à impacts forts

C'est à la fois la présence d'un grand axe de « migration touristique » (orienté nord–sud) et la notoriété d'un pôle phare, qui structurent cette catégorie d'espace touristique. Concrètement, le voyageur quitte momentanément l'autoroute ou la nationale pour aller voir le site incontournable que l'activité touristique seule sait créer. Le haut Quercy, la Haute-Vienne et le secteur de Millau appartiennent à ces types de lieux fréquentés quelques heures pour y découvrir successivement Rocamadour et Padirac, Limoges et Oradour-sur-Glane, le viaduc de Millau et le village de la Couvertoirade. Espaces relais, espaces détente, espaces incontournables, ils ne parviennent pourtant pas à créer une « greffe » touristique malgré toutes les bonnes volontés des acteurs territoriaux (les expériences dans ce domaine se sont souvent traduites par des échecs…). Si certains s'en sortent mieux que d'autres, c'est parce que d'autres logiques touristiques se combinent avec cette logique de passage.

L'arrière-pays méditerranéen : des logiques multiples mais conflictuelles

De la Côte-d'Azur au Languedoc-Roussillon, le phénomène des arrières-pays est connu depuis longtemps ; ces espaces fonctionnent en étroite relation avec les littoraux méditerranéens voisins. Ils représentent à la fois des lieux d'excursion privilégiés pour les clientèles touristiques séjournant en bord de mer, en même temps que des « espaces

Le site de Prades sur le haut Allier avec ses aménagements pour les touristes et les sportifs d'eaux vives

refuges » à fonction résidentielle pour les citadins des métropoles voisines (Nice, Montpellier…). Le caractère pittoresque et sauvage des paysages des Cévennes et des Grands Causses a toujours constitué un élément d'attractivité pour les excursionnistes (car il s'agit bien d'excursions et non de tourisme…) et les citadins en quête de calme. La résidence secondaire, autrefois héritage familial, cède de plus en plus la place à la résidence temporaire, voire principale achetée par un étranger ou un citadin qui accepte de faire un nombre croissant de kilomètres pour aller travailler à Béziers, Montpellier ou Nîmes. Ces espaces de l'arrière-pays du Massif central font l'objet de convoitises et donc de conflits d'appropriation. Il semble bien que l'on rentre ici dans la « problématique du Lubéron », à savoir un recul de la fonction touristique au profit d'une logique résidentielle où l'espace à tendance à se fermer. Le phénomène s'accentue largement, il est même constaté depuis quelques années dans des régions jusqu'alors caractéristiques « du rural profond » comme la Montagne noire, le Plateau ardéchois ou la Lozère en général. La flambée de l'immobilier traduit nettement ce phénomène qui, avec l'achèvement de l'A75 et la croissance démographique de l'aire montpelliéraine, devrait encore s'amplifier dans les années à venir.

Les aires périurbaines : peu de tourisme mais des logiques de loisirs

Les aires périurbaines de Lyon, Clermont-Ferrand, Saint-Étienne et Limoges, ainsi que les espaces de plaines et de bas plateaux (Limagne, Forez, Bourbonnais, Marche) correspondent à des territoires voués eux aussi à de fortes pressions (agricoles et résidentielles) qui « rejettent » la fonction touristique, confinant celle-ci à une économie de loisirs dont l'impact est pourtant bien loin d'être négligeable. Si l'intensité touristique reste faible et les résidences secondaires peu nombreuses, des prestataires dynamiques existent, s'orientant vers le secteur des parcs de loisirs et animaliers. Près de Clermont-Ferrand, on peut considérer que le puy de Dôme ou Vulcania sont aussi des lieux de découverte et de loisirs privilégiés où l'on amène spontanément la famille et les amis en visite. Le site des gorges d'Héric, avec notamment son train sur pneu (Mons-la-Trivalle), constitue également un lieu de promenade privilégié pour les Biterrois.

Les régions du « tourisme vert » : un caractère avant tout diffus

Il s'agit ici des régions emblématiques des vacances d'été à la campagne, souvent en lien avec le berceau familial. Le tourisme est particulièrement diffus, les pôles touristiques majeurs rares ou inexistants. L'activité touristique est marquée avant tout par une forte saisonnalité, par une économie « de cueillette » (les « acteurs » touristiques étant pour la plupart des propriétaires d'hébergements qui ne cherchent dans cette activité qu'un modeste complément de revenu, si ce n'est que l'entretien d'un patrimoine sentimental). L'économie marchande est faible : elle se caractérise – au-delà de quelques leaders - par la prédominance du secteur public et associatif dans la gestion et l'exploitation des infrastructures. La forme de résidence secondaire « classique » est toujours omniprésente mais cède peu à peu la place à de nouvelles formes de résidentialité (relevant tantôt de logiques périurbaines qui «s'étalent», tantôt de l'impact des nouvelles infrastructures de transport rendant accessibles ces régions jusqu'alors isolées) qui semblent prendre l'allure de véritables bouleversements socio-économiques en certains lieux. Il est intéressant de noter que toutes ces régions du Massif central, au caractère géographique plutôt bien identifié, sont devenus – ou sont en passe de devenir – des Parcs Naturels Régionaux, montrant ainsi le souci de valoriser au mieux les ressources naturelles et culturelles de ces territoires.

L'activité touristique aujourd'hui : une réalité mouvante

L'héritage du tourisme social en matière d'infrastructures et d'hébergements

Le Massif central possède encore tous les stigmates de ces vacances non choisies réservées à des classes sociales sans moyens. Les villages de vacances sont ceux des colonies et comités d'entreprises dont les enfants ou les familles ouvrières proviennent en majorité de la banlieue parisienne. Les campings et plans d'eau, construits pour la plupart dans les années 1960 et 1970 et encore gérés par des structures communales, reçoivent surtout une clientèle en baisse, peu fortunée, gardant souvent des liens avec la région. L'hôtellerie vieillissante voit son parc baisser considérablement, notamment là où il est concentré à savoir les stations thermales. Le thermalisme, lui-même en pleine recomposition, connaît des difficultés de repositionnement (les séjours de remise en forme...) face à la rareté des investisseurs privés, ces derniers se montrant fortement inté-

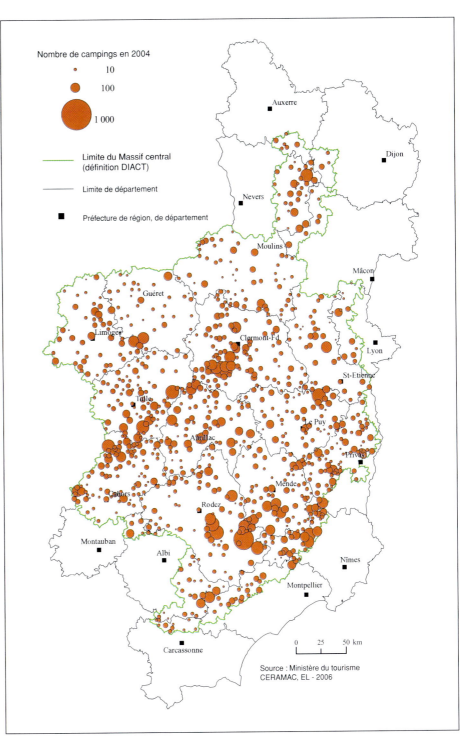

Fig. 22 – Nombre de campings en 2004

ressés par les équipements en bord de mer. Les collectivités locales, tant critiquées, semblent faire ce qu'elles peuvent avec un patrimoine qui vieillit très vite et des infrastructures qui deviennent obsolètes. Que peuvent-elles tenter face à une évolution du marché qui exige beaucoup d'investissements et à des opérateurs privés qui se montrent peu intéressés – voire absents – lorsqu'il s'agit d'exploiter un équipement touristique ? Le poids du secteur public est-il une cause ou une conséquence des difficultés chroniques de

l'activité touristique dans les territoires ruraux ? Il convient ici de prendre avec beaucoup de retenue les discours radicaux, idéologiquement marqués, et notamment les critiques un peu faciles, consistant à accuser le secteur public de tous les maux. De manière générale, les collectivités locales d'aujourd'hui se montrent nettement moins réticentes à confier l'exploitation d'une structure touristique au secteur privé et des « formules » associant privé et public (société d'économie mixte, concession, bail...) semblent plus que jamais constituer des réponses adaptées tant aux préoccupations des opérateurs privés (la rentabilité) que des collectivités (une participation au développement économique et social du territoire). Si « l'héritage » du tourisme social et thermal est lourd à gérer, tout particulièrement en terme d'hébergements et d'infrastructures, les nouvelles initiatives ne manquent pas et témoignent d'une attractivité des territoires du Massif central aux yeux des grands groupes touristiques. Au Mont-Dore par exemple, la chaîne thermale du soleil investit dans ce complexe, constatant que la clientèle d'aujourd'hui n'attend plus seulement une renommée des eaux mais choisit son séjour en fonction du contexte régional. Le massif du Sancy, par la qualité de son environnement et de ses paysages, est donc un élément déterminant dans la motivation du séjour thermal. Le secteur

Moulins de Razel en Corrèze (Pérols-sur-Vézère)

privé commence à s'intéresser à ces territoires encore peu connus du Massif central ; par exemple, le groupe « Pierre et vacances » installé à Argentat (en Corrèze) témoigne de ce nouvel attrait pour le tourisme rural. Dans le même département, le club Med est resté à Pompadour grâce au montage d'une Société d'Économie Mixte. De nouvelles formes d'hébergement sont à l'étude avec toujours cette idée de partenariat public–privé, à l'image du concept de « hameaux de gîtes du Massif Central » dont le principe est de créer un « écovillage authentique », en réhabilitant et « prolongeant » un hameau déjà existant par des constructions neuves en parfaite harmonie avec le site originel (en s'appuyant sur l'histoire portée par le tracé des ruelles existantes ou ayant

pu exister). Le principe du prolongement a aussi une dimension sociale : le but est de préserver l'intimité des résidents tout en favorisant les rencontres et les échanges.

Une image qui se modifie ?

L'image de la « campagne profonde », du berceau des ancêtres, la place du thermalisme… véhiculent encore et toujours – en dépit des actions de communication – l'idée d'une destination calme, pour personnes âgées… où l'on s'ennuie ferme, où « il n'y a rien à faire »… les préjugés et idées reçues (entretenues par des médias… centralisés sur Paris) ne s'effacent pas comme cela ! Là encore, l'évolution est en cours, probablement moins du fait des politiques touristiques en elle-mêmes que d'un ensemble d'éléments dynamiques « extérieurs ». Parmi ceux-ci, le plus fondamental est probablement le désenclavement du Massif qui s'exprime de diverses manières et stimule ainsi l'activité touristique. Le désenclavement autoroutier s'est fait de manière quasi brutale si on ramène le phénomène à l'échelle historique. Désormais traversée d'est en ouest, du nord au sud par des axes européens majeurs, la région est « connectée » aux grands foyers urbains. Mieux encore, elle possède des équipements et ouvrages d'art qui constituent en eux-mêmes de véritables attractions touristiques qui mériteraient, au-delà du « phénomène Millau », d'être mises en valeur et thématisées (Viaur, Garabit, Chavanon, Les Fades, l'Altier). Le transport aérien est aussi en train de « révolutionner » l'accès et les pratiques sur ces territoires, avec l'arrivée des compagnies à bas prix. Si la tentative de Ryanair a

Micropolis, la cité des insectes (Aveyron)

échoué sur Clermont, le succès des vols *low cost* est déjà immense à Rodez et plus encore à Limoges (le seuil des 400 000 passagers pourrait être atteint en 2006 avec des ouvertures de lignes encore prévues vers les îles britanniques…). C'est le commerce, le domaine du foncier et de l'immobilier qui profitent de cette arrivée massive des Britanniques dans les campagnes. Il s'agit aussi de nouvelles pratiques et de nouveaux besoins qui peuvent concourir à la sauvegarde de services publics (il conviendrait de réfléchir aux enjeux que représentent ces nouvelles populations – ni secondaires ni véritablement touristiques – et à leurs besoins). Le désenclavement, l'arrivée de nouvelles populations ne peuvent que contribuer à modifier l'image touristique. De même, la présence de parcs à thèmes et d'espaces de scénovision concourt aujourd'hui à offrir une vision plus moderne du territoire. Vulcania, Micropolis, la Toinette, et plus récemment (ouverture en 2006) le scénoparc des vaches *Io* à Riom-ès-Montagnes sont autant de projets touristiques

Roquefort et la rue des Caves

Train touristique tracté par la locomotive 141 R 420
sur le viaduc de Chamborigaud (Gard)

d'envergure qui viennent apporter une connotation plus dynamique à la destination. Tout en jouant de manière opportune sur ses atouts « naturels », c'est-à-dire en profitant des images qui lui sont depuis toujours systématiquement associées. Le Massif est « dans l'air du temps » pourrait-on dire… Pourquoi ?

Un territoire « dans l'air du temps »

Le Massif apparaît comme un « conservatoire » de valeurs, de traditions, comme un espace refuge sur lequel il est possible d'accoler tous les clichés qu'aiment les dépliants touristiques… Et c'est bien là toute l'ambiguïté du tourisme : il enferme le territoire dans une image figée qui est dans un certain sens porteuse de rêve ; en même temps, il détruit par avance toute initiative de modification de l'image perçue. Les traces du passé sont ici tellement fortes qu'elles ont pris une immense valeur (patrimoine ethnologique, bâti, paysager, savoir-faire…) à une époque où une génération de nouveaux retraités fantasment sur le paradis de leur enfance… A l'heure du terroir, de l'authenticité, de la quête de « racines », du succès du journal de 13 heures, comment ne pas jouer sur cette fibre… ? Comment ne pas croire à l'idée que le tourisme vert a de beaux jours devant lui ? Quitte à oublier que la fréquentation et le « fantasme » d'un lieu n'ont rien à voir avec la consommation… Oui, les Français aiment la campagne, le jardinage, les promenades… mais ils continuent de prendre leurs « congés » pour partir à la mer ou acheter un séjour au Maroc sur « Promovacances ». C'est bien sur le court séjour ou les loisirs que le Massif central a une carte à jouer, car la région suscite une découverte active ou contemplative d'un patrimoine et de paysages devenus rares. Une enquête menée par l'association des plus beaux villages de France révèle, selon son délégué général, que les visiteurs ne sont pas guidés par le désir de trouver un « grand monument », mais sont émus par une ambiance de rue, par une place ombragée, une fontaine, un jardin, une arrière-cour, une façade fleurie… De même, toutes les enquêtes prouvent le développement d'une randonnée que l'on veut désormais à la fois plus accessible (que celle sportive de la haute montagne) et plus thématisée (orientée vers le patrimoine…). Le succès (pour ne pas dire le phénomène de mode) du chemin de Saint-Jacques-de-Compostelle prouve aussi la place croissante accordée à la dimension « spirituelle » (ce qui ne veut pas dire religieux au sens de la foi). Le sentiment « d'élévation » que suscite un haut plateau tel que l'Aubrac est depuis longtemps exprimé par les pèlerins d'hier et d'aujourd'hui. Parmi les autres formes de tourisme « dans l'air du temps », notons le tourisme de mémoire qui permet de suivre les traces de lieux de guerre (ici, la Seconde Guerre mondiale a laissé des empreintes très fortes : mont Mouchet, mont Gargan et plus encore Oradour-sur-Glane) ou de personnages célèbres (Stevenson dans les Cévennes, forêt des écrivains en haut Languedoc…). Le tourisme de découverte économique, caractérisé par une demande forte en faveur des savoir-faire artisanaux et gastronomiques, s'exprime dans tous les lieux emblématiques des spécialités et ressources du Massif central : coutelleries de Thiers et Laguiole, fromageries de Laguiole et Roquefort, eaux minérales de Quézac, Volvic, Le Mont-Dore… Autre secteur encore mal identifié et connu du grand public, mais renvoyant déjà à une fréquentation très forte à l'échelle du Massif central : le tourisme ferroviaire. Celui-ci, marqué par la présence de dix-neuf trains touristiques[3] et vélorails (soit près de 30 % de l'offre nationale), renvoie une nouvelle fois à cette image – et réalité - qu'est la découverte « douce » d'un territoire aux facettes et richesses patrimoniales multiples. Bref, le tourisme dans le Massif central revêt des visages et des caractères très variés, dépassant largement le stade des clichés habituels du tourisme rural. Territoires de l'arrière-pays méditerranéen, territoires convoités par les étrangers, territoires de grands sites culturels, territoires qui s'ouvrent et dont les moyens de transports – anciens comme nouveaux – constituent en eux-mêmes des facteurs d'attrait touristique. … on est bien loin de la simple image des volcans auvergnats et de la « France profonde »…

Le Massif central est comme les autres territoires : il fait l'objet de recompositions fortes, il n'est pas enclavé, à l'écart du monde mais au contraire pénétré de toutes parts par des phénomènes économiques et sociaux multiples. C'est donc avec beaucoup de nuance et de prudence qu'il convient d'aborder les questions démographiques et touristiques de ce vaste ensemble. Il apparaît nécessaire de ne pas céder aux deux discours faciles qui veulent enfermer le Massif dans une image réductrice et uniforme. Il y a d'abord le discours « misérabiliste » qu'élus et institutionnels aiment à ressasser inlassablement : c'est l'annonce permanente du déclin irrémédiable et du manque de dynamisme (avec une tendance à l'auto dénigrement…), en se référant aux sources statistiques qui ont toujours prédit le pire… incapables d'appréhender les mutations sociales en cours. Il y a aussi le discours « ruralisant» qui vante « l'expansion du tourisme vert » et fait systématiquement un parallèle douteux – et dangereux - entre l'amour des Français pour les campagnes, les produits du terroir, la promenade en forêt… et le développement d'une économie susceptible de relancer les territoires ruraux en difficulté. Les réalités, insistons encore, sont plus riches, plus complexes, plus difficiles à appréhender. Il y a en ce sens beaucoup de travaux de recherche à mener pour contribuer à modifier l'approche géographique du Massif central…

Notes

1 – Notion établie par l'INSEE, basée sur le rapport entre population permanente et population vacancière.

2 – *Sciences humaines*, hors série n°1, février 1993

3 – Le premier train touristique de France, situé dans les Cévennes (Anduze–Saint-Jean-du-Gard), transporte plus de 100 000 voyageurs par an, et le chemin de fer du Vivarais, pionnier du tourisme ferroviaire en France, dépasse le seuil des 60 000.

Chapitre 6

LES MUTATIONS DES SYSTÈMES PRODUCTIFS

Daniel Ricard

Vu de l'extérieur, le Massif central était, et est encore souvent pour certains, une terre paysanne en proie à l'exode rural, une montagne agricole qui fournit vaches limousines, roquefort et fromages d'Auvergne… Cette image, assez solidement ancrée, reprise par les médias, est aujourd'hui de plus en plus éloignée de la réalité. Certes, les hautes terres du Massif sont toujours un bastion agricole à l'échelle nationale, et la part des actifs agricoles dans la population active totale y est souvent plus élevée qu'ailleurs : fin 2003, on atteignait 15 % dans le Cantal, 14 % en Creuse, 13 % en Aveyron, 12,7 % en Lozère et seul le Gers était mieux placé en France ! Mais 8 % d'actifs agricoles à l'échelle du Massif, cela signifie aussi que la quasi totalité des emplois restants relève des secteurs secondaire et tertiaire ! De l'industrie (21,6 %), du bâtiment et des travaux publics (6,4 %), du commerce (12 %) et surtout des services (52 %). Il y a donc une nette distance, là comme ailleurs, entre la perception des choses et la réalité contemporaine du Massif. Cette dernière est à replacer dans le cadre de toute une évolution de la société et de l'économie et résulte de phénomènes globaux qui n'épargnent pas, bien entendu, la montagne. Sur le long terme, depuis au moins un siècle, l'Europe occidentale a profondément changé, passant d'une société rurale et largement agricole à un nouveau mode d'organisation, fondé sur la prééminence des villes et la primauté des activités industrielles puis tertiaires. Naturellement, le Massif central n'a pas échappé à ce mouvement.

Le renouvellement
des acteurs économiques

Sur le temps long, le Massif a connu un double mouvement d'urbanisation et de tertiarisation. Certes, le taux d'urbanisation reste globalement inférieur à la moyenne nationale. Certes, la part des actifs relevant du tertiaire est également en retrait, mais le Massif central d'aujourd'hui abrite bel et bien une société majoritairement urbaine et tertiaire. Bref, on est très loin de la montagne agricole de jadis. Partout ou presque, les statistiques soulignent que les actifs relevant du commerce et des services sont les plus nombreux, les valeurs les plus faibles s'observant dans les vieilles terres agricoles du cœur du massif (monts d'Auvergne, Mar-

geride…) ou dans le bastion industriel de l'Yssingelais. Les emplois tertiaires sont, bien entendu, majoritairement urbains, mais les campagnes se sont également « tertiarisées », notamment par le biais du développement des services, avec au passage une part non négligeable d'emplois relevant du secteur touristique. Signe de ces nombreuses mutations, l'arrondissement de Saint-Flour est certes celui qui offre le plus fort taux d'actifs relevant du secteur primaire au niveau national (28 % au recensement de la population de 1999) mais, dans le même temps, 57 % des actifs de ce même territoire travaillent dans les commerces et les services. Autre constat statistique : l'INSEE nous apprend que, en 1999, si 109 550 emplois relèvent de l'agriculture dans l'entité Massif central, 102 147 sont fournis par l'éducation, 122 225 par l'administration publique et 186 804 par le secteur de la santé et de l'action sociale. Le secteur financier, avec quelques solides héritages, joue également un rôle, tandis que le commerce mobilise un nombre important d'actifs malgré de profondes restructurations liées à l'installation de la grande distribution dont il faut rappeler les origines parfois locales (groupe Casino de Saint-Étienne). Finalement, on découvre une nébuleuse tertiaire complexe, dont les limites sont difficiles à tracer, mais dont on sait qu'elle occupe plus de la moitié de la population active. La palette des emplois d'anciennes villes industrielles, quasi mono-fonctionnelles, a donc été profondément modifiée par cette montée du tertiaire. Certes, la fonction commerciale héritée des petites villes-marchés reste partout fondamentale : c'est un trait commun pour les organismes urbains sans grande envergure de la moyenne montagne. Mais les services jouent désormais un rôle majeur : administrations et équipements scolaires caractérisent bon nombre de villes moyennes, chefs-lieux départementaux en particulier. Enfin, au niveau supérieur de la hiérarchie, à Clermont comme à Limoges ou à Saint-Étienne, l'essor des activités tertiaires a été spectaculaire, s'accompagnant souvent d'importantes opérations d'urbanisme. Direction d'administration, commerce anomal et de gros, banque, assurances, services sanitaires et hospitalier, services éducatifs et de recherche (université, grandes écoles)… renforcent aujourd'hui les « métropoles régionales ». Dans les campagnes, les évolutions sont contrastées : l'effacement du commerce traditionnel côtoie l'ouver-

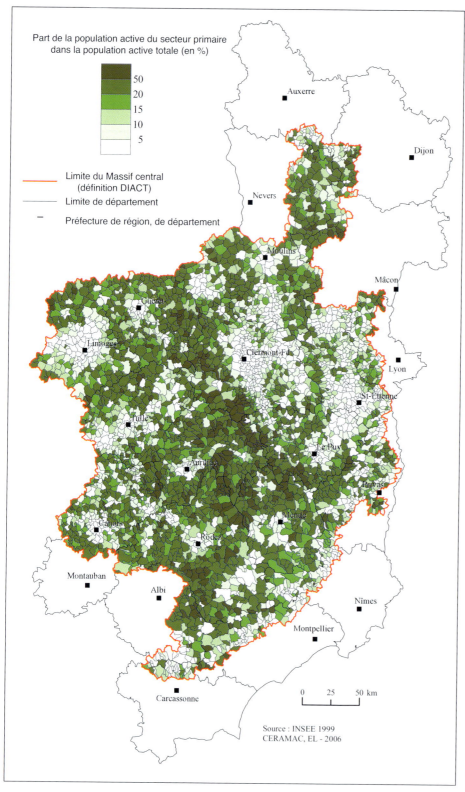

Part de la population active du secteur primaire
dans la population active totale (en %)

50
20
15
10
5

Limite du Massif central
(définition DIACT)
Limite de département
Préfecture de région, de département

0   25   50 km

Source : INSEE 1999
CERAMAC, EL - 2006

Fig. 23A – Part des actifs du secteur primaire en 1999

ve d'établissements de faible dimension, souvent archaïques, au profit de quelques affaires de plus grande envergure recourant fréquemment au salariat. D'autres services se maintiennent (guichet bancaire, cabinets vétérinaires, taxi), parfois grâce à la mise en place de « maisons des services » soutenues par les collectivités. Enfin, il convient d'insister sur la pérennité, voire sur l'essor des services médicaux et paramédicaux : l'âge de la population, un meilleur encadrement médical que par le passé en sont à l'origine. Il s'agit là de l'un des principaux gisements d'emplois, l'un des rares en progression constante.

Dans ce monde en évolution, l'adaptation est un maître mot, et le phénomène ne date pas d'hier. Or, en ce domaine, le Massif central a longtemps souffert de nombreux handicaps. L'un des freins les plus importants relève du milieu humain avec, depuis la première moitié du XIXe siècle, un contexte général d'exode rural qui s'est traduit par le départ de beaucoup de forces vives, de nombreux jeunes (vers les villes du Massif ou au-delà), mais également par l'idée que la réussite passait par la migration. On retrouve là les « Auvergnats de Paris », qui colonisèrent les secteurs du café, de la restauration et de la brasserie de la capitale. La réussite (au demeurant fort inégale) était alors symboliquement extérieure « au pays » ! Un autre obstacle structurel majeur a certainement été celui de l'accessibilité et des transports. Ajoutons à cela un certain manque de capitaux et d'entrepreneurs, des lenteurs dans la diffusion du progrès, et l'on comprend mieux la situation délicate de la montagne tout au long du siècle dernier. Qu'en est-il aujourd'hui ? Constatons

ture de supermarchés. De la même façon, les services enregistrent des évolutions variables. Quelques-uns suivent la même pente. Certains sont présents partout mais le nombre de boutiques est en très nette régression (coiffeurs, garagistes, réparateurs de machines agricoles...). Plus que d'une évasion de la clientèle, on assiste à la disparition progressi-

d'abord que ces contraintes perdurent et que le Massif central est loin d'être reconnu comme un modèle de dynamisme à l'échelle de la nation ou de l'Europe… Reconnaissons, en revanche, que la situation a beaucoup évolué depuis une génération. L'exode rural appartient de plus en plus au passé et l'heure est souvent à l'accueil de « nouveaux habitants »

(Cévennes, Limousin…). Les transports, même s'il reste beaucoup à faire, se sont nettement améliorés, surtout dans le domaine autoroutier et l'on découvre que le Massif central possède de nombreux atouts jusque-là ignorés : les faibles densités et donc les « grands espaces », un patrimoine de savoir-faire et de produits locaux, un environnement préservé sont autant d'aménités que les habitants du Massif ont tout loisir de valoriser auprès d'une société et de consommateurs largement demandeurs. Par ailleurs, les acteurs de la vie économique sont devenus très divers : entreprises et entrepreneurs locaux, depuis la micro-entreprise (y compris agricole ou artisanale) jusqu'aux grandes structures, entreprises multinationales dont la présence fonctionne comme un signal positif pour d'autres investisseurs, État encore bien représenté parfois en association avec des collectivités territoriales… Le monde des petites entreprises, associées quelquefois en réseaux, participe également à l'émergence de nouveaux systèmes productifs, souvent dynamiques, multipliant les initiatives et stimulant l'inventivité des uns ou des autres. Déconsidérés au temps de la grande entreprise et du fordisme triomphant, ces districts ou Systèmes Productifs Locaux sont redécouverts et révèlent que le développement peut s'inscrire dans une culture, une histoire, un territoire. Ces nouvelles forces, qui tentent de prendre en compte à la fois le « local » et le « global » s'observent tant dans l'agriculture que dans l'industrie ou dans d'autres activités tertiaires, par exemple dans le domaine du tourisme rural.

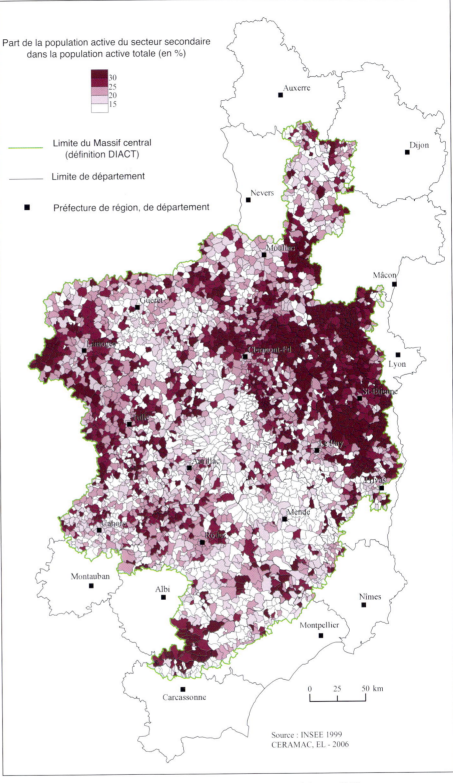

Part de la population active du secteur secondaire dans la population active totale (en %)

30
25
20
15

Limite du Massif central (définition DIACT)

Limite de département

■ Préfecture de région, de département

Source : INSEE 1999
CERAMAC, EL - 2006

Fig. 23B – Part des actifs du secteur secondaire en 1999

Une agriculture à la recherche de nouveaux atouts

Que l'on ne s'y trompe pas, dans le contexte d'une activité vraiment ouverte à la concurrence internationale et qui serait moins soutenue par Bruxelles, l'agriculture du Massif central n'aurait aucune chance, aucune raison d'être même.

Certes, il resterait une petite place pour le roquefort, le fromage de laguiole ou la vente de reproducteurs charolais, mais comment imaginer que les éleveurs de viande bovine puissent rivaliser avec leurs homologues argentins, les producteurs laitiers avec ceux de Nouvelle Zélande, ou les céréaliers limagnais avec leurs collègues australiens ou ukrainiens ? Poser la

Daniel Ricard

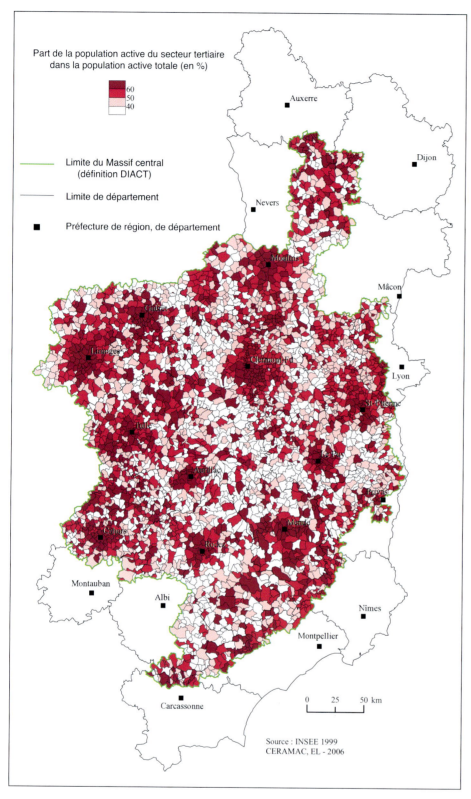

Fig. 23C - Part des actifs du secteur tertiaire en 1999

eux…) ont ignoré ces facteurs positifs : le Massif central est, par nature, un territoire défavorisé, pénalisé dans le cadre de la concurrence interrégionale et européenne et, dans ces conditions, une politique de soutien est indispensable pour produire puis écouler viande, blé ou lait UHT. La solidarité nationale ou européenne est une nécessité… mais le risque de tomber dans une logique d'assistanat et de déconnexion vis-à-vis du marché a-t-il toujours été bien mesuré ? Depuis une vingtaine d'années, les choses bougent et le Massif central se rend compte qu'il dispose d'incontestables atouts, source évidente de valeur ajoutée et d'emplois, pour peu qu'on en soit convaincu et que l'on s'attache à les valoriser.

Le premier de ces atouts, largement ignoré par les gens de la montagne eux-mêmes, tient aux structures d'exploitation. L'agriculture du Massif central serait celle de petites fermes tenues par des paysans âgés, souvent célibataires. Les statistiques ne confirment pas ces clichés. Bien sûr, on est loin des grosses fermes céréalières du Bassin parisien, mais la taille moyenne des exploitations est souvent importante dans le Massif, de même que l'âge moyen des agriculteurs y est plutôt assez bas. Ainsi, on dépasse les 50 hectares de moyenne dans la majorité des cantons, notamment dans les plaines du Bourbonnais, dans le Limousin, dans les monts d'Auvergne (la fabrication du fromage de cantal nécessitait, jadis, des fermes capables de fournir 400 litres de lait par jour !), ou en Lozère et sur les plateaux caussenards. Les jeunes agriculteurs sont surreprésentés dans toutes les régions les plus intensives et les plus dynamiques, notamment dans les bassins laitiers de la Châtaigneraie, des Ségalas, des monts du Lyonnais ou de la région de Rochefort-Montagne. Ici, les organisations professionnelles agricoles ont largement favorisé ce mouvement, comme dans le département du Cantal qui possède un des taux les plus élevés de chefs d'exploitation de moins de trente-cinq ans !

question, c'est déjà y répondre. L'heure est donc à espérer que la Politique Agricole Commune (PAC), même réformée, reste en place et continue à soutenir l'agriculture de telles régions défavorisées. L'heure est aussi et peut-être surtout à valoriser les atouts dont dispose le Massif central. Pendant longtemps en effet, les agriculteurs montagnards (et pas seulement

Vache de race aubrac

Un autre atout réside certainement dans le considérable héritage de savoir-faire liés à la transformation des produits agricoles. Cet héritage est d'ailleurs officiellement reconnu par la présence de nombreuses AOC, notamment treize appellations fromagères dont certaines sont très réputées : roquefort, cantal, saint-nectaire,... Mais on trouve également d'autres AOC relevant du domaine des productions végétales (lentille verte du Puy, oignon doux des Cévennes, appellations viticoles du Forez, de Cahors ou de Marcillac...) et des produits bénéficiant de la protection d'une IGP (agneau du Quercy, veau de l'Aveyron et du Ségala, bœuf charolais du Bourbonnais, veau du Limousin, porc du Limousin...) sans parler de nombreuses autres spécialités, parfois non labellisées, mais qui relèvent d'une même logique d'expression d'un terroir (volailles du Bourbonnais, lentille blonde de Saint-Flour, ail de Billom...). Tout le monde s'accorde à reconnaître aujourd'hui que ce patrimoine de produits locaux et de savoir-faire est un incontestable atout compte tenu d'une demande en nette pro-

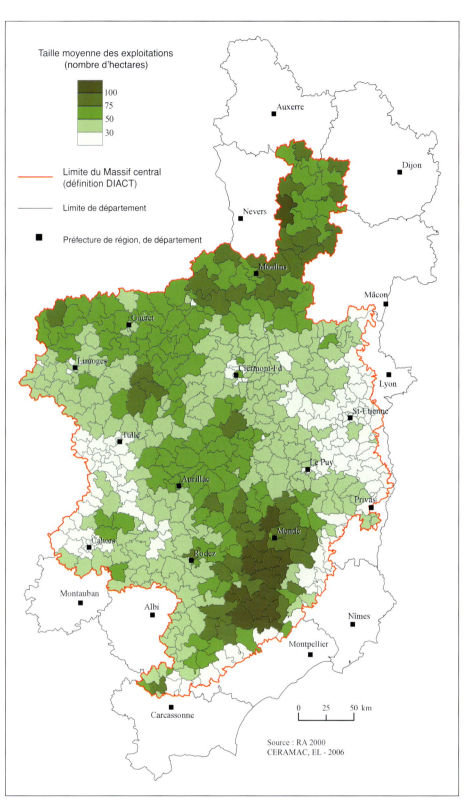

Taille moyenne des exploitations
(nombre d'hectares)

100
75
50
30

Limite du Massif central
(définition DIACT)

Limite de département

■ Préfecture de région, de département

Auxerre
Dijon
Nevers
Mâcon
Moulins
Guéret
Limoges
Clermont-Fd
Lyon
St-Etienne
Tulle
Le Puy
Aurillac
Privas
Mende
Cahors
Rodez
Montauban
Nîmes
Albi
Montpellier
Carcassonne

0   25   50 km

Source : RA 2000
CERAMAC, EL - 2006

Fig. 24 – Taille moyenne des exploitations

gression, d'une moindre pression qui s'opère sur les prix et peut-être surtout de l'inscription de ces produits dans un territoire bien délimité… et non délocalisable ! Si les fromages d'Auvergne peinent à exploiter ce fantastique potentiel de développement faute, notamment, de cahiers des charges assez rigoureux privilégiant des conditions de production et de transformation capables de favoriser la meilleure expression de la spécificité des produits, le Massif central abrite d'incontestables réussites. Parlons d'abord de celle du roquefort, certainement la plus remarquable des AOC fromagères de ce pays. L'ancien président du Comité National des Produits Laitiers de l'INAO aime à rappeler que, dans le

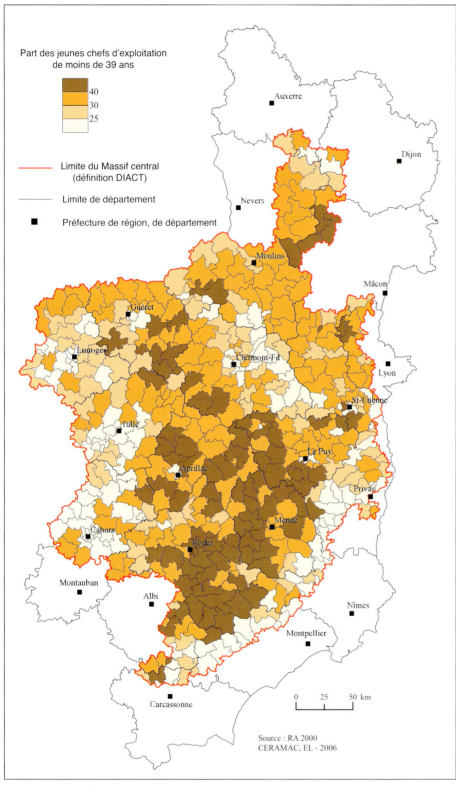

Fig. 25 – Part des chefs d'exploitation de moins de 39 ans

nu comme tel par le consommateur… y compris l'acheteur américain. Avec un tonnage plus modeste, citons la réussite du fromage de laguiole, moribond au début des années 1960, et qui anime aujourd'hui, sur l'Aubrac, une filière fortement créatrice de valeur ajoutée et d'emplois. Le rocamadour, bien relancé par les éleveurs de chèvres des plateaux calcaires du Quercy depuis une quinzaine d'années, est une autre vraie réussite. Tel est aussi le cas du pélardon, dont la filière a largement été réorganisée et redynamisée sous l'impulsion d'éleveurs venus souvent de l'extérieur. Fabriqué dans un terroir vraiment difficile, en partie montagnard, le pélardon participe à l'évidence d'une certaine relance agricole cévenole. Un relance confirmée du côté du Vigan où une poignée d'agriculteurs ont remis au goût du jour, et avec succès, sur d'étroites terrasses l'oignon doux des Cévennes (AOC aujourd'hui) et une variété locale de pommes, la reinette du Vigan. Quant à la lentille verte du Puy, cultivée sur près de cinq mille hectares dans le Devès volcanique, elle bénéficie d'une réputation bien établie, et les prix payés au producteurs sont deux à trois fois supérieurs à ceux constatés sur le marché mondial de ce légume sec. Comme on le voit, les réussites ne manquent pas, dans des domaines assez variés, pour des produits de qualité, bien positionnés sur des créneaux commerciaux aujourd'hui recherchés par une part croissante de consommateurs citadins. En ce domaine, le potentiel de développement est considérable, et permet d'envisager d'autres réussites, propres à contrecarrer la « crise agricole » ambiante ; pour peu que les pouvoirs publics et les professionnels prennent vraiment

« rayon » de Roquefort, « *un et un font trois* »… Le lait de brebis est en effet deux fois plus riche que celui de vache, et pourtant le fromage se vend trois fois plus cher… Ce supplément de valorisation – énorme quand on sait qu'il intéresse 18 000 t de fromage chaque année – est justement l'expression d'un terroir cohérent, bien mis en valeur et reconnu comme tel par le consommateur… y compris l'acheteur américain.

conscience de ce potentiel et agissent en conséquence.

Enfin, le Massif central bénéficie d'une image favorable née d'une certaine préservation de l'environnement. Certes, l'agriculture de cette montagne est moins extensive qu'il n'y paraît, « révolution agricole » oblige. Mais il est incontestable que l'on a su éviter les méfaits d'une intensification

Ancien tunnel ferroviaire utilisé pour l'affinage du cantal
(coopérative de Valuéjols)

pement existe vraiment, mais rien n'est gagné d'avance. D'une part, le Massif central n'est pas le seul à faire valoir de tels atouts : le Jura ou les Alpes du Nord (pour ne parler que des seules montagnes) sont également bien positionnés sur ce même créneau. En outre, l'important reste de bien valoriser ces avantages comparatifs, ce qui n'est qu'imparfaitement le cas. Certes, cette préservation – réelle – de l'environnement permet aux éleveurs d'émarger à différentes aides européennes ou nationales (prime « à l'herbe », « compléments extensifs », soutiens agri-environnementaux…), mais dans le même temps, constatons que l'agriculture biologique n'a pas rencontré dans le Massif central l'engouement qu'on aurait pu espérer, sauf localement (Cévennes, Vivarais).

Dans le cadre d'une activité en proie au doute (incertitudes sur la pérennité des financements européens, crainte d'une libéralisation plus franche des échanges internationaux, crises sanitaires successives,…), le Massif central retrouve aujourd'hui de réels atouts dans le cadre d'une « agriculture de territoire » et de qualité, génératrice de valeur ajoutée. Tout l'enjeu des prochaines années est de valoriser au mieux ces avantages comparatifs auprès d'une clientèle de plus en plus réceptive.

Une industrie en recomposition

On l'a déjà signalé, l'économie du Massif central s'appuie assez largement sur l'industrie, puisque la part des actifs relevant du secteur secondaire y est de 20 % (hors BTP), supérieure à la moyenne nationale ! Certes, la montagne ne peut être qualifiée de « région industrielle », notamment parce que cette branche reste diffuse, concentrée sur quelques espaces privilégiés, mais constatons, par exemple, que l'Auvergne affiche un taux supérieur à la moyenne nationale et à celle du Nord-Pas-de-Calais (18 %) ! L'industrie du Massif s'appuie, selon l'INSEE, sur un tissu de pas moins de 23 274 établissements. La majorité est constituée de petites affaires, mais 966 ont plus de cinquante salariés, dont 178 plus de deux cents ; ces dernières regroupant le tiers de l'emploi industriel montagnard. A l'échelle du Massif, quatre grands secteurs d'activité regroupent la moitié des effectifs salariés.

• Les Industries Agro-Alimentaires (IAA) procurent 42 933 postes de travail et sont le premier pourvoyeur d'emplois avec, en outre, une dynamique positive dans la période récente (+4 % de 1993 à 2001). Abattoirs et fromageries sont nombreux, même si les restructurations récentes ont été sévères. Mais d'autres activités de transformation se sont également imposées, comme la

excessive. Ici, peu d'immenses porcheries industrielles, pas vraiment d'excédents d'azote, ni de pollution structurelle des eaux. A l'heure où la société est de plus en plus sensibilisée à ces problématiques environnementales, le Massif central bénéficie donc d'avantages comparatifs évidents. La montagne préservée, celle des grands espaces, incapable de rivaliser avec la plaine dans un contexte de concurrence interrégionale, se retrouve en quelque sorte en position de force quand il s'agit de lutter avec d'autres armes, en fonction d'autres références. Là encore, le potentiel de dévelop-

Les terroirs de l'AOC « Fin Gras »

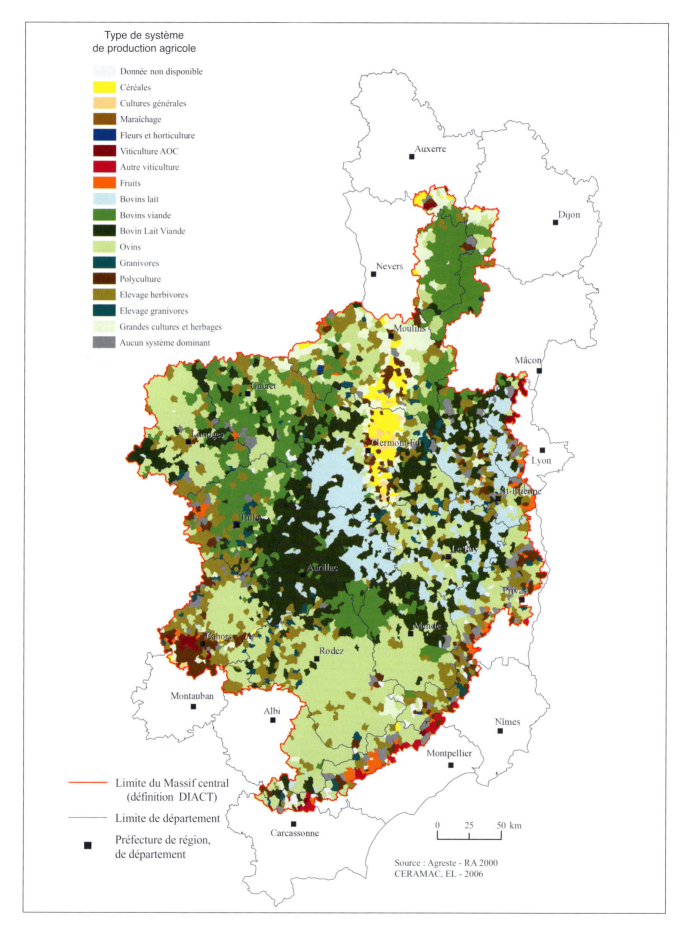

Fig. 26 – Les systèmes de production agricole par commune (2000)

En 2000, d'après le Recensement agricole, le Massif central comptait 93 455 exploitations utilisant 4 261 527 ha de Surface Agricole Utile (SAU). On est bien dans une terre d'élevage, avec plus de quatre millions de bovins et presque autant d'ovins. 71,2 % des fermes relèvent de ce secteur, 49 % étant spécialisées dans l'élevage bovin et 22,2 % dans celui d'autres animaux. De plus, ces 66 561 exploitations mettent en valeur 82,6 % de la SAU, laissant peu de place aux autres productions. La géographie de cet élevage est assez complexe et met en jeu, tant les vieilles spécialisations régionales que les nouvelles dynamiques développées depuis la guerre.

Les terres d'élevage bovin laitier étaient traditionnellement localisées dans la montagne volcanique dans le cadre de systèmes faisant une large place à l'utilisation des pâturages d'altitude. Cette géographie a beaucoup évolué. Le lait a rencontré dans ces hautes terres de nombreuses difficultés, en liaison avec le renchérissement du coût de la main-d'œuvre, la concurrence de la viande ou encore l'instauration des quotas laitiers en 1984. A l'inverse, de nouveaux bassins de production se sont affirmés, sur la planèze de Saint-Flour (dès l'entre-deux-guerres, avec la mise en place d'un dense réseau de fromageries coopératives) et dans une bonne partie de la Haute-Loire et de la Lozère. Mais la rupture essentielle est venue de l'émergence de nouvelles régions laitières nées de la « révolution productiviste ». Ici, l'intensification s'impose, le plus souvent sur de petites exploitations, dans ces « petites Bretagne » que sont les Ségalas de l'Aveyron, la Châtaigneraie cantalienne, la région de Rochefort-Montagne, le massif du Pilat ou les monts du Lyonnais et, dans une moindre mesure, dans les monts du Forez. Ces territoires se sont révélés les plus dynamiques depuis cinquante ans, au point de dépasser les régions traditionnelles.

L'élevage bovin viande était historiquement bien installé, surtout sur les périphéries nord. Ici, se trouvent les terres d'origine des deux grandes races bovines. Celles de la race charolaise s'étendent dans l'ouest de la Saône-et-Loire, le Bourbonnais, les plaines du Forez et le Morvan. La tradition était celle de systèmes « naisseurs » avec un peu d'embouche et de vente de reproducteurs au prix d'une immobilisation de capitaux de plus en plus contraignante. On s'est progressivement spécialisé dans la production de « maigre », sous forme de « broutards », vendus à l'âge de huit à dix mois. A l'ouest, le Limousin est l'autre bastion de l'élevage viande du nord du Massif, s'appuyant sur la race bouchère du même nom. C'est actuellement un système dynamique, conquérant même, puisque les effectifs de la race sont en progression significative. Une troisième grande zone d'élevage allaitant est centrée

sur la montagne volcanique auvergnate. Ici, on s'appuie sur les races traditionnelles à « double fins » que sont la salers et l'aubrac. Celles-ci ne sont quasiment plus traites et ont été largement reconverties en vaches « allaitantes », produisant des « broutards » recherchés par les engraisseurs italiens. Mais cette aire d'élevage déborde aujourd'hui très largement la montagne volcanique car les bassins laitiers ont aussi développé l'élevage viande (avec beaucoup d'animaux de race limousine), dans le cadre du processus local d'intensification ou bien par reconversion des fermes bloquées par les quotas laitiers.

L'élevage ovin concerne trois bassins de production bien individualisés. Au sud, les brebis dominent depuis longtemps sur les terres séchantes des Causses et dans le « rayon » d'approvisionnement des laiteries de Roquefort. C'est aujourd'hui un système dynamique et efficace, fondé sur la qualité. A proximité, les Causses du Quercy ont développé un système d'élevage viande orienté vers la production d'agneaux de bergerie. Enfin, tout au nord, les campagnes de la Haute-Vienne, de la Creuse et de l'Allier font partie d'un vaste ensemble allant de la Vendée au Morvan. Ici, l'orientation ovine est relativement récente (années 1950), et l'on mise sur la viande grâce à des systèmes de production assez peu intensifs, souvent en association avec des bovins et avec un recul récent.

Les « grandes cultures » ne sont pas absentes du Massif central, puisque 15 % des fermes relèvent de cette spécialisation. Les céréales se rencontrent un peu partout, y compris en altitude où les éleveurs produisent blé, orge et triticale pour l'alimentation des animaux (Devès, planèze de Saint-Flour, Ségalas…). La Limagne, elle, est un vrai bassin de production, fortement spécialisé, qui s'étire de Moulins à Brioude. Les cultures sont omniprésentes, hégémoniques même sur les riches terres noires de Riom ou d'Ennezat, et les assolements sont diversifiés. Les blés de Limagne sont réputés pour leur qualité et notamment leur teneur en protéines. Le maïs est la raison d'être de la grosse coopérative Limagrain, un leader mondial des semences qui conserve ses racines du côté de Chappes et d'Ennezat. Les betteraves alimentent la sucrerie de Bourdon, à Aulnat. Le reste de l'assolement est constitué de colza, de tournesol, de pois, parfois de tabac. Enfin, 6,8 % des exploitations sont spécialisées dans les fruits, les légumes ou la vigne. La plupart de celles-ci se situent sur les marges du massif, sur le rebord méditerranéen ou à la faveur d'une délimitation viticole officielle assez généreuse (Saint-Pourçain et coteaux de Limagne, côte roannaise, Beaujolais, pays de Brive, région d'Entraygues, bassins de Marcillac, de Millau ou surtout de Cahors).

charcuterie-salaisonnerie (elle bénéficie d'une vraie tradition dans les régions d'altitude altiligériennes ou cantaliennes, mais s'appuie aussi sur de solides unités industrielles, vers Lacaune, Limoges – Madrange – ou Saint-Étienne), la transformation des fruits (confiturier Andros à Biars-sur-Cère), la transformation des céréales (en Limagne par exemple, avec les pains Jacquet) ou le conditionnement des eaux minérales. Celles-ci sont une vraie spécialité du Massif et surtout de l'Auvergne, avec les eaux du Mont-Dore, de Vichy et surtout de Volvic, une remarquable réussite industrielle et commerciale.

• La métallurgie et la transformation des métaux offrent 42 136 emplois (2002), grâce à de nombreuses petites unités dispersées et à quelques grosses affaires. Ces dernières sont bien présentes dans cet univers très capitalistique, elles résultent de logiques d'implantation complexes et représen-

tent souvent des pôles industriels déterminants pour le Massif, tant par le volume d'emplois proposés que par la valeur ajoutée créée. Citons notamment Pechiney, aujourd'hui propriété du Canadien Alcan, et dont l'usine d'Issoire s'enorgueillit de participer à la confection des ailes de l'Airbus A380. Ratier à Figeac est un autre acteur important de l'industrie aéronautique, déjà dans la mouvance toulousaine. Parlons également de la discrète affaire Aubert et Duval des Ancizes, intégrée aujourd'hui dans le groupe Eramet, dont elle représente la branche aciers spéciaux. Mais on peut également mentionner les fonderies Bréa à Vaux (Montluçon) et Peugeot à Dompière-sur-Besbre, les usines de Rive-de-Gier et de Saint-Chély-d'Apcher, propriété du sidérurgiste Arcelor, ou encore le groupe Umicore, propriétaire à Decazeville de l'ancienne usine « Vieille montagne », spécialisée aujourd'hui dans le prépatinage du zinc. Bref, la diversité des

Nouvelle zone d'activité industrielle (bois, agroalimentaire) en Corrèze le long de l'A89

productions est une réalité. S'ajoute à ce tableau la présence de traditions métallurgiques fortes, qui ont pu déboucher sur de véritables dynamiques industrielles régionales, comme dans le pays de Thiers (autour de la coutellerie bien sûr) et dans l'Yssingelais.

• Le secteur de la chimie, du caoutchouc et du plastique compte 33 926 emplois, et mérite une attention particulière. Il est surreprésenté en Auvergne, grâce à Michelin, dont on connaît l'envergure internationale et le poids régional. Certes, l'équipementier a beaucoup licencié, mais il salarie toujours quelque 13 000 personnes à Clermont-Ferrand, sans compter les unités de Roanne et de Blavozy près du Puy. D'autres sociétés ont pu prospérer dans ce même secteur, telles Trelleborg à Clermont, Dunlop à Montluçon ou encore Gerflor à Tarare, leader des revêtements de sol… et des pistes synthétiques d'athlétisme (« Taraflex »). La chimie proprement dite repose sur quelques grandes entreprises comme à Vertolaye ou à Commentry. S'y ajoute un secteur pharmaceutique important et performant, notamment dans l'agglomération clermontoise, dans le sillage du rôle historique de la famille Chibret. Quant à la plasturgie, sa terre d'élection est dans l'Yssingelais où l'on s'est orienté récemment et avec un réel succès vers la fabrication de sacs et de films plastiques (bâches agricoles…).

• Le textile, cuir, habillement, représente le quatrième secteur du Massif par l'emploi proposé (21 134 postes), mais avec une très forte déperdition de main-d'œuvre : -20 % dans le textile entre 1993 et 2001 ; -50 % dans le cuir et l'habillement ! On retrouve là des réalités qui ne sont pas spécifiques au Massif central. Constatons en revanche que ce même secteur d'activité fait également preuve de créativité et de dynamisme, grâce à des entreprises innovantes qui ont pu trouver des créneaux plus techniques et rémunérateurs. Citons le groupe Cheynet de Saint-Just-Malmont, près de Saint-Étienne, qui développe de nombreux produits innovants dans le domaine des tissus élastiques. L'Ambertois Omerin, né de la tradition textile locale, est devenu de son

côté un leader de l'industrie spécifique de la tresse et des câbles électriques pour conditions extrêmes. Plusieurs PME ont pu se développer ici ou là, comme à Aurillac où l'on produit des couettes de qualité (« Abeil »). Enfin, les groupes LVMH et Hermès ont récemment investi à Sayat (Clermont-Ferrand) et à Gannat dans des ateliers de maroquinerie de haute qualité.

Si le Massif central est connu pour l'entreprise Michelin (qui procure environ 18 % de l'emploi industriel total), il faut donc rappeler avec force que la montagne produit de très nombreux autres articles ; des ailes d'avion, des interrupteurs électriques (Legrand), du papier (International Paper à Rochechouart), des fromages, des balais d'essuie-glace (Valéo), des emballages de produits cosmétiques (Auriplast à Aurillac), des cuisines et salles de bains (Lapeyre, Pyram…), des collants (Well, au Vigan) et des bijoux (spécialité du Cheylard, en Ardèche), mais aussi des… chars Leclerc (Roanne), des bouteilles en verre, des cigarettes ou de la laine de verre (Rockwool)… Bref, l'industrie du Massif central, qui a dû gérer, non sans difficultés, la reconversion de ses vieux bassins industriels offre aujourd'hui un panel de productions diversifié, largement méconnu pour beaucoup, mais finalement assez compétitif si l'on

À Saint-Etienne, symboles de l'industrie textile (Condition des Soies) et de l'exploitation minière (terril)

considère que, de 1993 à 2001, l'emploi n'y a reculé « que » de 11 % contre 13 % au niveau national. Par ailleurs, s'ajoutent des métiers rares tels la dentelle du Puy, la porcelaine et l'émail, la passementerie, la tapisserie… qui s'associent avec l'économie du luxe. Comme sur le plan agricole, des territoires du Massif ont engagé des démarches de valorisation de ce patrimoine (les Pays d'Art et d'Histoire) et des savoir-faire (les Pôles d'Économie du Patrimoine). Toujours fondées sur des éléments identitaires non délocalisables ou sur des métiers de grande précision, ces filières participent de plus en plus au développement économique. Apparaissent également des Systèmes Productifs Localisés (SPL), c'est-à-dire de groupements d'entreprises et d'institutions géographiquement proches et qui collaborent dans le même secteur d'activités. Ainsi trouve-t-on des SPL organisés autour de la coutellerie dans le pays de Thiers, du plastique dans la région de Sainte-Sigolène, ou encore de la mécanique avec la Mecanic Vallée, de Brive à Figeac et à Rodez.

Sur le plan géographique, l'hétérogénéité est la règle, mais on peut individualiser assez nettement trois grands ensembles régionaux.

• La vraie dynamique industrielle est incontestablement à l'est, et ce depuis longtemps, au-delà d'une ligne allant de Montluçon à Aubenas, en passant par Clermont-Ferrand et Brioude. C'est ici que l'on trouve la plus forte spécialisation, les taux d'activité du secteur secondaire les plus élevés, le tissu le plus dense d'entreprises de toutes tailles. Les raisons de cette concentration géographique sont nombreuses et cumulatives. Cet ensemble bénéficiait déjà de certaines traditions artisanales locales, passées parfois à un stade industriel comme dans la région de Thiers avec la coutellerie ou dans l'Yssingelais. C'est dans cette partie également que s'épanouit le mieux la révolution industrielle, à la faveur notamment de la proximité de la « fabrique » textile lyonnaise et de la présence de nombreux bassins houillers. Le temps du charbon est aujourd'hui révolu, la sidérurgie a beaucoup reculé, voire même quasiment disparu, les montagnes textiles de l'est ont beaucoup souffert et

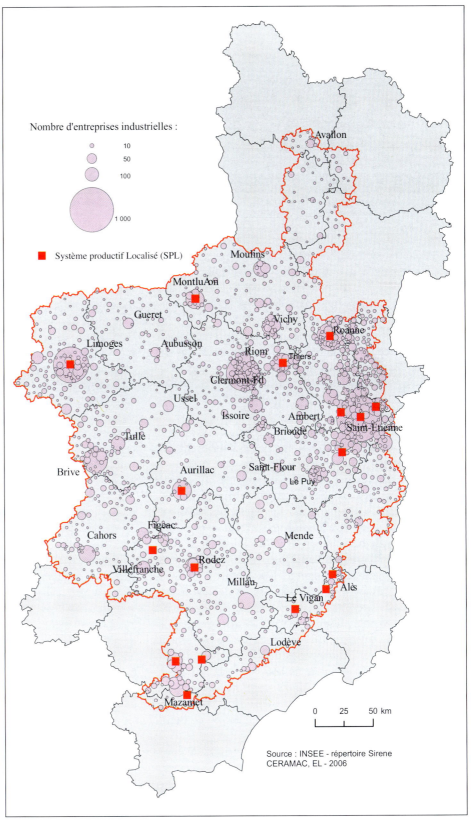

Fig. 27 – Nombre d'entreprises industrielles en 2000

Daniel Ricard

Nouveaux bâtiments Haute Qualité Environnementale (HQE) de l'usine de maroquinerie de Sayat (groupe Hermès)

les restructurations ont saigné nombre de ces territoires depuis les années 1960. En revanche, une vraie tradition industrielle est demeurée, que ce soit vers Saint-Étienne et la vallée du Gier, ou dans bien d'autres « nébuleuses » industrieuses et dynamiques (région de Thiers, Ambertois, monts du Beaujolais, bassin de Roanne, Yssingelais…). La diversification des activités, déjà ancienne mais renforcée par le repli stratégique de certaines usines avant guerre et des vagues de décentralisations (pays de la Loire et surtout de l'Allier jusqu'aux limagnes du sud), contribue à la modération des pertes d'emplois.

• Un autre « Massif central industriel » existe sur les marges occidentales, moins structuré certes, très souvent en situation de piémont. Cette « région » industrielle, de Limoges à Brives/Tulle, à Cahors et à Mazamet, associe de nombreux territoires qui ont chacun leurs spécificités. Ici encore, les facteurs explicatifs de cette industrialisation sont multiples et variés. On retrouve, pêle-mêle, des traditions artisanales fortes (la porcelaine à Limoges, le travail du cuir vers Castres/Mazamet…), reprises à l'occasion par le dynamisme d'un grand groupe international comme Legrand ; la présence d'un bassin charbonnier à Decazeville ; les investissements de l'État (GIAT à Tulle), mais également le rôle de l'axe de passage emprunté aujourd'hui par l'A20. Le sud-ouest du Massif présente une dynamique industrielle intéressante s'appuyant sur un agroalimentaire performant (laiteries ruthénoises, fromageries du rayon de Roquefort, confitureries de la basse vallée de la Cère…), la pharmacie (Castres) et sur la « Mecanic Vallée », un foyer aujourd'hui particulièrement actif et créateur d'emplois autour de l'équipementier aéronautique Ratier de Figeac ou de Bosch à Rodez.

• Reste enfin une large bande médiane, qui court du nord-ouest au sud-est, de la Creuse et de la montagne limousine aux montagnes volcaniques et à la Lozère et qui s'individualise, à l'inverse, par la faiblesse du secteur secondaire. Ici, la tradition industrielle a toujours été très modeste, les rares ressources naturelles (un peu de charbon, de l'uranium) n'ont pas débouché sur des activités de transformation, l'accès a toujours été assez difficile, et la dynamique entrepreneuriale a souvent été limitée. Au final, l'emploi industriel ne pouvait être que faible et seules

quelques unités émergent, isolées au sein de ce « désert industriel » et souvent issues de circonstances particulières, comme l'aciérie de Saint-Chély-d'Apcher ou les Menuiseries du Centre (groupe Lapeyre) à Ydes. Parfois, une petite dynamique a pu voir le jour, comme à Aurillac autour de la pharmacie ou de la confection de cuisines et de salles de bain. Enfin, la production agricole a suscité le développement de tout un tissu agroalimentaire aujourd'hui profondément restructuré. On trouve ainsi plusieurs abattoirs et surtout des fromageries, encore nombreuses, et dont certaines ont atteint le stade industriel, à Riom-ès-Montagnes, à Saint-Flour, ou à Saint-Mamet, l'une des plus modernes de France. Toutefois, le bilan reste modeste, dans ce cœur montagnard qui continue à ignorer largement le travail industriel.

Le Massif central présente donc un système productif totalement renouvelé, même s'il est inégalement puissant et diversifié. Les hautes terres et bassins voient augmenter rapidement le secteur tertiaire, mais sans que l'agriculture ou l'industrie soient marginalisées. Dans ces conditions, les défis du développement économique sont nombreux. Il s'agit évidemment de continuer à rechercher une compétitivité, qui passe par la baisse des coûts de production, mais aussi par l'amélioration de la qualité des produits et par la qualification des travailleurs ou des entrepreneurs. L'un des enjeux est aussi de préserver les caractéristiques environnementales, sociales et culturelles qui ont jusqu'alors constitué le ressort intérieur des dynamiques de développement, tout en restant ouvert aux influences extérieures, afin de s'adapter à la mondialisation de l'économie. En effet, à l'heure de la concurrence des territoires, le Massif ne peut plus seulement s'appuyer sur les dynamiques entrepreneuriales endogènes, les valeurs et savoir-faire issus du territoire. Il a de plus en plus besoin que les institutions locales remplissent des fonctions auxiliaires qui vont de l'amélioration de l'environnement des entreprises à la gestion environnementale, en passant par la culture des valeurs et des idéologies territoriales, par le biais, notamment, de la patrimonialisation des savoir-faire ou de la diffusion, par tous les moyens de communication disponibles, des nouvelles images du Massif central.

Chapitre 7

VILLES ET CAMPAGNES : DE NOUVELLES RELATIONS

Eric Bordessoule

Urbain ou rural ? Appliquée au Massif central, cette question n'a guère de sens, tant la réponse demeure ambiguë. En effet, si un peu plus de 60 % de sa population se concentre désormais au sein de la trentaine d'aires urbaines qui couvre un quart de son territoire, le Massif central n'en demeure pas mois profondément marqué par la ruralité et ceci dans des proportions proches du double de la moyenne nationale. Faut-il voir dans ce constat la marque persistante d'un archaïsme stérile qui, véritable obstacle au progrès, peine à s'effacer ? Rien n'est moins sûr dans le contexte actuel d'une ruralité rénovée et valorisée, au regard de la crise qui affecte les grandes concentrations urbaines, alors même que se redéfinissent de nouvelles relations ville-campagne. Aussi, au-delà d'un simple bilan statistique dont l'interprétation peut comme souvent s'avérer contradictoire, l'essentiel réside bien davantage dans l'examen du maillage des pôles qui, à tous les niveaux, agglomérations, petites villes, bourgs-centres, structure l'espace. A l'heure d'une mobilité croissante des populations et d'une uniformisation des modes de vie, la traditionnelle dichotomie ville-campagne relève d'une dialectique passéiste, tant le devenir des unes semble indissociable du destin des autres. En ce sens, le Massif central offre un terrain privilégié pour, sinon répondre à ces questions, du moins dresser un tableau, afin de cerner les problèmes et de tenter de dégager des perspectives dans l'optique d'une approche plus féconde du couple ville-campagne, empreinte d'innovation et prenant en compte les mutations sociales.

Une urbanisation inégale

La carte des aires urbaines révèle l'inégale urbanisation du Massif central. On observe ainsi que, au nord, les organismes urbains sont de plus grande taille, nombreux et rapprochés. La vie urbaine a pu s'épanouir ici à la faveur des grands couloirs (Val d'Allier, plaine de la Loire, moyenne vallée de la Vienne) qui aèrent le massif et se sont révélés propices à l'implantation de sites urbains le long des axes de circulation et/ou au contact des hautes terres et des bas pays. En Auvergne et Limousin, Jean-Charles Édouard (2001) a bien montré la régularité du semis urbain et la diversité des types de villes, toutes bien intégrées à l'espace urbain national, tant par leur dynamisme démographique que par leurs caractères socioprofessionnels. Plus au sud, le semis des villes devient plus lâche alors même que les agglomérations semblent s'atrophier. On reconnaît le môle des hautes terres du sud du Massif central où le fait urbain ne s'est développé qu'à la faveur de modestes bassins isolés les uns des autres ou sur les marges. Mais ces petites villes sont souvent dynamiques, attractives et en croissance démographique. On note enfin des vides relatifs qui correspondent au haut Limousin, à la montagne volcanique auvergnate, à la Margeride et aux rebords caussenard ou cévenol. Sur ces hautes surfaces, marquées par les faibles densités et demeurées en marge des principaux pôles urbains, un tissu de petites villes et de bourgs-centres acquiert un rôle fondamental auprès des populations rurales en matière d'accès à l'emploi et aux services.

L'armature urbaine est désormais bien hiérarchisée : outre les trois métropoles, on compte une quinzaine de villes moyennes de niveau supérieur (Roanne, Alès, Brive, Montluçon, Vichy, Castres, Le Puy, Moulins, Rodez, Aurillac, Mazamet, Annonay, Aubenas, Cahors, Millau), seize agglomérations de 10 000 à 20 000 habitants dont les pouvoirs de commandement administratif, culturel ou économique sont parfois considérables du fait de leur isolement relatif (type Guéret ou Mende), et, enfin, au bas de la hiérarchie, une multitude de petites villes qui constituent de véritables pôles d'emplois (36 de 5 000 à 10 000 hab., 78 de moins de 5 000) ; 76 % des unités urbaines du Massif ont donc moins de 10 000 habitants et rassemblent 12 % de sa population citadine. Même si elle est assez régulièrement répartie, cette trame se signale ainsi tout à la fois par l'importance des déséquilibres régionaux, par le rôle d'encadrement que les petites villes exercent sur une large fraction des territoires et enfin par une métropolisation que l'on peut qualifier d'incomplète. Il n'existe pas, en effet, de véritables métropoles de première envergure et de ce fait de système urbain à l'échelle du Massif central. Certes, trois agglomérations se détachent au sein de la hiérarchie urbaine rassemblant près de 40 % de la population citadine du Massif. Mais aucune d'entre elles, bien qu'elles soient très dissemblables, n'appartient à l'éche-

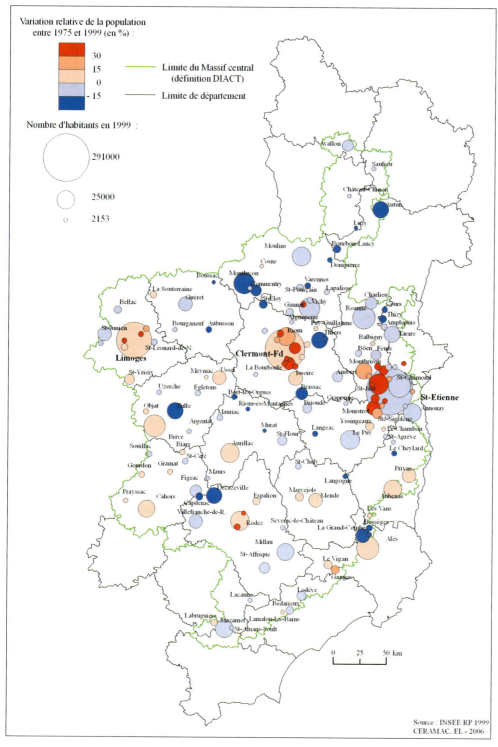

Fig. 28 – Les dynamiques des villes (croissance de 1975 à 1999)

également, d'autre part, à considérer le rôle des forces centrifuges exercées par les grands centres urbains extérieurs dans l'organisation de l'espace. La croissance récente révèle pareillement les limites d'une métropolisation incomplète. Après des progrès rapides accompagnant les mutations économiques (notamment la montée du tertiaire) jusque dans les années 1980, elle s'est en effet considérablement ralentie. Alors que la population urbaine s'était accrue de 16 % de 1962 à 1982, soit plus de 325 000 nouveaux citadins, le recul des unités urbaines atteint près de 3% entre 1982 et 1999 et on enregistre encore un solde légèrement négatif entre 1990 et 1999 pour l'ensemble des aires urbaines du Massif. L'affaiblissement des soldes naturels (chute relative de la natalité, notamment dans les petites villes) se combine surtout avec les pertes dues aux soldes migratoires en lien avec la contraction des emplois industriels. Sur la période 1990-1999, le déficit migratoire atteint ainsi 47 600 personnes pour l'ensemble des unités urbaines du Massif, dont près de - 37 000 pour la seule agglomération de Saint-Étienne–Saint-Chamond. Si Clermont et Limoges enregistrent une progression, le rythme de celle-ci s'est considérablement affaibli et ne vient plus compenser le déclin de la plupart des villes moyennes (Montluçon, Moulins, Le Puy, Tulle) et des petites villes, centres industriels ou de services en milieu rural (Saint-Flour, Ambert, Mazamet,…). Finalement, depuis le début des années 1960, on doit compter avec le déclassement de certaines villes comme Thiers, Tulle ou surtout Decazeville. Seules les unités urbaines proches ou même intégrées à des grandes agglomérations (Issoire, Montbrison, Saint-Just-Saint-Rambert), engagées dans une dynamique industrielle (Monistrol-sur-Loire) ou

lon supérieur de l'armature urbaine française et ne peut prétendre s'imposer comme une tête de réseau pour l'ensemble du territoire. Cette absence n'a en soit rien de surprenant. Le phénomène est assez banal et s'explique aisément par le volume des hautes terres, le cloisonnement du relief par les couloirs méridiens et les difficultés de relation interne induites. Cette situation invite, d'une part, à une approche régionale des principaux réseaux urbains issus du morcellement des aires d'influence au sein du Massif central, mais affermissant leur rôle local (Rodez, Millau, Cahors, Mende, Aubenas, Annonay, Brive) affichent un bilan démographique positif et gagnent des places dans le classement ; les dynamiques étant plus nettement positives dans le sud du Massif avec des cités tertiaires, où la fonction d'accueil touristique et de loisirs s'étoffe. Finalement, sur quarante ans et en dehors de crises spécifiques, comment ne pas noter que la croissance a pu concerner tous les échelons de l'armature urbaine, depuis les gros bourgs devenus de petites villes jusqu'aux villages périurbains qui soit intègrent l'agglomération principale, soit sont maladroitement élevés au statut d'unité urbaine par l'INSEE (par exemple autour de Clermont, Limoges, Vichy ou Rodez), en passant par ces villes de 5 000 à 10 000 habitants, dont la population croît très sensiblement, pour devenir des cités actives et étendre leur aire d'influence ?

Ces mutations ont aussi bouleversé les paysages urbains. Quelle que soit la taille des villes, les quartiers centraux ont connu des opérations de « reconquête », de création de bureaux ou d'équipements tertiaires et de « réhabilitation » ou restauration d'immeubles à caractère patrimonial ; la situation

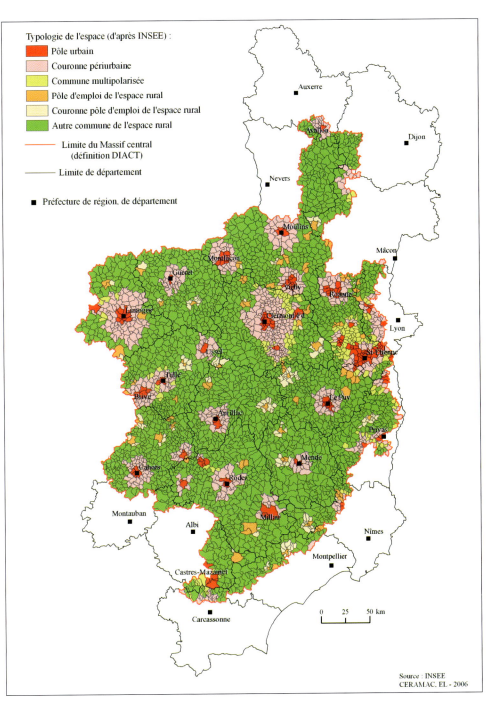

Fig. 29 – Typologie de l'espace

Pour comprendre les réalités territoriales, on rappellera que l'IN-SEE utilise deux grands types de classement. Un premier, exploité depuis très longtemps, concerne la définition de la ville ou « unité urbaine » ; c'est alors une commune ou un ensemble de communes qui comportent sur leur territoire une zone bâtie d'au moins 2 000 habitants et où aucune habitation n'est séparée de la plus proche par plus de 200 mètres ; chaque commune concernée devant posséder plus de la moitié de sa population dans cette zone bâtie. Si l'unité urbaine s'étend sur plusieurs communes, l'ensemble forme une agglomération urbaine. Une deuxième typologie, initiée depuis les années 1990, définit un zonage en aires à dominante urbaine ou rurale. Tout territoire est alors décliné en quatre catégories. La première représente l'espace à dominante rurale qui comprend à la fois des pôles ruraux (de 2 000 à 5 000 emplois) et des communes rurales situées, soit en couronne autour de ces pôles (20 % ou plus des actifs résidants vont alors y travailler), soit davantage isolées. Les trois autres rubriques constituent l'espace à dominante urbaine. Il s'agit des pôles urbains (c'est-à-dire des unités urbaines offrant au moins 5 000 emplois), des couronnes périurbaines (c'est-à-dire les communes périphériques dont au moins 40 % de la population résidente ayant un emploi travaille dans le pôle ou dans des communes attirées par celui-ci) et des communes multipolarisées (la population ayant un emploi travaille alors dans plusieurs aires urbaines sans atteindre le seuil de 40 % avec une seule d'entre elles).

des grosses agglomérations dont la population avait sensiblement diminué (par départ des familles jeunes) et vieilli, étant la plus révélatrice de tels bouleversements, y compris avec de récents mouvements de retours. Il faut par ailleurs nuancer l'image de stagnation ou de déclin par l'essor d'une périurbanisation élargie à l'échelle des aires urbaines et la prise en compte d'un solde migratoire redevenu positif pour une grande partie des petites villes à l'image de leurs campagnes.

Métropoles et forces centrifuges

Depuis 1960, le phénomène essentiel est bien l'élargissement notable des aires d'influence des villes moyennes et des métropoles. Clermont-Ferrand, Limoges et Saint-Étienne sont chacune à la tête d'aires urbaines dépassant largement 200 000 habitants. Ces trois agglomérations concentrent les fonctions de commandement et le tertiaire supérieur. Si l'on retient les emplois définis comme « métropolitains supérieurs » par l'INSEE, c'est-à-dire les activités les plus qualifiées et à forte valeur ajoutée caractérisant les

plus grandes villes, on retrouve nos trois cités, et notamment Clermont (7 % de l'emploi total avec une proportion relativement élevée du secteur de la recherche). Ces métropoles sont toutefois fort différentes et exercent une emprise très inégale sur le Massif et leur territoire administratif pour Limoges et Clermont.

• L'agglomération de Limoges, l'une des plus petites capitales régionales françaises, à la tête d'une des régions les moins peuplées, domine incomplètement un espace limousin inégalement et faiblement urbanisé. Dans une position déjà périphérique, l'ouest de la région concentre le gros de l'urbanisation, en particulier les trois seules agglomérations appartenant à la catégorie des villes moyennes. Tulle se localise sur l'alignement transversal qui rejoint par l'A89 le haut Limousin, la métropole de la Vienne moyenne, Limoges est sur l'itinéraire Paris-Toulouse tandis que l'agglomération briviste occupe la jonction de ces deux axes au sud-ouest de la région. Dans la partie occidentale du Limousin, l'urbanisation revêt un caractère plus modeste avec de petites villes administratives (Guéret et Ussel) ou bénéficiant d'une situation péri-montagnarde comme Aubusson.

Excentré et déséquilibré, ce réseau urbain, scindé en deux foyers principaux, a pu peiner à contrôler l'ensemble de l'espace régional, d'autant que s'ajoutent la pénétration de l'influence des grands pôles extérieurs que sont Bordeaux et Toulouse à l'ouest et au sud de la région, ainsi que le tropisme poitevin de Limoges qui permet à l'est de la région d'échapper partiellement à son influence directe pour tomber sous l'emprise de Clermont et de son relais montluçonnais en direction de Guéret. Reste que Limoges est incontestablement la plus grosse ville du Centre-Ouest, en face de Poitiers, Angoulême ou La Rochelle, et que l'amélioration des relations autoroutières et ferroviaires (futur TGV) devrait renforcer son audience en Limousin et dans l'est charentais. Mais il manque certains emplois métropolitains ou fonctions (presse par exemple), tandis que son influence porte sur des espaces peu peuplés (même en intégrant Saint-Junien, l'aire urbaine est deux fois moins peuplée que celle de Clermont) et se heurte vite à des concurrences : Brive ou Périgueux vers le Sud-Ouest, Châteauroux vers le nord.

• A l'est du Massif central, Saint-Étienne semble s'imposer par son poids démographique, plus de 500 000 habitants si l'on considère les trois foyers coalescents organisés autour de Saint-Just-Saint-Rambert, Saint-Etienne et Saint-Chamond. Cette masse démographique ne doit toutefois pas faire illu-

Évolution des versants au nord de Clermont (de janvier 1936 à aujourd'hui) : les vignes entre Montjuzet, Chanturgue et les Côtes ont laissé la place aux immeubles collectifs et aux constructions individuelles, voire aux friches sur les sommets

Clermont-Ferrand, vue vers le sud

sion. Tant par son développement anarchique produit des étapes successives de la constitution d'une « ville usine » née de la révolution industrielle et d'un site difficile, que par la proximité du géant lyonnais, à une soixantaine de kilomètres, l'agglomération stéphanoise ne parvient guère à s'affirmer sur les marges orientales du massif. Elle appartient en réalité à un réseau urbain extérieur à ce dernier et son emprise directe se limite finalement au sud de la Loire, à l'est de la Haute-Loire, voire au nord de l'Ardèche ; elle apparaît bien davantage comme un simple relais de Lyon que comme une véritable métropole du Massif central. A cela, il faut encore ajouter que, bien que dotée d'une université et de nouveaux espaces technopolitains, fruit des efforts de reconversion industrielle entamés depuis les années 1970, et engagé dans une importante politique de rénovation urbaine, le pôle stéphanois perd des habitants, peine à effacer l'image de « pays noir » héritée du XIXe siècle et à acquérir une véritable dimension métropolitaine.

• Occupant une position plus centrale au sein du couloir limagnais, l'agglomération clermontoise (350 000 habitants), à la tête de la vaste région urbaine du Val d'Allier (500 000 habitants de Brioude à Vichy), semble en mesure d'afficher de légitimes ambitions à l'échelle du Massif central. Ville du bas pays à l'empreinte déjà méridionale au sein de son environnement montagnard, Clermont est un peu une cité du paradoxe. Modeste ville marché jusqu'à la fin du XIXe siècle, se contentant d'exploiter sa position de carrefour, la vieille cité arverne va connaître, avec la saga industrielle de la firme Michelin le destin d'une véritable ville champignon. Michelin et Clermont expérimentent, pendant plus d'une soixantaine d'années, une croissance parallèle. Représentant jusqu'à trente mille emplois à la fin des années 1970 dans l'agglomération, le leader mondial du pneumatique va modeler l'expansion urbaine et orienter l'expansion économique. Cette promotion au rang de métropole du caoutchouc a non seulement modifié mais également créé de toutes pièces un tissu urbain qui n'avait jusque-là guère débordé des limites de la ville moderne. De l'entre-deux-guerres au lendemain de la Deuxième Guerre mondiale,

usines et cités ouvrières sortent de terre à un rythme accéléré et scellent spatialement l'union de Clermont et de Montferrand. Cette métamorphose confère à Clermont les allures d'une cité nordiste égarée en Auvergne mais lui permet également d'acquérir une assise régionale inédite. Son rayonnement déborde désormais le cadre étroit de la Basse-Auvergne, situation que viennent consacrer successivement l'accession aux rangs de capitale régionale puis de métropole assimilée en 1970. Progressivement, Clermont affirme son rôle de commandement et, engagée dans un processus de métropolisation, modifie son image. La ville voit ses services administratifs s'étoffer et l'université se développer rapidement (40 000 étudiants avec les grandes écoles). Cette diversification de ses fonctions lui permet de palier le recul de l'emploi industriel lié à la réduction des activités clermontoises de fabrication de Michelin (treize mille emplois aujourd'hui). Unissant la Limagne au Bourbonnais, le Val d'Allier, dominé par Clermont, s'affirme comme le principe organisateur de la région. Longtemps handicapée par la médiocrité de ses liaisons vers le Nord et le Midi, Clermont voit aujourd'hui progressivement s'achever le carrefour autoroutier que constituent l'A71 vers la capitale, l'A72 Clermont–Saint-Etienne, l'A75 en direction de Béziers et désormais l'A89 jusqu'à Bordeaux. Encore incomplet en l'absence de toute ligne TGV, le réseau de transport s'est toutefois considérablement étoffé et l'on ne peut plus désormais évoquer un quelconque enclavement de la capitale régionale. Dix-neuvième aire urbaine française avec près de 400 000 habitants, la métropole clermontoise domine l'Auvergne administrative à l'exception de l'extrême sud-ouest du Cantal sensible aux appels de Toulouse, et de l'Yssingelais au nord-est de la Haute-Loire entraîné dans l'orbite du foyer lyonnais par l'intermédiaire de son relais stéphanois ; par contre, elle étend même son emprise sur l'est de la Creuse et de la Corrèze, le sud du Berry, le Nivernais ainsi que sur la partie septentrionale de la Lozère jusqu'au Lot. Cette polarisation clermontoise s'exerce toutefois dans des conditions sensiblement différentes. Au nord de la région, le rayonnement de la métropole s'insère dans un réseau dense

Bellac : exemple de petite ville qui contrôle la Basse-Marche

et hiérarchisé. De Vichy à Issoire et à Thiers, les migrations alternantes convergent vers Clermont, plus loin, Montluçon et Moulins constituent des relais de l'influence clermontoise. Au sud, les difficultés de circulation, la modestie des centres urbains ont pour conséquence de diluer l'influence clermontoise au sein de régions rurales de plus faible densité. Cette situation accorde à des centres urbains isolés (Le Puy tiraillé entre les visées clermontoises et stéphanoises, Aurillac) un rôle plus important ainsi qu'une relative autonomie. Au-delà des limites administratives de l'Auvergne, l'hégémonie clermontoise s'efface là où s'affirment des pôles régionaux actifs (Rodez, Millau, Cahors) ou des métropoles extérieures (Toulouse, Montpellier). En dépit de sa position centrale et de la présence de différents organismes et services d'envergure supra-régionale (par exemple, les sièges du Comité de Massif, de l'UCCIMAC – Union des Chambres de Commerce et d'Industrie du Massif central – ou de l'APAMAC – Association de Promotion des Artisans du Massif central), Clermont ne peut donc prétendre jouer le rôle de métropole à l'échelle de tout le Massif central. En outre, les positions de Limoges et de Saint-Étienne s'opposent à toute hégémonie et l'hypothèse d'une double tête née de l'association Limoges-Clermont ne tient pas compte de l'absence de complémentarité entre les deux agglomérations et des insuffisantes liaisons ferroviaires voire autoroutières, puisque la nouvelle A89 relie fort maladroitement les deux métropoles. Malgré sa croissance confirmée entre 1999 et 2004, Clermont n'a pas le poids des métropoles périphériques, tel Toulouse, Montpellier ou surtout Lyon, et en dernière analyse, on est seulement porté à souhaiter le renforcement de son poids sur les villes moyennes et l'affirmation de quelques fonctions supérieures comme la logistique ou la recherche autour de vraies directions (mécanique, santé, agroalimentaire et développement des territoires). Mais ce choix de décision est politique et se heurte à la réalité présente du renforcement de Paris et de Lyon. Il suppose aussi de définir une aire d'intervention territoriale et de resserrer les liens qui unissent Clermont au Massif central. Le pari

est difficile car le rayonnement de l'agglomération présente un indiscutable glissement vers le nord, des hautes terres vers le bas pays. Ne vaut-il pas mieux alors raisonner sur un « espace central » comprenant aussi une partie des régions méridionales du Bassin parisien ?

On retiendra donc en toute logique l'absence d'une métropole polarisant le territoire d'un massif morcelé entre plusieurs réseaux urbains n'entretenant que peu de relations entre eux et tiraillé sur ses marges par les forces centrifuges. Ce constat invite à revoir les politiques d'aménagement menées jusqu'ici et les rôles dévolus aux différents échelons de la hiérarchie urbaine. Il convient en particulier de renforcer le maillage sans privilégier uniquement les grandes agglomérations. Ces dernières, souvent accusées d'être des « villes insulaires » faisant le vide autour d'elles, doivent favoriser la diffusion des innovations et du développement en direction des échelons inférieurs de la hiérarchie urbaine et de leur environnement rural. Ces campagnes ne doivent plus être considérées comme un frein, mais au contraire comme un atout qu'il convient d'exploiter. Par exemple, sur les périmètres d'étalement périurbain, dans ces espaces « interstitiels », de nouvelles organisations se dessinent. Les transferts espérés ou subis de propriété ou de droits d'usage,

La petite ville de Saint-Martin-en-Haut dans les monts du Lyonnais

la juxtaposition ou l'imbrication hybride de différentes formes d'utilisation du sol (friches, constructions, terres agricoles plus ou moins résiduelles, bois) aboutissent à des situations conflictuelles mais aussi à des innovations remarquables : nouvelle agriculture multifonctionnelle et à haute valeur ajoutée, action d'entretien de l'environnement et des paysages « verts » offerts aux citadins. On œuvre à la reconquête des marchés urbains locaux, instaurant un rapport direct avec les consommateurs citadins, en promouvant l'origine locale et la « visibilité des sites de production ». C'est donc là tout le défi de l'intégration des espaces ruraux, de la construction d'une interrelation constructive avec la ville, visant à la satisfaction réciproque de besoins et d'attentes mutuels. Les conditions sont finalement réunies pour que l'essor des capitales régionales ne soit pas synonyme de désertification des campagnes mais que, au contraire, le dynamisme des premières vienne conforter l'attractivité retrouvée des secondes. Longtemps jalouses de leurs prérogatives, les principales cités doivent également établir entre elles des liens plus étroits pour conforter leur position et établir une influence plus efficace. La question est finalement moins de savoir si Clermont doit se tourner vers Limoges ou vers Lyon au risque de n'être plus qu'un « brillant second », mais plutôt de savoir sur quelles bases et pour quels objectifs peuvent s'établir des coopérations interrégionales. Décentralisation, coopération et synergie, promotion, sont sans doute là des mots-clés pour que, au-delà des processus de concentration et d'étalement périurbain, se manifeste une métropolisation positive génératrice de nouvelles relations entre les grandes agglomérations et leur espace régional. En matière de réseau de villes et de coopération interrégionale, ce sont des organismes de dimension plus modeste qui montrent la voie. Mende, Le Puy, Rodez dans le sud du Massif central se sont ainsi associées au sein du réseau Estelle. Ce partenariat a pour objet de développer des outils communs inaccessibles isolément, d'assurer la promotion et d'élaborer un projet de développement local.

Gare de Saint-Pourçain-sur-Sioule en partie réutilisée pour un musée des miniatures

Bourgs-centres et petites villes

A une autre échelle, l'inégale urbanisation du Massif central et l'importance des espaces ruraux de faible densité posent la question de la permanence d'une trame suffisante d'infrastructures tertiaires, indispensables au maintien de la population restante et à la préservation de l'attractivité de ces territoires. Le maillage des bourgs-centres et des petites villes joue donc un rôle essentiel dans la structuration des espaces ruraux en bassin de vie, permettant la satisfaction des besoins de la population en commerces et services intermédiaires.

A un premier niveau, le bourg-centre s'impose comme le dernier rempart face à la désertification tertiaire des campagnes. Une étude conduite par le CERAMAC en 1993 avait, sur la base d'une trentaine d'équipements de second niveau (collège, médecin, pharmacien, supermarché…), dressé la carte pour l'Auvergne de ces derniers. On dénombrait alors 80 bassins de vie polarisés par ces localités finalement assez bien équipées. A l'échelle du Massif central, l'INSEE compte aujourd'hui 400 pôles de services dont 250 pour les seules zones rurales. Ces bourgs ou petites villes, dont l'influence dépasse le plus souvent les limites cantonales, polarisent un territoire plus ou moins vaste selon un certain nombre de critères. Interviennent ici la qualité de leur équipement bien sûr, mais également celui des communes rurales voisines, le degré d'accessibilité ainsi que leur isolement face à la concurrence de pôles urbains mieux pourvus. En Châtaigneraie cantalienne, les cas de Maurs et de Montsalvy illustrent bien la diversité des situations. Alors que Maurs, bourg-centre complet, rayonne fortement sur toutes les communes de son canton pour s'affirmer comme le centre incontesté d'un véritable bassin de vie, au contraire, Montsalvy à l'équipement incomplet, concurrencé par celui d'Aurillac et par certains villages-centres, n'exerce qu'une faible influence sur la plupart des communes de son canton. Le poids démographique des bassins de vie, défini par l'emprise des bourgs-centres, s'établit en moyenne autour de 3 000 à 4 000 habitants mais peut varier dans des proportions importantes selon les types d'espaces considérés et les phénomènes de concurrence. En zone périurbaine, les anciennes bourgades perdent souvent tout rayonnement et disparaissent en tant que telles. La situation est différente dans les campagnes profondes. Ainsi, en Margeride, le bourg de Saugues, bien équipé, polarise une quinzaine de communes regroupant près de cinq mille habitants. C'est ainsi le type même du bourg-centre structurant convenablement son espace, en liaison avec un isolement relatif qui limite la concurrence de villes relativement éloignées. Les dynamiques de telles localités sont donc étroitement corrélées non seulement à l'évolution du bassin de vie qu'elles animent mais également au maintien de leur attractivité comme centre tertiaire de proximité. Au cours de la période récente, si la déprise commerciale se confirme, celle-ci est en partie compensée par la stabilité des services publics (moratoires, maisons des services publics…) et la croissance des services privés en particulier sanitaires et sociaux destinés à une population vieillissante. La résistance des bourgs-centres est également

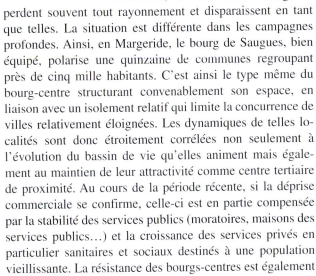

de plus en plus étroitement tributaire de l'avantage comparatif indéniable que leur procure la présence d'un ou deux équipements phares, le collège et le supermarché. Cette présence se révèle de plus en plus déterminante et induit une synergie avec les autres infrastructures tertiaires. Ainsi l'implantation d'un supermarché peut certes provoquer le déclin d'une partie du commerce local, mais elle constitue également, par son effet d'appel, l'instrument nécessaire du maintien de l'attractivité du bourg et par là-même d'une offre commerciale diversifiée.

A un niveau supérieur, les petites villes du Massif central, bien que parfois fragilisées par le déclin démographique de leur arrière-pays rural et l'évasion commerciale vers les niveaux supérieurs de la hiérarchie urbaine, jouent un rôle majeur dans l'organisation des espaces. Elles permettent l'accès des populations locales à des commerces plus rares ainsi qu'à un niveau supérieur

Thiers, ancienne coutellerie sur la Durolle et musée d'art contemporain

de services administratifs, hospitaliers et scolaires. Elles constituent parfois des foyers de développement économique avec l'aménagement de zones artisanales, industrielles et commerciales. Dans le sud du Massif central en particulier, elles tirent profit de la « renaissance » démographique (arrivée de nouvelles populations) et rayonnent dans le cadre d'un semis urbain plus lâche sur des espaces souvent très étendus et demeurés en marge de la polarisation des grands centres. A cette fonction traditionnelle de pôle de services, elles ajoutent aujourd'hui celle de pôle d'emplois dans le cadre d'une économie rurale de plus en plus tertiaire et ponctuellement industrielle, profitant d'une meilleure desserte et de transferts de services publics (antennes universitaires) et privés (professions libérales). En dépit du déclin de son activité commerciale et d'un bilan démographique qui est le reflet du vieillissement de la population, cette armature urbaine de proximité apparaît davantage associée à l'espace rural qu'elle contrôle. En Lozère, le fait urbain est tout à fait représentatif des fonctions tenues par un réseau de petites villes. Mende la préfecture de moins de quinze mille habitants mais également Langogne, Saint-Chély-d'Apcher, Marvejols de trois mille à six mille habitants, rayonnent sur de vastes territoires peu peuplés et offrent une gamme de commerces et de services tout à fait disproportionnée par rapport à leur taille. Elles constituent ainsi, en dépit de leur dimension modeste, de véritables centres pour les populations locales. De façon différente, dans les espaces périurbains, les petites villes, bien qu'en croissance et bien achalandées, n'exercent qu'une emprise partielle sur un territoire limité ; il en est ainsi de Gannat, Thiers ou Issoire. Quoi qu'il en soit, l'arrivée de populations

nouvelles, la diffusion du mode de vie urbain, une mobilité accrue des populations avec la généralisation des navettes quotidiennes, le développement de la double-activité des ménages ruraux, confèrent désormais aux petites villes un rôle moteur au sein de l'espace rural. Par cette complémentarité renouvelée, elles constituent en fait un pilier essentiel des nouvelles dynamiques qui animent les campagnes. Au-delà du simple maintien de l'infrastructure tertiaire pour les populations locales, elles s'affirment, à travers leur offre de services, d'activités culturelles et d'emplois, comme un élément essentiel de l'attractivité résidentielle des territoires ruraux. En outre, le développement de formes multiples d'intercommunalité renforce ces bourgs ou petites villes, à l'échelle de leur bassin de vie ou d'emplois. L'essentiel du Massif est désormais concerné, à l'exception de rares espaces (Aubrac, Margeride, Combrailles, secteurs entre Allier, Saône-et-Loire et Nièvre ou entre Corrèze et Cantal) pour lesquels la situation de confins départementaux comme les résistances politiques de la part de certains élus, ont certainement freiné le mouvement. De même, les villes moyennes exercent de plus en plus de pouvoirs de commandement sur leurs « pays », comme nous le verrons dans le chapitre suivant et certaines aires métropolitaines sont structurées en communautés d'agglomération, plus ou moins étendues : Moulins, Montluçon, Limoges, Clermont, Vichy, Brive, Aurillac, Le Puy, Rodez, Castres-Mazamet, Alès, Saint-Étienne, Montbrison (Loire-Forez) et Roanne.

La mobilité des populations, les mutations sociologiques et économiques transforment profondément l'organisation de l'espace du Massif central. L'essor d'une périurbanisation, de plus en plus étalée et diffuse depuis les grandes agglomérations, l'effet d'induction sur l'espace rural exercé par des petites villes attractives, sont autant de témoignages d'une réelle recomposition des rapports ville-campagne. Plus que la gestion de l'existant, les politiques de développement doivent désormais prendre en compte l'émergence de nouveaux territoires fonctionnels qui dépassent l'ancien clivage villes-campagnes et transcendent les limites administratives. Une intercommunalité de projet, dans le cadre de « pays », traduisant ces nouvelles solidarités, doit accompagner et conforter les dynamiques qui se font jour. Original par les caractéristiques de sa trame urbaine, ses faibles densités, sa ruralité redevenue attractive, le Massif central, espace des « villes à la campagne », apparaît comme un véritable laboratoire et une terre d'innovations pour repenser l'articulation entre le fait urbain et l'espace rural.

Chapitre 8

LA REVANCHE DES « PAYS »

Laurent Rieutort

Dans le Massif central, l'innovation, passe aussi par le mouvement actuel de recomposition territoriale et de révision des découpages administratifs souvent obsolètes. Or, nos hautes terres ne sont pas en retard dans ce processus et la mise en place de nouvelles intercommunalités révèle de multiples initiatives qui participent d'une logique de développement local, en créant des espaces pertinents d'action et d'aménagement et en bousculant parfois traditions et réseaux de pouvoir.

Une rénovation territoriale

Dans cette véritable « mutation » de l'intercommunalité qui est l'occasion de faire remonter des initiatives locales et de mobiliser un territoire, nous insisterons surtout sur la naissance des « pays » issus des lois de 1995 et 1999, et qui tentent d'associer villes et espaces ruraux dans une nouvelle dynamique fondée sur une démarche de projet. Un pays est en effet un territoire dit de projet, caractérisé par une « cohésion géographique, économique, culturelle ou sociale » ; un lieu d'action collective qui fédère des communes, des intercommunalités, des organismes socioprofessionnels, des entreprises, des associations... autour d'un projet commun de développement ; le pays peut prendre la forme juridique d'une association, d'un syndicat mixte, d'un groupement d'intérêt public ou d'un Etablissement Public de Coopération Intercommunale (EPCI à fiscalité propre ou non). Il apparaît de plus en plus comme un niveau privilégié de partenariat et de contractualisation, encouragé par les régions, l'État et l'Europe, même si le concept reste flou (pas de compétence obligatoire, des moyens limités). L'action des Parcs Naturels Régionaux (PNR) relève d'une logique proche tout en concourant à la politique de protection et de valorisation des paysages, du patrimoine naturel et culturel. Le projet commun est défini par une charte qui détermine pour le territoire du parc les orientations de protection, de mise en valeur et de développement et les mesures permettant de les mettre en œuvre. Aujourd'hui le bilan de ces actions dans la définition et la gestion des territoires est difficile à élaborer car le chantier reste ouvert. Notons toutefois que cette « révolution tranquille » touche désormais l'essentiel du Massif avec une cinquantaine de « pays » en projet

ou reconnus, même si certains découpages fondés sur des préoccupations purement politiques peuvent être l'objet de critiques car ils négligent des réalités sociales et économiques, ne reposent guère sur des pôles urbains suffisamment actifs ou ignorent des réseaux existants aptes à s'affranchir des limites départementales ou régionales. Tout au plus peut-on noter les retards de l'Allier, de la Lozère et des franges lyonnaises ou stéphanoises. Au total, on revient à la notion classique de régions des géographes et l'organisation territoriale du Massif central peut largement se résumer à quelques dispositifs simples :

• De véritables « pays », de taille très différentes, organisés par une ville petite ou moyenne, sans que le cadre naturel et notamment le relief ne jouent un rôle capital ; dans ces cas-là, s'impose souvent un dispositif vacuolaire ; les périphéries à basses densités étant davantage délaissées, même si le déclin démographique n'est pas toujours synonyme d'abandon, de pauvreté, voire d'archaïsme.

• Des territoires d'aménagement (type Parc Naturel Régional) se traduisant par un certain type de mise en valeur et par des projets de développement communs, parfois à cheval sur plusieurs départements ou massifs montagneux, mais sans véritable unité humaine ou paysagère.

• De vastes aires urbaines, vivifiées par les dynamiques métropolitaines qui dessinent des réseaux élargis et une structure centre-périphérie avec un fort gradient de décroissance vers les marges (densités et jeunesse de la population, diversification fonctionnelle) et des difficultés pour constituer des « pays ».

• De traditionnelles petites « régions » correspondant à une unité physique, de temps à autre dominées par un bourg-centre, voire par une petite ville ; mais on est fréquemment loin de toute unité historique ancienne ou d'une quelconque cellule administrative actuelle.

L'ouest : des petits pays innovants

A l'ouest des massifs volcaniques d'Auvergne, la topographie de plateaux domine avec de vastes surfaces inclinées vers les plaines du Centre-Ouest et du Sud-Ouest.

Lac de Vassivière en haut Limousin

Mais ces espaces ne sont pas monotones. Les vallées en gorge, l'étagement des formes d'est en ouest, le substratum tantôt granitique ou schisteux, tantôt calcaire, introduisent une grande variété dans les paysages. Ces territoires ont longtemps profité de complémentarités régionales avec le Périgord, la Charente ou les pays aquitains, mais la dissolution de celles-ci, la faible urbanisation globale et le dépeuplement des campagnes ont fragilisé l'ensemble, notamment dans sa partie limousine. Aujourd'hui, l'organisation territoriale repose sur de multiples petits pays polarisés par des agglomérations de taille variable ; seuls deux parcs naturels régionaux créés tardivement et sur des espaces emblématiques (Montagne limousine, Causses du Quercy), participent à la structuration de l'espace.

• **Les plateaux limousins** se décomposent en plusieurs ensembles.

La **Montagne**, secteur le plus élevé entre 700 et 980 m, est englobée dans un Parc naturel régional après de multiples atermoiements. Il faut dire que ce pays froid et encombré de vallons tourbeux est fortement dépeuplé. La mise en valeur traditionnelle était de type agropastoral : chaque village ouvrait dans la lande une clairière de champs de céréales, la lande à bruyères servant de pacage collectif

pour les moutons. On migrait également vers les villes, à Paris notamment. Avec la déprise, les communaux ont été partagés et souvent plantés en résineux, sur le modèle des initiatives pionnières de Marius Vazeilles ; la population vieillie et les dernières exploitations ont du mal à tenir ouverts les îlots de prés et pacages, évoluant vers des formes d'élevage extensif (ovins ou bovins allaitants) mais assez bien valorisées par les coopératives (labels, filières d'exportation). Les acteurs du plateau de Millevaches ont multiplié les tentatives pour promouvoir ces territoires, aménager le foncier, valoriser le patrimoine, attirer quelques néo-ruraux et diversifier les activités (tourisme autour du lac de Vassivière, petits fruits, cueillette des champignons et travail en forêt).

Ces hautes terres dominent nettement **les pays du sud creusois ou la haute Corrèze** ; il s'agit là de moyens plateaux ceinturés de villes-marchés, aux activités artisanales traditionnelles enrichies récemment par les fonctions administratives ou scolaires, voire industrielles. Telle est la situation d'Aubusson, Pontarion, Bourganeuf, Peyrat-le-Château, Eymoutiers, Corrèze, Égletons, Meymac, Ussel ou Eygurande. Dans le centre-sud de la Corrèze, vers 600 m d'altitude, les herbages bocagers alternent avec des bosquets de

Lac des Oussines sur le plateau de Millevaches

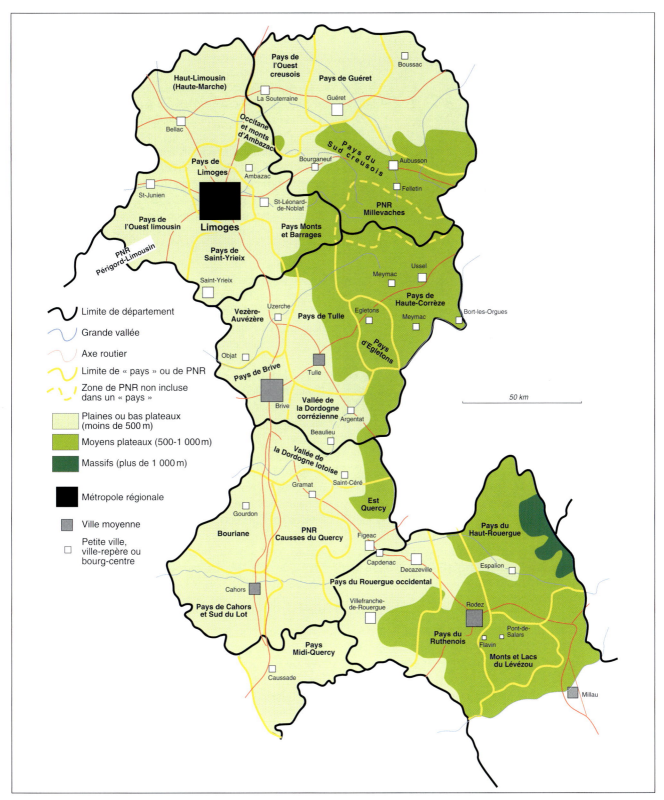

Fig. 30 – Pays et organisation de l'espace dans l'ouest du Massif central

hêtres et de bouleaux. L'élevage des bêtes pour l'exportation ou la boucherie (veaux de lait, agneaux) s'impose (atelier de surgelés Charal à Égletons par exemple). La population est clairsemée, malgré les traditions de petite industrie à domicile. **Égletons** (4 000 hab.) et **Ussel** (11 000 hab.), désormais bien desservies par l'autoroute, tirent leur épingle du jeu avec une grosse fonction scolaire (dont une spécialité dans les travaux publics et le génie civil pour la première), et le contrôle de petits pays assez autonomes par rapport à Limoges. À Meymac, on compte sur le travail du bois ou des plastiques et sur la pharmacie avec une grosse unité du groupe Bristol-Myers-Squibb. De même, la sous-préfecture est

Bellac et ses tanneries

devenue un pôle industriel (métallurgie, transformation du bois avec Isoroy, pharmacie Fabre) soutenu par Jacques Chirac, qui fut député de la circonscription de 1967 à 1995. Le **pays de Tulle** est également peu étendu. Il faut dire que la préfecture subit la concurrence de Brive et reste dépendante de la Manufacture d'armes (groupe Giat), malgré une certaine diversification dans l'industrie (équipement automobile avec BorgWarner, imprimerie) et les services (y compris culturels). Implantée sur un site difficile de fond de vallée, la ville a réhabilité son centre ancien et doit continuer à s'étendre sur le plateau (Naves) en profitant de l'ouverture autoroutière, même si elle n'atteint plus les vingt mille habitants. De son côté, le sud creusois est animé par Felletin (école du bâtiment) et surtout par Aubusson (4 600 hab.), ville connue pour ses ateliers de tapisserie (musée, École nationale des arts décoratifs), partiellement renouvelés par Lurçat et Gromaire, auxquels s'ajoutent la construction électrique ou le matériel de cuisine.

La **haute Marche** étale au nord-est ses plateaux herbagers vers 450-700 m, cloisonnés par quelques haies et murettes de pierres sèches : pays de polyculture-élevage, au sein de petites fermes mal spécialisées d'où partaient autrefois les maçons et tailleurs de pierre. Aujourd'hui, aux côtés des élevages à viande (transition entre l'aire charolaise et limousine), on maintient une petite production laitière au nord-est. Tout s'organise dans l'axe de la Route Centre-Europe-Atlantique, autour des deux **pays de Guéret** à l'est et de **La Souterraine** à l'ouest. La première cité profite de ses fonctions administratives, commerciales et d'un nou-

veau pôle d'excellence autour de la « domotique », qui lui valent moins de 15 000 habitants alors que la seconde dépasse 5 300 habitants avec un peu de construction mécanique et des établissements scolaires (métiers de l'eau).

La **Basse-Marche** assemble les bas-plateaux du nord-ouest, étagés depuis les monts de Blond jusqu'au Montmorillonnais à moins de 250 m, dans un paysage de bocage altéré. Terre de grands domaines à fermiers, précocement spécialisés dans l'élevage ovin de plein air, la Basse-Marche tente de diversifier ses systèmes agricoles (viande bovine avec l'appui d'industriels privés, cultures). Vers 1950, on avait fondé de gros espoirs sur l'uranium dont des gisements avaient été reconnus, puis exploités autour de Bessines. Mais le cycle s'est récemment achevé et ne laisse que des sites à réhabiliter. Le pays est contrôlé par Bellac (5 700 hab.), très peu industrialisée mais offrant un bon niveau de services et qui mise sur le développement culturel (festival Jean Giraudoux).

Le **pays de Limoges**, au cœur du haut Limousin sur les deux rives de la Vienne moyenne, déborde vers les monts d'Ambazac au nord. C'est un ensemble de plateaux accidentés, largement bocagers et fondés autrefois sur des élevages diversifiés, en partie destinés au marché parisien ou lyonnais : veaux de lait ou « de Saint-Yrieix », bœufs et génisses, moutons d'engrais, porcs blancs. C'est là où sont nées les grandes transformations de l'agriculture limousine au XIXᵉ siècle. Les systèmes se sont simplifiés et fournissent broutards et taurillons aux côtés de quelques ovins (Pierre-Buffière) ou vergers de pommiers (Nieul, Ambazac) ; ils restent plus intensifs au sud et à l'est de Limoges, vers Saint-Léonard-de-Noblat, parfois en association avec la filière bois (**pays Monts et Barrages**). Capitale régionale, la grande agglomération de Limoges rassemble plus de 200 000 habitants, soit plus du quart de la population du Limousin. L'aire urbaine qui s'étend largement vers le sud pour atteindre 250 000 personnes, est un des rares môles de croissance démographique de toute la région. Bien placée dans l'axe de la vallée de la Vienne et sur d'anciennes voies de circulation, c'est d'abord une petite ville-marché, illustrée par la dynastie des maîtres émailleurs aux XVᵉ et XVIᵉ siècles, avant de s'affirmer comme cité de la porcelaine dès 1771, suscitant les aménagements urbains des intendants. Grâce à l'industrie et bien avant Clermont, elle atteint 30 000 habitants vers 1840 et profite de l'arrivée du chemin de fer (autour de la nouvelle gare des Bénédictins et d'un quartier moderne plus aéré), puis d'une diversification dans le textile et les chaussures. On est à 95 000 habitants en 1936 dans une grande cité sans banlieue où s'affirme le mouvement ouvrier et coopératif. Mais les difficultés économiques des années 1930 et l'atonie démographique des campagnes proches stoppent la croissance. Un nouvel essor s'opère seulement dans les années 1960 avec l'accentuation de son caractère de métropole et une reconversion réussie. Bien équipée, la capitale régionale est d'abord une cité administrative, bancaire (Tanneaud, filiale de la Société Générale) et commerciale, revalorisée par son centre hospitalier universitaire réputé, son université (créée en 1968) qui atteint les 20 000 étudiants et le développement d'un secteur culturel. Le transfert du CNASEA (Centre National de l'Aménagement des Structures et Exploitation Agricole) confirme ses liens avec le monde rural. Sur le plan industriel, même si bon nombre d'initiatives sont extérieures, la ville associe le travail traditionnel du cuir et du bois, à la porcelaine de haute qualité (Bernardaud) et émaillerie d'art. Mais on est parvenu à se diversifier vers la céramique industrielle à usages électriques (groupe multinational Legrand qui garde 2 500 emplois) et les constructions mécaniques (Valéo, Renault Trucks), l'agroalimentaire (Covilim, Madrange à Feytiat), la chimie (pharmacie avec Boiron) et l'imprimerie. L'agglomération, longtemps limitée aux versants de la vallée de la Vienne, s'étend sur les plateaux, surtout à l'ouest et au nord avec des quartiers résidentiels et industriels (l'Aurence, Le Roussillon, Beaubreuil). Le technopôle Ester as-

Gare des Bénédictins à Limoges

socié à une école d'ingénieurs est venu se greffer sur les deux zones d'activité situées au nord et au sud, à proximité de l'autoroute.

A l'ouest de Limoges, la **Châtaigneraie limousine**, dont une partie est intégrée au jeune parc du Périgord-Limousin créé en 1998, se présente sous la forme de plateaux découpés, longtemps mal desservis et portant des forêts qui autrefois faisaient vivre les « feuillardiers » travaillant le bois de

Technopôle Ester à Limoges

châtaignier et de chêne pour la tonnellerie et le vignoble bordelais. La spécialisation vers l'élevage semi-intensif, y compris porcin, s'est affermie et les vergers se sont répandus autour de Lubersac, Ayen, Juillac, Vigeois et Saint-Yrieix. Vie urbaine et pays s'organisent autour de **Saint-Junien** (11 000 hab.) dont les activités héritées résistent (tanneries et ganterie, papeteries dont celle de Saillat-sur-Vienne détenue par International Paper SA, agroalimentaire), de

Saint-Yrieix-la-Perche au centre (7 500 hab.) et d'Uzerche (3 000 hab.) au sud ; cette dernière cité profite du groupe papetier irlandais Smurfit, tout en étant relayée par Pompadour (siège de haras et du groupe Sicame, leader pour l'appareillage électrique) ou surtout Objat, en pleine croissance aux portes du bassin de Brive dans le pays « **Vézère-Auvezère** ». Saint-Yrieix reste une manière de petite capitale qui possède un bon équipement en commerces ou en services (hôpital, théâtre et médiathèque) et garde ses industries (porcelaine, bois, agroalimentaire, appareillage électrique, imprimerie). En croissance, elle est le vrai centre pour le sud de la Haute-Vienne, mais aussi pour la Dordogne limousine et les marges des plateaux corréziens.

• Aux confins du Cantal et du Lot, la **vallée de la Dordogne** creuse des gorges dont les flancs sont couverts de bois mal exploités. Elle s'élargit à l'aval vers **Argentat**, petite ville de 3 000 habitants qui contrôle ces campagnes corréziennes plus riantes (céréales, noyers, cerisiers) et qui commerce avec le Quercy. A l'est, la Xaintrie est une originale contrée en rive gauche de la Dordogne, à cheval sur la Corrèze et le Cantal, moins dépeuplée et qui voit alterner forêts et prairies d'élevage. La ville la plus proche est Bort (3 500 hab.), plus industrielle (confection de luxe, produits alimentaires), mais qui tire profit d'un site étonnant (orgues phonolithiques, barrage et centrale hydroélectrique, lac artificiel) pour développer le tourisme (école de voile). L'axe de la Dordogne et de la Cère structure aussi un petit pays allongé au nord du Quercy et englobant le causse Martel. Cette bordure des plateaux quercynois, ouverte par de larges « rivières » est un « bon pays », bien placé entre le versant limousin, terre à châtaigniers et à

Vallée du Célé et ses cultures diversifiées

gros bétail, et le Causse, terre à blé et à moutons. D'où les succès des foires et les expéditions de bêtes sur pied ou de viande depuis les gares de Biars ou Vayrac. Classiquement, la petite paysannerie associait la polyculture (céréales, arbres fruitiers au premier rang desquels se plaçait le noyer) et l'engraissement des veaux, porcs ou agneaux sur de bonnes prairies. Le tout reposait sur une solide organisation commerciale, la présence de maquignons et autres bouchers-expéditeurs. Le bassin de Saint-Céré est au cœur du dispositif, bien que la petite ville (4 500 hab.) soit dans une position excentrée par rapport au tracé de la Dordogne et sans contact direct avec le chemin de fer. Après avoir souffert de cette situation, la cité a été vivifiée par la proximité de l'entreprise Andros et par ses fonctions tertiaires et touristiques (musée Lurçat). Sur un plateau qui détient encore plus de 25 000 brebis, Martel n'est qu'un marché agricole (truffes, noix, conserveries) qui vit dans l'ombre de Brive et Souillac. Cette dernière, au sud du Causse, est mieux placée près de la Dordogne et de la voie ferrée. Les eaux de la Borrèze permettaient autrefois tanneries et fonderies. Aujourd'hui, les conserveries, la mécanique (Pivaudran) ont heureusement renouvelé le tissu industriel et Souillac (3 700 hab.) polarise l'ouest du pays de la Dordogne lotoise (33 000 hab.).

• Avec plus de 80 000 habitants, le pays de Brive, déjà aquitain par son climat abrité et sa basse altitude, correspond à une dépression gréseuse entre le Massif central et les causses qui le dominent par une ligne de coteaux. L'activité agricole est traditionnellement orientée vers l'élevage et les filières légumières et fruitières (noyers, cerisiers, pêchers, pruniers), avec de petites exploitations inégalement modernisées et plusieurs conserveries, confitureries ou fabriques de liqueurs. La ville, qui dépasse 75 000 habitants, est un important carrefour autoroutier et ferroviaire, valorisant bien sa situation par un très ancien marché agricole, à la croisée du Limousin, du Périgord et du Quercy. Elle tente de conforter son attractivité par l'aménagement de l'aéroport de Brive-Souillac sur lequel se greffe une zone d'activité. Cité

agréable, largement réhabilitée et possédant un bon équipement tertiaire (hôpital, enseignement avec un petit centre universitaire, culture liée à la foire du livre), elle commande le nord du Lot et l'est de la Dordogne, beaucoup plus que la bordure du Massif central du fait de la concurrence de Tulle et Limoges. C'est aussi un centre d'industries récentes (agroalimentaire avec Blédina, cosmétiques Sothys, électronique avec le britannique Photonis qui aligne 1 200 emplois, construction mécanique) au cœur d'un bassin d'emplois que tente de structurer une communauté d'agglomération. Le bilan démographique est positif, avec un accroissement périphérique et une population qui s'est renouvelée.

• Alors qu'il relève géologiquement du Bassin aquitain, le **Quercy** a été officiellement rattaché au Massif central par la DATAR. Il faut dire que les transitions sont souvent insensibles, en dehors de la dépression discontinue qui court de Brive à Villefranche-de-Rouergue. Bien souvent, les plateaux se prolongent et les causses pierreux du Lot ne sont pas sans rappeler les Grands Causses méridionaux, même s'ils sont moins âpres et plus ouverts par de larges vallées. À l'exception de la bordure orientale, on a renoué avec la croissance de la population, notamment grâce au solde migratoire.

Le **pays de l'est Quercy** (30 000 hab.) colle assez à la petite région naturelle de Limargue, bassin aux terres humides argilo-calcaires, situé le long de la Bave et élargi autour de Figeac à seulement 150 m d'altitude. Terre bocagère, où l'on finissait et négociait les bêtes de labour produites par les hautes terres cantaliennes ou limousines, le pays est aujourd'hui un petite bassin laitier, assez intensif (secteur de Lacapelle-Marival), malgré la progression des vaches allaitantes (Latronquière). Sous-préfecture du Lot, Figeac se maintient bien (10 000 hab.) grâce à des fonctions traditionnelles (marché agricole, services scolaire et hospitalier) épaulées par l'essor de la construction mécanique issue de la décentralisation industrielle (aéronautique avec Ratier) et par son attrait touristique. Vers le sud, la vieille cité perchée de Capdenac (5 600 hab.) s'était doublée de nouveaux faubourgs à l'emplacement d'un nœud ferroviaire et des industries associées (agroalimentaire, travail du bois). Mais, un temps concurrencée, Figeac s'est mieux diversifiée et Capdenac a perdu son dépôt SNCF.

Les plateaux karstiques des **Causses**, accidentés de vallées sèches (« combes »), de dolines (« cloups ») et d'avens (« igues »), ne furent jamais de bons pays agricoles. La mise en culture y fut pourtant poussée (d'où les innombrables pierriers ou « cayrous »), l'extension des prairies artificielles précoce, même si le paysage des médiocres taillis de chênes truffiers, de landes à genévriers, domine très largement. La spécialisation vers l'élevage ovin pour la viande (près de 150 000 têtes entre les causses de Gramat et de Limogne) s'est affirmée dans les années 1960, à partir de solides traditions, de négociants avisés et de moutonniers dynamiques, largement regroupés en coopératives. La reconquête des terres caussenardes abandonnées après des décennies d'exode rural s'opère au même moment, avec débroussaillage, mise en culture, installation de clôtures. L'engraissement des agneaux du « rayon » de Roquefort à destination du marché parisien a laissé la place dans les années 1980 à une filière de qualité, bénéficiant d'un label rouge dont le poids régional et national n'a cessé de s'accroître. De même, dans des pays touristiques où l'art de la gastronomie est incontestable, d'autres productions ont suivi sur cette voie de l'identification : vins, foies gras et même fromages de chèvres avec l'AOC du « cabécou » de Rocamadour. Un Parc naturel régional, créé en 1999 sur une centaine de communes, vient conforter cette nouvelle dynamique, associée

Causse de Gramat

au tourisme et à l'accueil de résidents, y compris étrangers. Il faut dire que les sites remarquables ne manquent pas : village médiéval de Saint-Cirq-Lapopie, gouffre de Padirac, cité haut perchée de Rocamadour. Par contre, les densités demeurent faibles et la vie urbaine reste limitée à de grosses bourgades rajeunies comme Gramat (3 500 hab.), obligeant à recourir à Cahors.

De fait, le **pays de Cahors** couvre tout le centre-sud du Lot, alignant plus de 50 000 habitants. La vallée à méandres crée un ruban de plaines bien mises en valeur (prés, champs de céréales ou de tabac, vergers, vigne) que ferme le rebord plus ou moins continu des plateaux. Les petites exploitations se sont adaptées, pratiquant l'irrigation par aspersion en été. Mais c'est surtout la renaissance du vignoble qui attire l'attention. Historiquement, les versants ensoleillés des Causses de la région participaient à la production de vins rouges réputés, recherchés par les négociants bordelais, avant que le phylloxera ne détruise une grande partie des ceps, gagnés par la friche (440 ha en 1970). La reconquête, impulsée largement par la cave de Parnac remonte aux années 1970, et contribue à la replantation de plusieurs milliers d'hectares (total de 4 300 ha avec les cépages cot, tannat, merlot). L'obtention de l'AOC en 1971 sur quarante-cinq communes vient conforter cette démarche, même si l'on cherche aujourd'hui à mieux hiérarchiser cette aire de production toujours dominée par la coopérative des Côtes d'Olt (40 % de la vinification). En outre, les beaux villages qui suivent la rivière gardent un prestige touristique et les hébergements se sont multipliés. Les densités actuelles sont fortes, avec des files de hameaux et de constructions périur-

Rocamadour, haut-lieu touristique

Cahors et le pont Valentré

baines aux portes de Cahors (23 000 hab. dans l'agglomération). Actuel chef-lieu du département, celle-ci fut une capitale antique, occupant un remarquable site de place-forte sur un méandre de la rivière. Pourtant, jusqu'au XIXᵉ siècle, elle ne s'étendit pas au-delà du périmètre des fortifications médiévales malgré son importante activité commerciale et financière liée à la voie navigable et à sa situation sur la route Lyon-Bordeaux avec tous les échanges que symbolise le pont Valentré. L'ouverture de la voie ferrée Paris-Toulouse, au milieu du XIXᵉ siècle, vint encore la conforter, même si l'activité textile s'effondrait. Un nouveau quartier naissait près de la gare aux côtés du « Vieux Cahors » ceinturé de boulevards. Mais, sans réelle diversification industrielle et dans un site encaissé devenu difficile à desservir et aménager, la cité s'endormit, devenant le prototype de la ville-marché et de fonctionnaires. Le rebond est associé à la renaissance du vignoble, à une diffusion industrielle (câblage et appareillage électrique) et à l'amélioration de l'équipement tertiaire. Ayant fait d'énormes efforts dans les domaines les plus divers - culture, hôtellerie et restauration en lien avec le tourisme - la ville est devenue très agréable à vivre, avec un centre bien réhabilité autour de la cathédrale Saint-Étienne. Le solde migratoire est fortement positif mais l'on craint les effets d'un contournement autoroutier par l'est. L'influence s'étend vers le sud-ouest, malgré la concurrence de Montauban et surtout de Toulouse avec laquelle les relations sont ambiguës. Au sud du Lot, ce Quercy Blanc est un bon pays, assez chaud, où dominent les céréales, les graines oléagineuses, la vigne ou les cultures légumières (melon) et fruitières. De petites bourgades comme Castelnau-de-Montratier ou Montcuq s'accrochent au bord des versants calcaires. Vers le sud, l'extrémité orientale du Tarn-et-Garonne prolonge le causse de Limogne jusqu'à la vallée de l'Aveyron plus touristique, tout en étant incluse dans le **pays de Caussade** qui regarde également vers l'axe garonnais.

A l'ouest, le **pays de Bouriane** (22 000 hab.) est une région de transition, avec des plateaux plus morcelés, mêlant une polyculture soignée et un peu d'élevage sur prairies. Gourdon en est la petite capitale perchée sur sa butte ; ville de services et d'industries agro-alimentaires, bien placée sur la voie ferrée Paris-Toulouse, elle est toutefois plus endormie que Sarlat avec seulement 5 000 habitants.

• Le sud-ouest du Massif central, entre Lot et Tarn, s'articule autour des plateaux du **Rouergue**, vieille province réunie à la Couronne par Henri IV dont les campagnes ont multiplié les métamorphoses contemporaines et profitent aujourd'hui des dynamiques de Midi-Pyrénées et notamment de Toulouse.

Dans le **haut Rouergue** dominé par l'Aubrac, le pays d'Olt sert de transition : c'est un vallon argileux, un « rougier » dominé par les premiers causses (Comtal), dans lequel le Lot s'est installé. Dans sa petite plaine et un peu isolée, Espalion est une trop discrète capitale de plus de 5 600 habitants.

En fait, vers l'ouest, les plateaux cristallins et disséqués des Ségalas (de 500 m à l'ouest à plus de 900 m à l'est) comme le vallon de Marcillac, composent un **pays de Rodez ou Ruthénois** qui atteint les 80 000 habitants. On est là dans une des régions agricoles les plus intensives du Massif central, une sorte de « petite Bretagne » où les progrès s'enchaînent depuis le XIXᵉ siècle (diffusion du chaulage et des engrais chimiques par la voie ferrée Carmaux-Rodez). Après avoir produit du seigle, des pommes de terre et des porcs, le Ségala s'oriente alors vers l'élevage intensif à base de cultures fourragères. Les innovations ultérieures (mécanisation, insémination artificielle, remembrement et arasement des haies du bocage, extension du maïs et de l'ensilage) se diffuseront tout aussi rapidement dans un milieu sociologiquement homogène, composé de jeunes issus de la JAC, participant aux coopératives ou aux premiers GAEC.

Villefranche-de-Rouergue, tourisme culturel dans la bastide

Au centre, les petites exploitations, bien encadrées par les firmes d'amont ou d'aval, s'orientent dans les années 1960-70 vers les bovins-lait, les bovins-viande (veaux de boucherie dits de Naucelle puis taurillons), les porcins, les cultures céréalières mais aussi les ovins-viande ; au sud-ouest, c'est l'élevage de brebis pour les laiteries de Roquefort qui est victorieux (secteur de Réquista). Sur les périphéries, notamment dans le rougier de Marcillac, on s'engage dans le même processus tout en conservant des cultures spéciales (vergers, petit vignoble soutenu par une coopérative). Malgré des remises en cause récentes, une démographie défaillante, une trop forte pression foncière et l'endettement, les bases agricoles restent d'autant plus solides que l'on joue la carte de la qualité (labels rouges comme pour le veau de l'Aveyron). Les densités élevées et l'intense activité des filières expliquent le dynamisme des bourgs, anciens comme Naucelle, Rieupeyroux ou créés de toute pièce comme Baraqueville ou La Primaube. Mais c'est surtout Rodez qui vit au rythme de ces campagnes et qui les féconde. L'agglomération atteint aujourd'hui les 40 000 habitants et son expansion depuis trente ans est remarquable. Dans un site perché, dominant la rivière Aveyron de 120 m, Rodez est d'abord un centre administratif et commercial ancien, dont l'équipement s'est étoffé (centre universitaire lié à Toulouse, hôpital, aéroport de Marcillac), même si les liaisons routières restent ralenties vers Toulouse ou l'A75. L'industrie y est récente et dominée par des branches dynamiques (agroalimentaire, machinisme agricole, équipement automobile et constructions mécaniques avec Bosch, meuble). Le développement d'un parc dédié à l'informatique et aux NTIC symbolise cette vitalité dans le sillage de l'agglomération toulousaine. Enfin, la fonction régionale est confortée par la constitution d'une vaste communauté d'agglomération qui englobe de grosses communes comme La Primaube au sud, Onet-le-Château, Sainte-Radegonde ou Sébazac-Concourès au nord-ouest.

A l'est, les **hauts plateaux du Lévézou** sont moins peuplés et sans ville (Flavin n'est qu'un gros village). Mais, pays de grande propriété, de grande exploitation, cette petite contrée a réussi à asseoir une agriculture rémunératrice, fondée sur le lait de brebis, sur l'élevage des bovins et les prairies temporaires ; les landes ont quasiment disparu et la forêt n'occupe que les mauvaises pentes (massif des Palanges). Le tourisme se développe autour des lacs artificiels (Pareloup, Pont-de-Salars).

Le **pays du Rouergue occidental** prolonge les Ségalas avec leur intense activité agricole notamment laitière, jusqu'à la célèbre faille de **Villefranche-de-Rouergue**. Au débouché de l'Aveyron, la ville de 12 500 habitants, est une bastide du XIe siècle, ancienne capitale de la Haute-Guyenne et lieu de foires et de marchés. Elle a connu de fortes fluctuations dans son développement : essor avec l'exploitation des mines proches et l'arrivée du chemin de fer, affirmation d'une métallurgie associée aux tanneries et aux conserveries, avant de subir la crise de ces activités et la concurrence de Rodez au XXe siècle. Aujourd'hui, bien qu'en recul, elle profite d'une nouvelle dynamique liée à l'aéronautique et aux services de qualité, ce qui lui permet de commander un pays de 70 000 habitants. Ce dernier englobe la partie aval du Lot (avec l'important site touristique de Conques) et le bassin de Decazeville. On était là dans un des rares foyers houillers du sud-ouest de la France, exploité à ciel ouvert sur le site de « La Découverte ». Née de l'essor industriel (métallurgie du zinc, chimie) de la fin du XIXe siècle, la ville inorganique a durement souffert de l'arrêt de l'exploitation et de la fermeture de plusieurs usines, perdant près de la moitié de ses 30 000 habitants des années 1960. Elle tente de rebondir dans la métallurgie de qualité et les hautes technologies.

Les « Suds » : parcs et renaisssances

Fortement relevé au sud-est, le Massif central vient ici dominer rudement la plaine du Languedoc et le Lauragais. La diversité est grande : hauts plateaux et blocs orientaux imposent un escarpement vigoureux du Vivarais aux Cévennes avec un dédale de vallées séparées par les interfluves étroits des serres, vastes plateaux des Grands Causses au centre, massifs et bassins complexes de la bordure occidentale de la Montagne noire et de l'Espinouse. Les traits communs ne sont pourtant pas absents. D'une part, le milieu climatique prend des caractères méditerranéens, notamment sur les basses pentes méridionales couvertes d'une végétation caractéristique. Mais les contrastes sont brutaux et l'on peut passer rapidement des pentes soumises à la sécheresse méditerranéenne à l'humidité atlantique. L'étagement juxtapose fréquemment de hauts plateaux boisés (hêtraies, sapinières), humides et froids, des moyens versants assez pentus, tapissés de châtaigniers en terrains siliceux entre 500 et 800 m d'altitude, et un bas piémont dominé par les chênes verts ou kermès et bientôt par les oliviers, les vergers et la vigne… D'autre part, les dynamiques humaines sont comparables : autrefois fortement peuplés, marqués par le refuge protestant, ces pays sont aujourd'hui exsangues, vidés par un exode massif au profit des plaines du Midi ou du couloir rhodanien. Toutefois, le renouveau est incontestable, lié à l'arrivée de nouvelles populations, à la diffusion de fonctions économiques, notamment dans le cadre des périmètres de parcs naturels.

• Le **haut Languedoc**, largement circonscrit dans un parc naturel régional de 145 000 ha, présente un cadre morcelé. La lourde échine de la Montagne noire et des monts de Pardailhan domine au sud la plaine de Carcassonne et les coteaux sédimentaires du Cabardès, tandis qu'elle plonge vers l'intérieur sur le sillon de Mazamet suivi par le Thoré, lui même dominé par le plateau d'Anglès. La même juxtaposition de blocs surélevés et de bassins se retrouve dans l'ensemble du Haut-Agout, décalé vers l'est, et compris entre les monts de Lacaune et ceux de l'Espinouse ; ces derniers étant entaillés par l'Orb à l'est et prolongés vers l'ouest par le Sidobre, petite enclave granitique où les blocs rocheux s'entassent en chaos. Ces massifs dépassant 1 000 m d'altitude, sont assez bien arrosés, même dans la dépression du

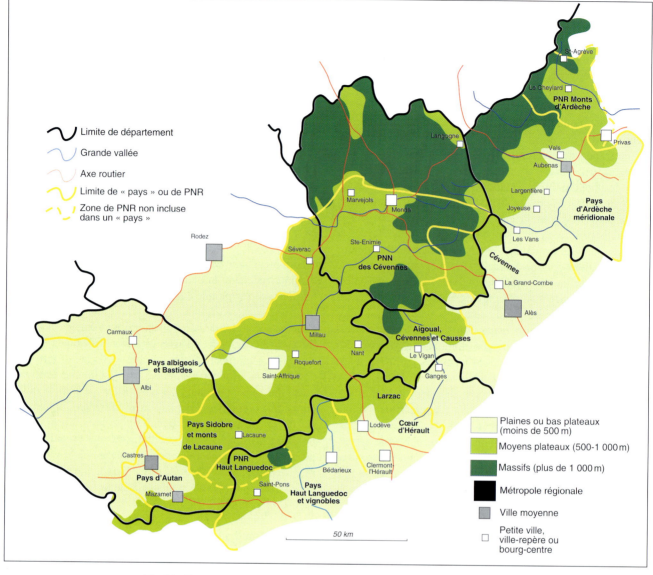

Fig. 31 - Pays et organisation de l'espace dans les « Midis » du Massif central

Thoré, avec une sécheresse estivale s'atténuant vers l'ouest et de fortes pluies de saison froide. Les plateaux ont long-temps porté une économie agropastorale pauvre, associant maigres cultures de seigle ou de pommes de terre et élevage ovin profitant des landes collectives de fougères et d'ajonc. Les migrations de travail (vendanges) et autres ressources complémentaires (artisanat textile, carrières de granit du Si-dobre, mines de Salsigne) autorisaient des densités élevées. Mais la dépopulation, amorcée vers 1846, y a été considé-rable, les terres étant en partie abandonnées – à l'image des terrasses de culture de l'Espinouse – et largement reboisées, au risque de multiplier les incendies. Seuls quelques éle-vages extensifs (ovins ou bovins-viande) se maintiennent, voire progressent comme dans les monts de Lacaune et sur le plateau de Montredon-Labessonnié où les ateliers de bre-bis laitières prospèrent avec la filière roquefort. La région bénéficie également d'un modeste développement touris-tique partiellement issu d'une vieille fréquentation estivale par les Languedociens. Ces flux profitent à Lacaune, petite ville dotée des équipements tertiaires de base et d'industries

agroalimentaires (salaisons) qui lui permettent de polariser un **pays du Sidobre-monts de Lacaune** de 18 000 âmes. Les bassins de Saint-Pons ou de La Salvetat sont également vivants, tirant avantage d'une grosse usine d'embouteillage pour le second. Si la création du PNR a conforté ces orien-tations, les sillons et bassins ont une économie plus active encore. Ils ont longtemps attiré la main-d'œuvre avec leurs vieilles industries (travail de la laine, délainage, filature et tissage) profitant de la force motrice des torrents monta-gnards et de solides relations avec les zones d'élevage de la région ou de l'hémisphère Sud. Mais dans ce secteur textile, les concurrences et difficultés n'ont pas manqué : ce bastion de Midi-Pyrénées a perdu la moitié de ses actifs en 1990 et 2001. Deux villes, portes d'entrée du parc et unies dans la même communauté d'agglomération, y sont placées : Ma-zamet (26 000 habitants) subit la crise du délainage, mais tente une diversification (mécanique avec Valéo Vision) grâce à son patronat actif, autrefois majoritairement protes-tant et dont l'influence s'étendait dans les campagnes envi-ronnantes (grande propriété foncière, orientation vers l'éle-

Rebord méridional du Larzac et vue sur les garrigues de l'Hérault

vage laitier ou la viande ovine). Castres (53 000 hab.) est mieux placée au débouché de l'Agout dans la plaine aquitaine. On joue sur des fonctions plus diversifiées (équipements commerciaux, scolaires et universitaires – IUT et école d'ingénieurs, vie culturelle et touristique, NTIC) et sur la multiplication des PME (construction de robots industriels électroniques, produits pharmaceutiques avec le groupe Pierre Fabre qui aligne 2 500 emplois et suscite toute une gamme d'activités de recherche, de transport ou d'emballage). La ville anime un « **pays d'Autan** » qui couvre une partie de la Montagne noire et recoupe le PNR, ce qui lui permet d'atteindre près de 100 000 habitants. Sur le versant sud, on rejoint le pays de Carcassonne, avec un fort mouvement de périurbanisation.

Plus à l'est et jusqu'au pied du Larzac, le relief s'abaisse avec une zone de collines intercalées entre les bassins de Bédarieux-Graissessac et de Lodève et les plaines du Biterrois. Les marchés d'échanges au contact des hautes terres ont multiplié les villes-marchés. L'ensemble, soumis aux influences méditerranéennes, relève de deux pays d'environ 50 000 habitants chacun, et dont le périmètre déborde en partie du Massif central : « **haut Languedoc et Vignobles** » pour Bédarieux (6 000 hab.), « **Larzac, cœur d'Hérault** » pour Lodève (7 000 hab.). Entre les deux petits bassins, jadis intensément mis en valeur (oliviers et vignes, prairies et vergers) mais désormais gagnés par la friche, s'intercale la coulée basaltique de l'Escandorgue située à plus de 600 m d'altitude. La concurrence de l'urbanisation et des cultures spéciales contribue au recul de l'élevage laitier pour Roquefort et on tente de relancer l'oléiculture dans une optique patrimoniale. La tradition thermale de Lamalou renaît tandis que les vieilles activités textiles de Bédarieux et Lodève ont

quasiment disparu. Les deux cités maintiennent toutefois leur rayonnement au contact des Grands Causses et du Minervois, la seconde profitant de l'arrivée de l'A75.

• A l'exception du sud du Larzac, les **Grands Causses** sont largement inclus soit dans le Parc Régional éponyme créé en 1995, soit dans le Parc National des Cévennes (Méjean). En réalité, plusieurs types de paysages s'y opposent, depuis les hauts plateaux calcaires, entaillés par les vallées en gorge, jusqu'aux vallons au contact des massifs anciens. Les Causses eux-mêmes, ou « plaines », ne sont guère uniformes : ils sont plus élevés en Lozère et très accidentés dans le détail, plus ou moins boisés et pierreux, plus ou moins fertiles au cœur des dolines. L'ensemble souffre d'une sécheresse qui n'est guère méditerranéenne, sauf dans le Larzac, mais qui est accrue par des sols perméables. Le climat est rude, froid et venté en hiver. L'économie classique est fondée sur l'élevage du mouton, mâtiné de cultures céréalières ou fourragères qui « viennent » bien au creux des dépressions (« sotchs »). L'orientation précoce vers la production de roquefort au sud a gagné, à la fin du XIXe siècle, les hautes terres lozériennes, constituant un ballon d'oxygène pour la paysannerie. L'habitat se dissémine en gros domaines isolés ou en maigres hameaux. Le tout s'est réduit à peu de chose avec l'exode torrentiel qui a vidé la région des deux tiers de sa population, parfois davantage encore. Cependant, l'impression de vide dissimule une renaissance identitaire accompagnée d'une remarquable modernisation agricole (ovins-viande ou ovins-lait) et d'un développement significatif du tourisme (fermes-auberges et autres hébergements) qui valorise des sites remarquables (aven Amand, chaos de Montpellier-le-Vieux…). Le tableau

Vignoble au contact du Languedoc vers Bédarieux

Cirque de Navacelles

viande et lait sur le Méjean, lait sur le Noir, nombreuses tentatives de diversification. En outre, de vastes espaces vidés par l'exode se sont couverts de bois à l'ouest des plateaux. La population agricole baisse inéluctablement sur le Méjean, des fermes ne trouvent plus de repreneurs et les chasses privées se multiplient. Pourtant, quelques velléités de renouveau démographique (Causse noir), un dynamisme de la société rurale, des réussites individuelles (telle la fromagerie de Hures-La-Parade en Lozère) et des tentatives de coopération intercommunale suscitent l'intérêt. De la même façon, les progrès du tourisme (auberges rurales, résidences secondaires) offrent des perspectives intéressantes même si les vallées du Tarn et de la Jonte concentrent encore l'essentiel de l'activité. Enfin, les Causses méridionaux périphériques (sud du Larzac, Causse de Blandas) se caractérisent par un déclin agricole : abandon de la spéculation ovine laitière dans le Gard ou l'Hérault, progression des grands domaines d'élevage bovin allaitant, vieillissement des producteurs... Dans de nombreuses communes, l'agriculture, et avec elle la vie locale, ont régressé jusqu'à devenir accessoires. Pourtant, les tendances socio-économiques sont contradictoires. Ainsi et alors que les densités sont basses et que le paysage est mal tenu, des néo-ruraux s'installent. De même, tandis que l'économie traditionnelle s'effondre, une diversification des activités apparaît (néo-agriculteurs, artisanat, tourisme autour de Navacelles et des résidences secondaires). Ces transformations sociologiques engendrent des conflits sur l'utilisation du sol. Par leurs fonctions ou leurs nouveaux habitants, les Causses méridio-

peut être nuancé selon les secteurs. Les paysages, les activités, voire les comportements opposent les Causses agricoles et dynamiques de l'ouest aux Causses plus pauvres de l'est. Mais, entre le nord et le sud, une coupure s'affirme également qui favorise le premier aux dépens du second. Sur les Causses actifs du nord-ouest, ceux de Sauveterre, de Séverac et du Larzac septentrional, l'agriculture et l'élevage ovin demeurent essentiels, souvent très vivants avec des progrès agricoles constants depuis plusieurs décennies. Le recul démographique et les difficultés économiques de la première moitié du siècle expliquent la progression des bois dans certains secteurs sous-exploités et plus élevés (centre du Sauveterre) mais le renouveau des années 1960 est incontestable autour du Massegros, de La Canourgue-Chanac, de Millau ou des bassins de Séverac et de Saint-Affrique. Sur le Larzac, l'affaire du camp militaire a mobilisé la population locale et permis une intensification agricole surprenante. Par ailleurs, depuis 1975, l'axe de la RN9-A75 comme les auréoles périurbaines (Mende, Marvejols, Séverac, Millau) ont enregistré une renaissance démographique, même si les fonctions industrielles ne se diffusent qu'à grand peine. Ces Causses conservent un tissu humain encore solide et les possibilités s'annoncent prometteuses dans le domaine touristique. Toutefois, malgré le rajeunissement des éleveurs, les revenus honorables, l'agriculture est trop exclusive et ne saurait maintenir l'ensemble de ses effectifs (est et nord du Sauveterre). Sur les rudes Causses du centre-est (Méjean, Noir), très peu peuplés, la vie agricole demeure essentielle. Elle est pourtant appauvrie et parfois extensive. Dans le cadre de grandes exploitations, les systèmes de production sont plus ouverts :

Causse Méjean vers Hures-la-Parade (croix du Buffre)

naux appartiennent désormais à « l'arrière-pays » languedocien et subissent une évolution mal maîtrisée liée à la proximité géographique mais aussi, peut-être, à de vieux héritages (transhumance ovine).

D'accès périlleux, les **terroirs des canyons** (Lot, Tarn, Jonte, Dourbie) ou « rivières » sont étroits, tandis que l'abandon des pentes est spectaculaire (malgré quelques modestes tentatives de reconquête paysagère). Vignes et vergers d'autrefois, parfois irrigués, se réduisent à peu de chose, mais les visiteurs sont nombreux pour se laisser conduire en barque, pratiquer les sports d'eau vive ou admirer les falaises où planent les vautours.

Les **vallons périphériques**, affouillés dans les marnes, sont mieux tenus, davantage peuplés et urbanisés. Les plus importants sont ceux de l'ouest : bassins de Séverac-le-Château, de Millau ou de Saint-Affrique, ce dernier étant confondu avec la dépression du Rougier de Camarés. L'agriculture maintient ses droits : élevage laitier intensif, cultures fruitières (cerisiers comme à La Cresse, pêchers) et vigne (côtes de Millau). Mais ce sont surtout les échanges traditionnels et la venue des touristes, renforcés par les aménagements routiers contemporains (RN88, A75) qui favorisent l'économie locale et toute une série de petites villes, comme Nant, Florac, Mende ou Marvejols ; cette dernière profitant du proche foyer d'accueil d'enfants handicapés (Montrodat) pour atteindre six mille cinq cents habitants. Au cœur du Valdonnez, la préfecture lozérienne (12 000 hab.) bénéficie d'un renouveau incontestable (commerces et services administratifs, lycées et antenne universitaire, industrie moderne du bois ou du bijou) et tente de fédérer un pays qui court de Langogne à Sainte-Enimie. Au sud, Saint-Affrique (8 500 hab.) demeure un centre de services actif pour les campagnes alentours. Blottie au pied du Causse, Roquefort-sur-Soulzon est dominée par l'agroalimentaire (dont « la » Société passée entre les mains de Lactalis) et les visites des célèbres caves d'affinage. La seule ville moyenne est constituée par Millau (23 000 hab.), la vieille capitale française du cuir et du gant dont il ne reste plus grand chose. Mais le patronat, longtemps protestant, est dynamique et de petites affaires se sont multipliées, favorisant une certaine reconversion dans une cité touristique fief des sports de pleine nature (parapente, aile volante), qui attend beaucoup de l'arrivée de l'autoroute et du viaduc géant qui la surplombe.

• La définition géographique des **Cévennes** n'est pas aisée. L'usage local réserve le nom aux hautes terres inégalement ravinées, comprises entre la vallée de l'Arre, affluent de l'Hérault, et celle du Chassezac. Il n'en reste pas moins que les paysages différent fortement sur ce versant méditerranéen. Le haut pays, ou montagne, est constitué par une série de blocs, de lourds massifs cristallins allongés de l'est à l'ouest. Au nord, l'alignement du Goulet (1 495 m), ou de Mercoire (1 501 m) rappellent la Margeride boisée, tandis que le mont Lozère est plus original. Dominant la vallée du

Lot au nord, celui-ci s'étire sur une trentaine de kilomètres de long et une quinzaine de large. L'importance des hautes surfaces situées au-dessus de 1 400 m, des limites souvent brutales et rigides, la vigueur des pentes, renforcent son caractère « insulaire » dans un contexte climatique méditerranéen sur le versant méridional. Espace très difficile d'accès, il reste mal identifié ; la statistique le rattache à la petite région agricole de Margeride, alors qu'il est inclus dans le périmètre du Parc National des Cévennes. Le versant sud est marqué par le protestantisme et vote plutôt à gauche, alors que le reste du Lozère, très catholique, vote à droite. Partout, le peuplement historique est intense en altitude… avant le dramatique dépeuplement : seule subsiste une communauté de poche de quelques deux mille âmes, mais qui espère dans l'arrivée de nouvelles populations. Pourtant, face à l'hémorragie démographique et aux landes désertées, l'État a repris la majeure partie des landes collectives, les reboisant et les soustrayant à une transhumance déclinante. Les derniers agriculteurs, parfois dynamiques comme sur le versant sud, ont abandonné la polyculture pour se tourner uniquement vers l'élevage bovin pour la viande au sein de grandes structures.

Lavogne sur le Causse de Sauveterre

Au sud, les massifs du Suquet, du Lingas (1 422 m) et de l'Aigoual (1 567 m), soumis aux violentes averses méditerranéennes, largement reboisés grâce à l'action de Georges Fabre, connaissent aussi un timide renouveau autour de la valorisation des produits locaux. Mais cette renaissance concerne surtout le rebord cévenol où se succèdent « serres » et « valats » (Vallée Borgne, Vallée Française, Vallée Longue…) aux versants fort raides qu'escaladaient péniblement les vieux chemins, au milieu d'une dense châtaigneraie parsemée de fermes isolées et de hameaux du refuge protestant. Des densités exceptionnelles d'autrefois, permises par cet « arbre à pain », mais aussi par les cultures en terrasses ou dans les fonds arrosés garnis de fruitiers, l'élevage du ver à soie avec les feuilles de mûriers, le petit bétail, ainsi que les migrations de travail vers les filatures ou les mines, il ne reste plus grand chose. La vidange démographique a laissé le pays vide d'homme, au cœur de médiocres forêts et taillis, les châtaigniers dépérissant. Le « pays noir » au pied du Lozère et dans le bassin d'Alès–La Grand-Combe est également délabré. Dans ce dernier cas, l'exploitation houillère avait donné naissance à toute une industrie (verrerie, métallurgie, chimie) et à un urbanisme classique mais déficient. La crise de l'emploi est incontestable : vingt à vingt-cinq mille postes ont été perdus dans le charbon et les villes s'en relèvent difficilement. La Grand-Combe est passée de 22 600 habitants en 1962 à guère plus de 10 000 aujourd'hui. Aux portes des Cévennes et bien desservie, Alès (76 000 habitants) s'en sort mieux, grâce à des fonctions tertiaires plus étoffées (pôle hospitalier et universitaire avec l'École des Mines) et à une certaine reconversion industrielle (chimie, fabrication de machines et appareils électriques). Elle place aussi son patrimoine manufacturier au service d'un tourisme de découverte scientifique et technique. Sur les versants, une vieille fréquentation touristique depuis les plaines surchauffées a permis la rénovation d'une partie du bâti ancien, avant que se multiplient les arrivées de citadins et

Meyrueis, au contact du causse et du massif de l'Aigoual

autres néo-ruraux, vagues successives entamées dès l'après 1968 et relayées jusqu'à aujourd'hui. Des initiatives locales, l'action de leaders motivés, parfois soutenues par le Parc national, expliquent la mise en place ponctuelle de filières de qualité : agneaux, pommes, châtaignes, mais surtout oignons doux et fromages de chèvre (le pélardon) qui arborent des appellations d'origine contrôlée. Les petites villes comme Le Vigan (6 200 hab.) ou Florac participent du réveil, la première en maintenant une activité industrielle textile (Well) sur un pays de contact (« **Aigoual, Cévennes et Causses** »), la seconde en possédant le siège du Parc national. Ce dernier a été beaucoup contesté, notamment par les résidents et usagers (chasseurs) de la zone centrale, avant d'être reconnu en 1985 par l'UNESCO comme Réserve mondiale de biosphère.

• La **montagne ardéchoise** prolonge ces hautes terres cévenoles et présente bien des points communs : juxtaposition de massifs à l'ouest (tel le Tanargue) et de versants ravinés au-dessus de la vallée du Rhône, forte occupation ancienne,

abandon généralisé sur les pentes et reboisement en altitude, volonté récente de développement symbolisée par la création d'un Parc régional associé au départ à la renaissance des terrasses à châtaigniers. Vers le nord-ouest, les plateaux se confondent avec ceux de la Margeride (secteur de Coucouron) et du Velay (y compris le volcanisme de la région du Mézenc et du Gerbier-de-Jonc qui se prolonge dans la haute Ardèche). Au sud, malgré les derniers vergers irrigués, la déprise est plus avancée que dans les Boutières au climat moins nettement méditerranéen (hautes vallées du Doux et de l'Eyrieux) où quelques terrasses (« échamps ») irriguées par le réseau des « béalières » sont encore cultivées, en lien avec un petit élevage extensif (moutons et chèvres pour l'AOC picodon). Dans les basses vallées, les fruitiers se maintiennent (pêchers, abricotiers) tandis que le foyer industriel du Cheylard s'est bien reconverti (bijouterie, textile). Il faut rappeler que, dans ces vallées, on avait mouliné ou tissé la soie sous l'influence lyonnaise, avant une crise profonde pour ces entreprises trop isolées. Aujourd'hui, le tourisme est notable, dans des stations ou petites villes en

Village de Saint-Germain-de-Calberte enserré par la forêt cévenole

essor comme Vals (avec son usine d'embouteillage), Largentière, Joyeuse ou Les Vans, mais surtout par redéploiement des flux à partir des gorges de l'Ardèche à l'aval. Toute la montagne, largement dépeuplée malgré les installations de nouveaux arrivants, est finalement placée dans l'orbite des villes bien équipées du piémont, notamment Privas et Aubenas, toutes deux marchés agricoles renouvelés par la petite industrie, le tourisme et les services. Mais, tandis que la première stagne (15 000 hab.), malgré sa vieille tradition agroalimentaire (marrons glacés Faugier) renouvelée par le matériel électrique (Merlin-Gérin), ses services de préfecture et un gros hôpital psychiatrique, la seconde est en pleine croissance (25 500 hab.), profitant de sa meilleure situation pour diversifier ses activités scolaires ou médicales et contrôler le pays de l'Ardèche méridionale (120 000 hab.). Les coulées basaltiques des Coirons constituent une sorte d'excroissance du Massif entre les deux cités, morcelant du même coup leur aire d'influence : ce plateau est un assez bon pays agricole avec ses grandes exploitations et son élevage ovin pour la viande.

Terrasses dans les Boutières ardéchoises

Le Centre : centre et périphéries

Le cœur du Massif central correspond grossièrement à l'ensemble auvergnat auquel on adjoindra quelques plateaux ou vallées périphériques. Le dispositif géographique est bien connu : l'ordonnancement méridien en éléments parallèles (montagne volcanique de l'ouest, plaine de Limagne, massifs orientaux) et la configuration en amphithéâtre ouvert sur le nord, facilitent le contact des hautes terres et des bas-pays. Conjointement ou alternativement, et avec de multiples échanges perpendiculaires, ces trois bandes ont longtemps organisé la région, cependant que les contrastes et le cloisonnement des milieux concouraient à la formation de petits « pays » animés par des bourgs ou des petites villes contrôlant à la fois la direction méridienne et les échanges locaux. L'évolution historique, entre France du nord et du midi, a modifié cette trame. L'ancienne Auvergne était la province royale, d'affinité méridionale, englobant l'arrondissement de Brioude ainsi que les deux départements actuels du Puy-de-Dôme et du Cantal. Elle plaçait justement l'association de la plaine et des monts d'Auvergne volcaniques au cœur de l'unité territoriale. Avec un fort gradient nord-sud, la région administrative y a rattaché le reste de la Haute-Loire, ancienne dépendance du Languedoc, et le Bourbonnais au contact de la civilisation de langue d'oïl. Par ailleurs, l'impact du dépeuplement et de l'industrialisation des bassins a déplacé le centre de gravité sur le couloir méridien du Val d'Allier et permis l'affirmation de la capitale, Clermont-Ferrand. De nouveaux dispositifs ont complété le schéma. Si les villes moyennes jouent un rôle un peu effacé – Montluçon est en reconversion, les préfectures de Moulins, Le Puy ou Aurillac peinent à se diversifier –, la métropole clermontoise confirme son pouvoir polarisant et dessine un réseau élargi avec Riom, Gannat, Vichy, Thiers ou Issoire et tous les villages « rurbanisés » où résident tant de migrants « pendulaires ». Cet espace urbain rassemblerait 56 000 habitants d'après l'INSEE. Il en découle un modèle centre-périphérie avec des marges mal placées en terme de densités et de jeunesse de la population, d'intensité agricole ou de diversification fonctionnelle. En outre, le maillage territorial se complexifie avec l'ouverture de deux Parcs régionaux (Volcans d'Auvergne et Livradois-Forez), avec des intercommunalités multiples malgré les retards de l'Allier, et surtout avec un récent quadrillage par les voies de communication rapides. Une structure en canevas orthogonal recoupe partiellement les espaces naturels longitudinaux, tout en contournant les massifs volcaniques. L'ordonnancement longitudinal et les complémentarités est-ouest ont donc partiellement disparu, pour laisser place à une organisation radioconcentrique dominée par Clermont-Ferrand et le Val d'Allier au nord, par Saint-Étienne au sud-est.

• Le **Val d'Allier et Clermont-Ferrand** participent d'un nouveau type de région composé de pays disparates, allongés selon un axe linéaire (celui de la rivière Allier), mais unis par la croissance démographique et l'influence de la métropole clermontoise. Dans le bas-pays, les paysages sont divers, associant classiquement la plaine marneuse, les « varennes » sur les nappes d'alluvions sableuses et les terroirs des buttes, à coteaux basaltiques ou calcaires. On pourrait ajouter les « chambons » ou « chambonnages », alluvions récentes développées dans les vallées et en Bourbonnais. La Grande Limagne de Clermont offre ses riches terres noires et son open-field remembré pour le modèle conquérant de la grande culture (blé, maïs, oléagineux, betterave) avec l'appui du semencier Limagrain. Mais les exploitations, demeurées modestes par rapport à celles du Bassin parisien, après avoir cherché dans la double activité des revenus complémentaires, s'orientent désormais vers des cultures rémunératrices souvent irriguées : maïs de semence, tabac, légumes, ail comme dans le secteur de Billom ; l'ensemble restant fragile, soumis notamment à la concurrence urbaine. Les « varennes » de l'est (Lezoux, Courpière) et du Bourbonnais, plus tardivement occupées, ont une économie herbagère, relevant de la grande zone d'élevage charolais avec des paysages de semi-bocage, même si l'on voit se multiplier défrichements et

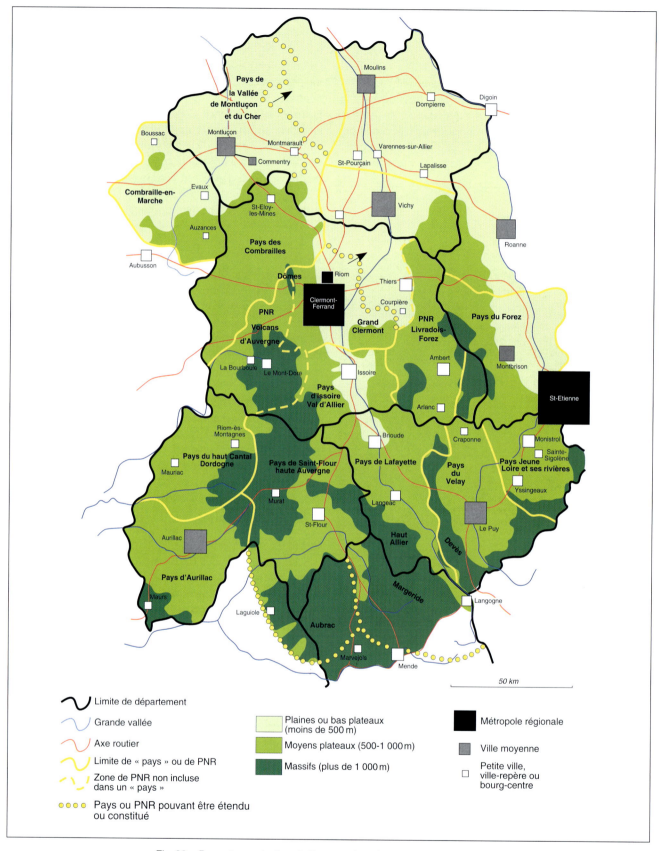

Fig. 32 – Pays et organisation de l'espace dans le centre du Massif central

champs céréaliers sur les basses terrasses. Sur les coteaux abrités, autrefois surchargés et intensément cultivés par les petites paysanneries des villages perchés, la mécanisation est difficile tandis que la pression urbaine est terrible comme en témoigne le développement des friches… et des lotissements. Par une curieuse « inversion des terroirs », seuls les espaces plans peuvent accueillir des spéculations plus rémunératrices et ce sont surtout les grandes cultures qui triomphent dans les conques au pied des buttes, profitant d'un agrandissement des exploitations et d'opérations de remembrement. Ce type de paysage se prolonge désormais dans les petites limagnes de Brioude ou d'Issoire et jusque vers Saint-Pourçain–Varennes-sur-Allier. Dans les fonds de vallée, les vergers de pommiers ont été largement arrachés, et quelques coins de viticulture subsistent des « Côtes d'Auvergne » à Saint-Pourçain, avec de gros progrès qualitatifs qui devraient aboutir à l'obtention d'AOC. La valeur patrimoniale des aménagements agraires d'autrefois est également mise en avant pour les touristes ou les proches citadins.

Village de Saint-Saturnin dans les « pays coupés » au sud de Clermont-Ferrand

Il faut dire que les pôles urbains se sont nettement renforcés, à commencer par la métropole clermontoise. Celle-ci tire avantage d'une diversification industrielle (caoutchouc, mécanique, pharmacie, construction électrique, agroalimentaire), alors que la firme Michelin, née de la reconversion réussie d'un atelier local à la fin du XIXe siècle, emploie treize mille six cents personnes, commande un important réseau de sous-traitance et demeure le seul établissement de plus de cinq mille salariés de toute l'Auvergne ! Mais ce sont surtout les fonctions tertiaires qui « font » le grand Clermont d'aujourd'hui (258 000 hab. dans l'agglomération, soit le quart de la population de la région et près de quatre cents mille habitants dans le pays créé en 2004). Outre l'activité administrative, la presse (groupe La Montagne-Centre-Presse), la culture (Festival du court-métrage, Zénith d'Auvergne) ou les commerces, le rayonnement repose sur l'en-

seignement supérieur (40 000 étudiants au sein des universités ou des grandes écoles, dont celle des Impôts), le centre hospitalier régional (7 700 emplois) et la logistique, tandis que l'on se dote d'un parc technologique à La Pardieu (y compris la partie Pascalis dédiée aux technologies de l'information et de la communication avec l'installation des sociétés IBM et Capgemini), d'un biopôle à Saint-Beauzire et d'une nouvelle halle d'exposition dans la plaine de Sarliève. Un axe linéaire actif se dessine depuis Riom jusqu'à Cournon, voire Issoire au sud, renforcé par le couloir autoroutier qui risque pourtant de couper en deux l'agglomération. La croissance a été rapide dans les années 1960 et 1970, assurée par la natalité et par une forte immigration, partiellement étrangère (communauté portugaise). Par contre, les difficultés économiques expliquent une moindre progression actuelle de la capitale, qui s'étend toutefois sur les buttes (pavillonnaire), dans la plaine (zones industrielles, cités Michelin, lotissements et grands ensembles comme à Saint-

Silos à grains et paysage de champs de maïs irrigué dans la grande Limagne

Jacques, La Plaine-Flamina ou la ZUP Nord) et à l'ouest sur le rebord montagneux (villas et petits collectifs). Les banlieues se sont multipliées de Riom–Volvic–Châtel-Guyon au nord aux Martres-de-Veyre–Vic-le-Comte au sud ; vers l'ouest, à l'exception des « beaux quartiers » vers Chamalières ou Royat, la croissance a longtemps été contrainte par l'accès au plateau des Dômes ; aujourd'hui la poussée est forte, mais reste diffuse, lâche ; vers l'est, la banlieue gagne en direction de l'Allier (Pont-du-Château–Dallet), malgré la présence de l'aéroport d'Aulnat, des zones d'activités de Gerzat, Cournon ou Lempdes et des campagnes de grande culture. Partout, les *mesas* basaltiques donnent encore de grandes « coupures vertes » orientées ouest-est tandis que la colline de Montjuzet a été transformée en un parc intra-urbain. Sur la butte, le centre ancien a bénéficié d'opérations d'aménagement remarquables, bien que tardifs, de véritables ghettos de travailleurs immigrés et de personnes âgées ou démunies s'étant constitués dans les années 1970. Rénovation et réhabilitation (Montferrand, quartier du Mazet) ont permis un meilleur accès au logement et le retour des classes moyennes et aisées. Le commerce traditionnel s'est modernisé, ouvert non sans difficultés à la circulation piétonnière et a profité de la refonte du marché Saint-Pierre. Mais c'est surtout la restructuration tertiaire et directionnelle autour de Jaude (Centre-Jaude, Carré de Jaude) qui a profondément modifié le tissu fonctionnel. On attend désormais l'arrivée de la première ligne du nouveau tramway, base d'un nouvel aménagement global de la cité, entre Croix-Neyrat, Montferrand, le centre historique et le plateau universitaire et hospitalier des Cézeaux.

Grâce à de telles bases, la prépondérance régionale de Clermont est absolue, confortée par des infrastructures modernes de circulation malgré les retards ferroviaires : aéroport et hub de Régional, filiale d'Air France, autoroutes vers Bourges et Paris (A71), vers Saint-Étienne et Lyon (A72), vers Montpellier via le nouveau viaduc de Millau (A75), vers l'ouest et Périgueux-Bordeaux en cours d'achèvement. L'axe dynamique est donc bien celui du Val d'Allier, prolongeant les dynamiques métropolitaines vers le sud (14 000 hab. à Issoire, 6 800 à Brioude), vers le nord (25 000 hab. à Riom, 6 000 à Gannat, 61 000 à Vichy, 40 000 à Moulins) et vers l'est avec l'annexe de la vallée de la Dore (15 000 hab. à Thiers, 7 300 à Ambert). Il faut rappeler que le morcellement des plaines avait favorisé l'émergence de petites capitales locales tandis que le contact entre terroirs ou avec les plateaux voisins, le contrôle du passage de l'Allier, suscitaient la multiplication des bourgades. Or, tous ces centres d'échanges ont été réactivés, parfois par l'industrie, souvent par l'in-

fluence clermontoise. L'industrie a profité des entreprises « stratégiques » qui voulaient s'éloigner des frontières comme l'imprimerie de la Banque de France près de Clermont, une verrerie à Puy-Guillaume, l'armement à Vichy–Cusset, le laminage d'aluminium (Péchiney-Rhenalu) ou l'équipement automobile (Valéo) à Issoire. La pharmacie repose davantage sur l'extension d'affaires locales (Merck Sharp et Dohme à Riom, Sanofi à Vertolaye). Aujourd'hui, les systèmes productifs locaux sont soit sur la défensive (Thiernois avec sa coutellerie diversifiée par la mécanique, la métallurgie fine ou le plastique), soit plus vivants (Brioude), profitant des aides à la reconversion (Issoire et Brassac) ou de la déconcentration parisienne (Vichy, Varennes-sur-Allier, Dompierre-sur-Besbre, Moulins, avec construction mécanique et électrique ou ameublement) ainsi que de nouvelles implantations (Louis Vuitton à Saint-Pourçain). Pourtant, Moulins ne joue guère la carte de relais clermontois et n'est pas parvenu à ce jour à organiser un pays ; elle doit beaucoup à l'administration, au commerce et à son carrefour, alors que les difficultés industrielles récentes (à l'exception de Bosch ou des grues Potain) expliquent sa léthar-

Nouvel aménagement de la place de Jaude en lien avec l'arrivée du tramway à Clermont-Ferrand

gie dans un cadre patrimonial remarquable. Vichy, d'abord ville thermale aujourd'hui bien rénovée dans ses formes touristiques ou de remise en forme, est plus attractive ; la « reine des villes d'eaux », possède un ensemble architectural de premier plan (thermes, hôtels, villas), organisé autour de quatre cents hectares de parcs et d'un plan d'eau aménagé sur l'Allier ; l'industrie est diversifiée (cosmétique, parapharmacie) et les équipements tertiaires puissants, même si l'on s'inscrit dans la mouvance clermontoise (échanges de main-d'œuvre et installation de cadres). A l'extrémité sud, Issoire tente d'organiser un pays du « **Val d'Allier Sud** » de 50 000 âmes grâce à ses industries, à son régiment de transmissions et à son dynamisme commercial. Il en est un peu de même à Brioude qui profite d'un solide tissu d'entreprises (agroalimentaire et bois, transport), mais rayonne difficilement sur un vaste **pays « Lafayette »** dont

Banlieue d'Aubière : le vieux village vigneron est absorbé par la croissance urbaine

le poids démographique est proche de celui d'Issoire mais en s'allongeant excessivement du sud du Livradois à la Margeride du nord.

• L'organisation traditionnelle et le compartimentage du relief ont longtemps contribué à l'affirmation des **monts d'Auvergne**, ces massifs volcaniques de l'ouest non seulement prospères grâce à leur agriculture (bestiaux, fromages et salaisons), mais aussi du fait des échanges avec la plaine (main-d'œuvre, produits et troupeaux) qui multipliaient les villes-marchés. La structure spatiale actuelle est plus complexe : d'une part, l'ensemble est englobé dans un très vaste Parc naturel régional (près de 400 000 hectares en débordant sur le plateau granitique de l'Artense). D'autre part, la montagne est désormais marquée par une opposition nord-sud avec des massifs septentrionaux (Dômes, Dore) dynamisés par la métropole régionale (périurbanisation, tourisme et loisirs) et des régions méridionales que seules les villes moyennes (Aurillac, Saint-Flour) ou l'intensification agricole dynamisent, mais sur d'étroits périmètres, selon un dispositif vacuolaire ; les périphéries à basses densités étant davantage délaissées (Aubrac, Cézallier, Artense, cœur du massif cantalien), même si le déclin démographique n'est pas toujours synonyme d'abandon.

Sur le plateau cristallin des **Dômes**, les multiples volcans de la chaîne des Puys dominent leur piédestal de quelques centaines de mètres. Ces paysages, « perçus » des pays environnants, constituent un environnement pittoresque, attractif, avec une dimension identitaire évidente. Les enjeux patrimoniaux sont forts, accentués par la proximité de la métropole régionale, par la gestion attentive du Parc Naturel Régional dont le siège est au cœur de la chaîne, puis, plus récemment, par la valorisation touristique et l'ouverture du centre Vulcania. Depuis septembre 2000, l'ensemble de la chaîne est devenu un site classé, impliquant une protection paysagère rigoureuse. Le cadre rural traditionnel n'a pas totalement disparu associant parcours à ge-

nêts sur les puys et cheires, propriété collective (ou « sectionale ») et champs intensément cultivés sur le plateau, autour des gros villages. Mais, dès la seconde moitié du XIXe siècle, sous l'impulsion de notables, dont le comte de Montlosier sur la cheire d'Aydat, on a reboisé les landes, le mouvement s'amplifiant ensuite, soit de façon planifiée (épicéas et douglas), soit de façon spontanée avec l'amplification de l'exode vers Clermont. Le tiers du territoire est désormais forestier, avec un début d'exploitation. Mais il ne faudrait pas croire que l'agriculture a disparu. Depuis les années 1970, la spécialisation laitière s'affirme et les prairies occupent désormais l'essentiel des finages. Le lait est collecté par les industriels ou coopératives de Clermont (Richemonts), de Theix (Toury) ou de Sayat (Dischamp), tandis que le sud de la chaîne est inclus dans la filière du saint-nectaire. Les vaches Holstein remplacent les Ferrandaises que tentent de sauver quelques passionnés depuis 1977. En outre, l'élevage ovin connaît un renouveau, encouragé par les groupements de producteurs et le Parc régional. De nouvelles estives col-

Parapente dans les Dômes et vue sur la Limagne de Clermont-Ferrand

Massif du Sancy

Sancy, le sud de la chaîne des Puys, l'Artense, le Cézallier et la bordure des « pays coupés ». A la fin du XIXe siècle, c'est la filière du bleu d'Auvergne, plus industrielle, qui gagne le sud des Dore et le Cézallier, avant de se propager dans le sud-ouest du massif du Cantal. Depuis les années 1960, le renouveau agricole est remarquable. Les fermes se sont agrandies (55 ha de moyenne) et modernisées (plateau de Rochefort-Montagne). De jeunes agriculteurs ont cultivé l'herbe, développé l'ensilage, diversifié les races laitières (Prim'Holstein, Montbéliarde) et construits de nouveaux bâtiments. La production de saint-

lectives ont même vu le jour. Après plusieurs décennies d'exode et de déclin (15 600 hab. en 1821 au moment du maximum et 8 700 en 1962), la reprise « périurbaine » est évidente dès la fin des années 1960 (13 230 hab. en 1999). D'où la multiplication des extensions pavillonnaires, les aménagements de type urbain (lotissements, contournements routiers) et les opérations de réhabilitation du bâti ancien. D'où aussi, et en parallèle, de nouvelles pratiques de loisirs combinées à la fréquentation touristique. Partout, l'influence clermontoise est évidente, les volcans étant largement compris dans le pays du « Grand Clermont » qui leur assigne un rôle de « poumon vert » pour la métropole.

Le **massif des Dore** (900 km²), participe aussi aux images fortes de la montagne volcanique avec ses paysages « alpins ». C'est historiquement une riche montagne d'élevage, même si l'on relève une dissociation entre les terroirs villageois du bas et les pâturages d'altitude de propriété foraine. C'est là l'héritage d'anciennes« montagnes à graisse » avec des bêtes à viande envoyées par les bourgeois et négociants du bas-pays (Clermont, Issoire, Aurillac). À la fin du XIXe siècle, ces systèmes déclinent : bien des pâturages d'altitude sont abandonnés et la forêt reprend le dessus. Aujourd'hui, les monts Dore constituent toujours un vaste espace d'estivage, avec des « montagnes » surtout privées. Mais les déplacements des troupeaux sont limités à l'estivage de génisses ou de vaches à viande, voire d'ovins, dont l'origine n'est toujours que partiellement locale : plus du tiers du cheptel vient de l'extérieur, notamment du nord Aveyron, du Lot ou du Cantal. A l'opposé, les paysanneries s'imposent dans les vallées, avec l'économie fromagère du saint-nectaire, dont l'aire de production couvre le massif du

nectaire (12 à 13 000 t par an) a gardé une voie artisanale qui représente quasiment la moitié des volumes, soit la première AOC fermière de France. S'ajoutent six laiteries qui collectent plus de 600 producteurs, notamment la coopérative Riches Monts de Besse. L'essor du tourisme constitue une autre révolution qui permet à la région de se classer parmi les principaux pôles du Massif central. Certes, les bases sont anciennes avec les stations thermales du Mont-Dore et de La Bourboule dans la haute vallée de la Dordogne ou de Saint-Nectaire sur la Couze Chambon. Dès le début du XXe siècle, le socle du développement touristique est posé : la réputation est faite, la fréquentation estivale s'accroît grâce à l'imbrication entre thermalisme et tourisme ; les équipements et les commerces se multiplient ; on profite des aménagements routiers et de la signalisation Michelin. On voit surtout naître, à l'image de la Chartreuse ou du Vercors, les premières formes de sports d'hiver dans ces stations dites de la première génération. A Besse, c'est toute l'épopée du ski

Haut plateau du Cézallier avec vue sur les Dore

Haute vallée cantalienne : semi-bocage, forêts et estives

nordique sous l'impulsion de l'abbé Blot dès 1901-1902, tandis que Le Mont-Dore profite du téléphérique du Sancy. Le ski alpin y démarre en 1930 avec les premiers remonte-pentes à tel point que, en 1938, c'est la troisième station de sports d'hiver en France. Après cette phase d'euphorie, la fréquentation finit par se tasser. Les pratiques de cure se spécialisent mais on essaye surtout de promouvoir un tourisme de santé et de remise en forme. L'hiver, la concurrence des grandes stations alpines est sévère, en particulier les années faiblement enneigées. La clientèle reste familiale, originaire des villes proches ou des régions de l'Ouest français qui valorisent une bonne desserte. Le ski de fond est encouragé, mais c'est surtout l'aménagement de Super-Besse en 1960 avec des capitaux de Clermont et de la commune de Besse animée par un maire dynamique, qui symbolise cette résistance des monts Dore. C'est typiquement une station de seconde génération, créée par dédoublement de la station mère, à plus haute altitude (1 350 m) et avec un meilleur équipement (remonte-pente, télécabine), de nombreux hébergements en chalets et immeubles. A Super-Besse et au Mont-Dore, aujourd'hui reliés par un téléski, on se distingue

des petites stations-villages comme Chastreix ou Murat-le-Quaire. Mais partout, on doit se diversifier pour accueillir des visiteurs en été.

Moins dynamique, le **Cézallier** est un vaste plateau isolé et peu peuplé entre Sancy et Cantal. Le massif, qui était un fief des migrations temporaires, a perdu les quatre cinquièmes de sa population (moins de 5 000 habitants aujourd'hui) et offre de superbes paysages pastoraux (transhumance bovine) même si les activités peinent à se diversifier. Les vaches allaitantes sont toujours plus nombreuses (la moitié du cheptel), parfois accompagnées de chevaux lourds. L'amélioration de la balance migratoire sur les dernières périodes intercensitaires ne semble pas devoir encore inverser les courbes générales. Les espoirs touristiques sont modestes, liés au vaste domaine nordique ou à une fréquentation estivale, à base de promenades pédestre ou équestre et même de vélo-rail (Landeyrat).

Plus bas, mais tout aussi dépeuplés, les plateaux cristallins de l'**Artense** présentent des paysages originaux à la topographie glaciaire (petits lacs de surcreusement, tourbières et rochers morainiques) et aux gorges boisées. Malgré le vieillissement et le sous-équipement des bourgs, l'espace rural reste entretenu en lien avec un élevage laitier modernisé et avec un peu de tourisme estival ; le pays devient ainsi une annexe de la montagne volcanique.

Image emblématique du département homonyme, le **massif du Cantal** est un vaste ensemble avec une zone centrale qui comprend les sommets (plomb du Cantal, 1 855 m ; puy de Peyre-Arse, 1 806 m ; puy Mary, 1 785 m) et de belles vallées rayonnantes qui entaillent les flancs de l'édifice et découpent des plateaux de forme triangulaire (les planèzes). L'étagement et l'altitude ont permis le développement de systèmes pastoraux et d'activités touristiques, tandis que bien des villes-marchés se situent au contact des massifs et

Lac du Pêcher entre Cézallier et Cantal

Pays de Carlat sur les planèzes méridionales au-dessus de la Truyère

tombe à moins de 45 000 personnes en 1954 et la vie pastorale commence alors a décliner, les « montagnes » à lait étant délaissées, victimes de la mévente des produits rustiques et des coûts de la main-d'œuvre. La reprise vient assez rapidement d'une réorientation vers des systèmes d'élevage à viande, plus extensifs. Ce véritable « ranching » profite de la qualité des produits issus des races bovines locales (salers), croisées avec des taureaux améliorateurs (charolais, limousin). Les « broutards », jeunes veaux nourris d'herbe et de lait en estive, prennent ensuite le chemin des ateliers d'en-

des planèzes ou dans les vallées. Le massif, plus encore que les Dore, est un pays herbager, avec une spécialisation probablement plus ancienne que celle des Alpes. La vie pastorale fut autrefois intense : ventes de viande et surtout de fromages permettant d'acheter des grains et d'enrichir les négociants du piémont. Elle est surtout liée historiquement à la grande exploitation, aux grands domaines bourgeois. Dans la formule classique, la « montagne », l'alpage, est entre les mêmes mains que le « domaine », la grande exploitation à fermier où la vacherie passe l'hiver. Une « montagne» comprend des pâturages suffisants pour nourrir une « vacherie », c'est-à-dire un troupeau d'au moins une vingtaine de vaches, dont le lait est nécessaire pour la fabrication du fromage local, la *fourme* ou « cantal ». En été, la vie s'organise autour du buron, lourde bâtisse en pierre dotée d'une cave. En contrebas, dans les vallées, l'art de l'irrigation permet de valoriser des prairies de fauche, souvent encloses, où l'on coupe le foin pour le long hiver. Malgré un maximum précoce (1826 pour le massif avec plus de 80 000 hab.), la montagne a longtemps retenu sa population, grâce notamment à des soldes naturels élevés. Mais, à coup d'exode, on

graissement lointains, surtout de la plaine du Pô. L'utilisation des pâturages d'altitude s'est finalement renforcée avec des estives coopératives et la montée de ces nouvelles « vacheries » à viande, y compris depuis des régions lointaines ; le bassin d'Aurillac ayant été relayé par la Châtaigneraie, mais surtout par le nord Aveyron. Dans les vallées, certaines exploitations sont toutefois restées fidèles à la production laitière (AOC « cantal » depuis 1956), à condition d'être collectées par les laiteries ou de maintenir une harassante production fermière de « salers » qui a obtenu une AOC spécifique mais concerne moins de soixante-quinze éleveurs. En outre, la montagne est visitée en été comme en hiver, bénéficiant de la station de ski du Lioran sur un site consolidé en 1964 avec les investissements du Conseil Général du Cantal. Les flux profitent à des petites villes comme Murat, assez bien placée au contact du pays pastoral et de la planèze sur la route qui rejoint Le Lioran et Aurillac. Il en est de même à l'est, pour Vic-sur-Cère et surtout pour Riomès-Montagnes, grosse bourgade autrefois enrichie par l'émigration des marchands de toile, qui associe commerces, services de proximité et industries agroalimentaires (fromage-

Col d'Aulac dans le massif cantalien

ries, fabrique de liqueur de gentiane) alors que l'ouverture d'un scéno-parc dédié aux vaches rouges peut relancer son animation estivale.

• En périphérie du massif cantalien, sur les grands plateaux ou planèzes, **Saint-Flour et Mauriac** organisent de bons pays. Dans l'entre-deux-guerres, ces plateaux, et en particulier la Planèze de Saint-Flour furent le théâtre d'une réelle transformation des filières laitières avec la multiplication de petites fromageries villageoises, privées et surtout coopératives sur le modèle des « fruitières » du Jura. Ce furent alors les débuts du cantal laitier et l'essor du bleu, encourageant la mise en herbe et le recul des labours. Depuis 1950, cette spécialisation s'est encore accentuée et les petites fromageries ont disparu pour laisser la place à de grands groupes, coopératifs (Centre-Lait) ou privés. Les systèmes de production associent désormais des ateliers laitiers intensifs à quelques bovins allaitants. Sur la Planèze de Saint-Flour, plus sèche, on a gardé quelques champs (prairies temporaires, céréales auto-consommées par le bétail, pois et lentilles blondes dont la culture a été relancée). Saint-Flour, en bordure de « la » Planèze, campée sur son éperon basaltique, dépasse 6 600 habitants. Son passé est remarquable (évêché), à l'origine de fonctions tertiaires étoffées (commerces, hôpital et surtout multiples établissements scolaires) et d'un étalement de la basse-ville. Elle a perdu son industrie textile et ses tanneries, mais profite, à partir des années 1960, de sa situation au contact des plateaux ruraux (fromagerie) et des soutiens du président Georges Pompidou, un temps député de la circonscription. Elle a beaucoup espéré du tourisme (passage ou visite de la « ville haute », retour des « Parisiens » du pays) et de sa proximité de l'autoroute A75 afin d'installer des entreprises sur ses nouvelles zones d'activité (mécanique de précision). Mais pour le moment, elle souffre aussi des liens accrus avec Clermont. Sur l'autre versant, Mauriac, aux confins du Limousin, sur la Dordogne, est incontestablement la capitale des plateaux de l'ouest, profitant de sa sous-préfecture et d'une excellente situation (route nord-sud qui contourne le massif, ancienne ligne de chemin de fer). Renommé pour ses foires aux bestiaux, elle joue la carte du tourisme comme l'une des portes du parc naturel des Volcans d'Auvergne et tente d'implanter quelques industries ; mais elle n'atteint pas cinq mille habitants et son pays du « **haut Cantal-Dordogne** » comporte seulement trente-deux mille âmes.

• Le **pays d'Aurillac** s'organise autour de la préfecture et déborde sur les bas-plateaux de la Châtaigneraie au sud-ouest. Au cœur d'un bassin de moyenne altitude (650 m), plutôt humide et frais mais très riche sur le plan agricole avec ses grandes exploitations, ses herbages, ses gros troupeaux qui rejoignent les « montagnes » en été, Aurillac bénéficie d'une situation avantageuse. Profitant de l'éloignement des autres cités, c'est une sorte de petite capitale du Cantal, plus puissante que Saint-Flour et ignorant partiellement Clermont-Ferrand pour s'ouvrir sur le Quercy, Brive et l'Aquitaine. La ville s'est justement installée au débouché des cols, sur les bords de la Jordanne, non loin de son confluent avec la Cère. Fondation monastique, c'est très tôt une ville active, commerçante avec ses foires tandis que des colporteurs sillonnent la France entière. L'artisanat et l'industrie s'y développent aussi précocement, profitant d'une élite bourgeoise entreprenante et des eaux pures de la Jordanne, avec quelques spécialités : laiteries et affinage, travail du bois (scieries, meuble) et fabrique de parapluies plus renommée. L'ébénisterie industrielle, le plastique (cuisines), une reconversion vers les produits de jardin ou de piscine et la pharmacie viennent compléter la gamme, mais l'emploi industriel a beaucoup souffert. En outre, les liens avec la campagne proche expliquent l'implantation d'une importante école de laiterie, renforcée par l'arrivée de l'INRA et des Haras nationaux. Les services sont également étoffés et l'hôpital est le premier employeur de la ville. Le tourisme ajoute ses effets tandis qu'une vie culturelle dynamique (festival du théâtre de rue) renforce l'attractivité de la cité. Une véritable aire périurbaine se dessine, avec ses multiples flux de pendulaires, ce qui a conduit à la création d'un district urbain regroupant onze communes (près du tiers de la population du Cantal). Après des décennies d'expansion, la croissance démographique s'est un peu ralentie mais l'aire urbaine dépasse 45 000 habitants, dont 30 000 pour l'agglomération ; le pays alignant toutefois 80 000 habitants.

La **Châtaigneraie cantalienne** s'étend entre ce bassin d'Aurillac et celui de Maurs, déjà aquitain, à l'approche de la vallée du Lot. On tente de relancer la production de châtaignes sur les plateaux supérieurs, mais la région, autrefois pauvre et isolée, est surtout devenue un pays d'élevage intensif (bovins, porcins), un peu sur le modèle des Ségalas. Des secteurs entiers ont été défrichés, par une petite paysannerie dynamique, encore nombreuse, et qui cultive prairies temporaires et maïs ensilage. La filière fromagère, dominée par la grosse usine de Saint-Mamet (groupe Fromageries Occitanes), s'impose dans ces campagnes vivantes, périurbaines aux portes d'Aurillac, animées par de gros bourgs au sud (Maurs, Montsalvy).

• Souvent cité comme l'archétype du petit territoire rural à forte identité et en plein renouveau, l'**Aubrac** est en fait partagé entre trois départements (Aveyron, Lozère, Cantal), la région Auvergne n'en possédant qu'une petite portion, sorte de pointe entre Chaudes-Aigues et Saint-Urcize. Mais partout, au-dessus des vallées profondes (les « boraldes »), les paysages des grands herbages d'altitude et des burons isolés, après avoir été au cœur d'un système traditionnel, suscitent un nouvel imaginaire, bien valorisé par les acteurs du développement. La modernisation et l'intensification des fermes passe à la fois par la relance de la vieille production fromagère (coopérative Jeune Montagne) et par la mise sur pied d'une filière viande (croisements aubrac-charolais). L'ensemble conduit à une forte pression foncière, et il faut désormais partir à la recherche de pâturages parfois lointains (haut Cantal, Cézallier), alimentant l'image « expansionniste » des « Aveyronnais » qui envoient plus de 19 000 bovins « estiver » dans le Cantal et 12 000 en Lozère. Parallèlement, la réintroduction de la coutellerie à Laguiole se fait dans les années 1980 en rachetant une forge de Thiers. Une marque collective « Laguiole Origine Garantie » soutient cette renaissance. Enfin, de petites stations (Chaudes-Aigues avec ses thermes rénovés, Aubrac, Laguiole,

103

Traite traditionnelle à la Croix des Trois Evêques sur l'Aubrac (1982)

de l'emploi et l'on dépend des cités voisines : Montluçon ou surtout Clermont qui est à l'origine d'un net mouvement périurbain vers Pontgibaud, voire Pontaumur. Dans le Puy-de-Dôme, Saint-Eloy peine à se reconvertir en profitant de l'installation de l'entreprise Rockwool ; le pays est animé par un dynamique Syndicat mixte d'aménagement dont le siège est à Saint-Georges-de-Mons. En Creuse, Boussac (2 400 hab.) et d'autres bourgades (Auzances, Evaux, Gouzon, Chambon-sur-Voueize) animent un petit pays dit de « Combraille en Marche » qui a perdu un tiers de sa population depuis les années 1960 mais qui enregistre un solde migratoire positif depuis trente ans avec le soutien

Nasbinals et Saint-Urcize) profitent de nouvelles pratiques de loisirs en été (randonnée, pêche…) et du ski de fond en hiver. Les gîtes ou meublés se sont multipliés, bénéficiant également de la qualité de la gastronomie et des nouveaux « pèlerins » sur les chemins de Saint-Jacques. Le bilan reste toutefois décevant sur le plan démographique, la population continuant à régresser malgré l'amélioration du solde migratoire. L'emploi global est aussi stagnant et seules les bourgades tirent leur épingle du jeu ; la réussite de Laguiole qui prend en été des allures de petite ville, est plus exceptionnelle et on attend beaucoup de la création d'un Parc naturel régional qui pourrait impulser une politique de développement et de promotion touristiques plus cohérente.

• Les **Combrailles** au nord-ouest, annoncent l'aspect monotone de plateaux cristallins de modeste altitude, parfois entaillés de vallées en gorge (Sioule, Cher) et qui se prolongent en Creuse (Marche). Le bocage, aristocratique vers le nord, plus paysan vers le sud, s'individualise par le rôle toujours notable des cultures (fourrages, céréales) à côté de l'herbe. L'ensemble est destiné à l'élevage bovin, surtout laitier à l'est-sud-est, davantage orienté vers la viande à l'ouest comme au nord, au contact du Bourbonnais qui a diffusé la race charolaise comme ses réseaux commerciaux. Le dépeuplement est sensible, notamment dans les hautes Combrailles largement reboisées, malgré la présence traditionnelle de la double-activité (anciens mineurs-paysans vers Saint-Eloy-les-Mines, ouvriers-paysans autour de l'aciérie des Ancizes). Le pays manque de villes actives capables de créer

d'un pôle local d'accueil. Sans industrie (en dehors de l'entreprise Gibard qui a participé aux aménagements du Grand Stade de France), on tente de développer un tourisme rural fondé sur la qualité du patrimoine.

• Le **bassin de Montluçon et la vallée du Cher** constituent un petit pays assez bien structuré (100 000 hab.), mais qui devrait être élargi aux **bocages du cœur de l'Allier** qui bénéficient seulement d'un programme Leader +. Traditionnellement, les haies vives plus ou moins épaisses entourent des parcelles couchées en herbe, généralement de bonnes dimensions, et masquent un habitat disséminé composé de hameaux, de fermes isolées et de manoirs. S'ajoutent quelques bourgs, lieux de foires et d'un petit artisanat (bois, porcelaine). Ce paysage a longtemps caché une dualité agraire très forte : d'un côté de grands « domaines » souvent partagés en métairies de quarante à cinquante hectares, de l'autre des petites possessions paysannes (ou locateries). Aujourd'hui le

Bocage des Combrailles

fermage domine même si la grande propriété s'efface sous l'effet de partages successifs et surtout en lien avec le faible intérêt des placements fonciers. Parallèlement, dans la seconde moitié du XIXᵉ siècle, les grands propriétaires avaient orienté les métayers vers l'élevage bovin à viande, et les prairies naturelles s'étaient imposées dans des bocages renforçant leur appartenance à l'aire du charolais. A la différence des campagnes de l'Ouest, les opérations de remembrement sont restées modestes. Pourtant, le bocage s'est largement « ouvert » : la recherche de rendements plus élevés a entraîné une régression des prairies naturelles, tandis

Bocage bourbonnais, vers Montmarault

que les cultures ont favorisé des échanges à l'amiable et la destruction des haies. L'abandon d'anciennes spéculations secondaires – aviculture avec d'intéressantes races locales, élevage porcin – explique la progression de nouvelles combinaisons agricoles : élevage ovin semi-extensif dans les années 1970-1980 actuellement en régression, bovins laitiers dans le nord à l'initiative d'agriculteurs migrants, céréaliculture à partir de la fin des années 1980. Dans ce pays qui fournit surtout des animaux maigres, le problème essentiel reste la commercialisation du bétail, malgré les efforts des coopératives (SOCOPA à Villefranche-d'Allier, SICABA à Bourbon-l'Archambault). Aujourd'hui, les bocages apparaissent aussi comme des espaces ruraux sensibles. En dehors des petites villes comme Cosne-d'Allier, ils ont connu un fort dépeuplement et le bilan démographique actuel n'est guère favorable. Mais ils profitent d'une nouvelle ouverture (autoroute Clermont-Bourges, avec le dynamisme d'un bourg comme Montmarault qui attire des entreprises autour de son échangeur) ainsi que de l'attraction des principales aires urbaines du département. A cet égard, la mainmise de Montluçon est incontestable sur toute la moitié ouest de l'Allier, une partie de la Creuse, du Cher, de l'Indre et du nord du Puy-de-Dôme. L'agglomération avait connu une formidable progression au XIXᵉ siècle (4 500 hab. en 1836 ; 41 000 en 1931 ; 48 700 en 1954), avec l'arrivée du canal du Berry (1840) permettant d'acheminer le minerai de fer jusqu'à la ville où descendait déjà la houille de Commentry, nouvelle cité minière. Les maîtres de forge en profitèrent pour installer toute une industrie métallurgique lourde sur les rives du Cher, tandis qu'apparaissaient la verrerie, les fours à chaux et les usines de produits chimiques. Après une première reconversion à la fin du XIXᵉ siècle, Montluçon est une place essentielle pour les aciers spéciaux de l'armement et pour des activités nouvelles (caoutchouc installé en 1920 avec Dunlop), tirant parti des ateliers abandonnés ou de la culture industrielle locale. La cité féodale et marchande se

double alors d'une ville neuve, puis s'étale dans tout le fossé, englobant Commentry ainsi que la station thermale de Néris-les-Bains, devenue banlieue résidentielle. Mais après d'autres formes de diversification (appareillage électrique, mécanique de précision avec Landis-et-Gyr, confection) et la fermeture des forges, une grave crise frappe l'agglomération dans les années 1970 et 1980 ; sa population passant de 100 000 hab. en 1982 à guère plus de 70 000 aujourd'hui. Le recul de l'emploi est dramatique, soit que des filières entières disparaissent, soit que d'autres connaissent une forte automatisation ; le secteur du caoutchouc n'est, par exemple, sauvé que grâce au rachat de Dunlop par le Japonais Bridgestone. L'œuvre de reconversion permet toutefois de renouveler une partie du tissu industriel associant un réseau dense de PME et quelques grandes entreprises (constructions mécaniques, affinage de l'aluminium, usinage du cuivre, électricité/électronique avec la Sagem, chimie). En outre, et alors que Montluçon avait toujours eu un rayonnement commercial, elle entreprend de développer les services scolaires et hospitaliers. Une antenne universitaire (IUT), une École nationale des sous-officiers de gendarmerie et un gros centre privé de formation supérieure commerciale complètent la gamme. La sous-préfecture met aussi en valeur le patrimoine architectural (vieille ville autour du château des Bourbons) et industriel, et tente d'être le pôle fédérateur d'une communauté d'agglomération qui ignore encore Commentry, satellite fort actif (aciérie, usine chimique, pépinières Delbard).

• La moyenne montagne du **Livradois-Forez** est désormais rattachée à un Parc naturel régional. Le cadre juxtapose deux blocs cristallins (le Livradois, moins élevé, entre Allier et Dore, le Forez avec ses hautes chaumes entre Dore et Loire) qui confluent sur les plateaux de La Chaise-Dieu et de Craponne, et un bassin intérieur, relativement rude et orienté vers le bétail (fossé d'Ambert). Ce vaste pays a connu des densités extraordinaires, avec une économie di-

Village du Monestier en Livradois

bas-pays. La petite ville d'Ambert reste dynamique, grâce à ses services et à son tissu de PME, en partie héritées (papeterie de luxe, confection, production d'isolants, tissage et câblage). A l'amont de la vallée, le relais est pris par Arlanc, tandis que, à l'aval, il faut compter avec les grosses usines d'Olliergues, Vertolaye (Aventis pharmacie) ou Courpière. Thiers, bien que tournée vers les massifs septentrionaux et accrochée sur les pentes au-dessus de la vallée de la Durolle, domine cette Auvergne orientale. La sous-préfecture est réputée dans le monde entier pour sa spécialisation coutelière. Celle-ci fonctionnait grâce à quelques négociants et à une foule d'artisans, spécialisés dans un « rang » (forge, émoulage, polissage, montage) le long de la rivière. Ce système, malgré des crises inévitables et douloureuses pour la cité, s'est recomposé. Thiers reste le premier centre français de la coutellerie avec de multiples PME, mais associe désormais la petite métallurgie (instruments de chirurgie, orfèvrerie, inoxydable, sous-traitance automobile, machine-outil), la transformation des matières plastiques ou la confection. Les entreprises récentes diffusent leur activité dans les campagnes proches et profitent de nouveaux sites urbains au contact de la Limagne à l'ouest vers l'autoroute. L'équipement tertiaire est bon, renouvelé par une fréquentation touristique et culturelle (musée de la coutellerie, Centre d'art contemporain).

versifiée (petit artisanat, migrations temporaires) animée par les fabricants des villes proches (Ambert, Thiers) ou lointaines (Roanne, Lyon), le Forez ébauchant même un système pastoral dans le cadre de petites exploitations (système des jasseries pour la production de la fourme d'Ambert et de Montbrison qui possède une appellation depuis 1972). Partout, l'exode a été considérable, entraînant une forte déprise et des vagues de reboisement (sapins et pins sylvestres), recouvrant les champs et bloquant tout remembrement : il en est ainsi de la partie nord du Forez, jusqu'aux monts de la Madeleine et aux Bois noirs, très boisés et dépeuplés, comme du haut Livradois et des plateaux de La Chaise-Dieu où les clairières herbagères se réduisent à peu de chose. Le versant ouest du Forez central, plus arrosé, porte de remarquables sapinières, tandis que le flanc est, davantage abrité, est le théâtre d'une certaine rénovation agricole. L'orientation vers l'élevage laitier domine, mais sans franche spécialisation. Les landes d'altitude sont en voie d'abandon, avec seulement quelques troupeaux transhumants de génisses ou d'ovins, mais curieusement elles sont l'objet d'attentions citadines dans un but patrimonial et touristique. Il faut dire que ces massifs sont un fief de la résidence secondaire clermontoise, stéphanoise ou lyonnaise. La petite industrie (bois, papeterie, coutellerie) a beaucoup souffert et se reconvertit dans les vallées (Dore), là où la vie urbaine est un peu plus active. Ailleurs, les bourgs résistent avec des équipements élémentaires (Cunlhat, Saint-Dier, La Chaise-Dieu, Craponne-sur-Arzon) dans un contexte de vieillissement démographique, mais la population active doit pratiquer de multiples migrations pendulaires vers les entreprises des

• Les **pays du haut-Allier et de la Margeride**, qu'un projet actuel propose de réunir dans un même Parc Naturel Régional, s'allongent entre le Cantal et l'Aubrac à l'ouest, et le Velay à l'est, parcouru par la vallée de la Truyère et celle de l'Allier au contact du Devès. Malgré des différences entre le nord (plus bas et herbager) et le sud (plus ensoleillé et davantage tourné vers le Languedoc avec une ancienne transhumance sur les sommets granitiques), l'unité

Transhumance ovine sur les hautes chaumes du Forez

La vieille cité de Thiers accrochée sur les pentes

retrouve un équilibre avec quelques usines (bois, production de mousse polyuréthane, sous-traitance mécanique) et le développement du tourisme grâce à un actif Syndicat Mixte d'Aménagement. En Gévaudan, deux petites villes-marchés, assez bien équipées, contrôlent les plateaux : Langogne, à l'est, décline (3 300 hab.) malgré une animation commerciale et touristique (plan d'eau de Naussac) ; Saint-Chély, à l'ouest, est une petite capitale (4 300 hab.) dont l'influence déborde sur le Cantal, profitant de son usine métallurgique (Sollac-Arcelor) et d'une fonction scolaire et d'accueil vivace ; vers le sud son rayonnement se heurte toutefois à Mende et Marvejols.

• Sur cinquante kilomètres de long du NNO au SSE, les **plateaux basaltiques du Devès** constituent un exemple de campagnes vivantes, encore bien peuplé mais sans ville et avec seulement de gros villages comme Cayres, Landos, ou Pradelles. On s'explique ainsi le rattachement partiel à un **pays du Velay** contrôlé par Le Puy, la préfecture étant d'ailleurs à l'origine d'un net mouvement de périurbanisation sur le

géographique est incontestable, sans jamais connaître d'unité administrative. La Montagne (de 1 300 à 1 550 m), largement reboisée et peu peuplée avec quelques grands domaines et une fréquentation touristique (parc des bisons d'Europe), domine des plateaux dont l'altitude moyenne est de l'ordre de 1 000 m. C'est ici que les systèmes agropastoraux avec leurs paysages imbriqués (prairies, champs de céréales, landes boisées de pins) se maintiennent, malgré la spécialisation vers l'élevage bovin (pour le lait au nord, pour la viande au sud)

Haute Margeride boisée vers le lac de Charpal

rebord oriental. Grâce à un ciment social très fort, marqué par le poids de l'église catholique et des pratiques communautaires, la modernisation et l'intensification agricole ont surtout été remarquables. L'orientation herbagère et la spécialisation laitière sont renforcées, même si l'on maintient des cultures, notamment celle des lentilles qui bénéficie d'une AOC. Il manque pourtant une meilleure valori-

ou ovin (pays de Saugues). Cet ensemble est dominé par Langeac (4 000 hab.) au nord, ancienne cité ferroviaire qui

sation économique du lait et des fromages, collecté de l'extérieur, notamment par les laiteries du Puy.

Champs laniérés sur le Devès

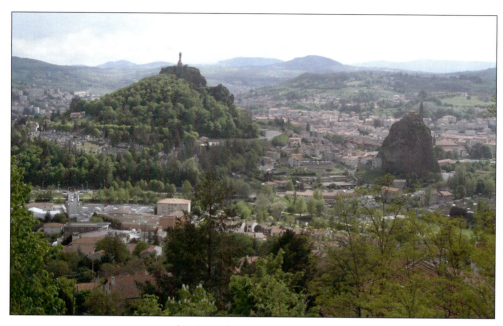

Le site du Puy avec ses rochers

• Le **pays du Puy** peut s'élargir à la haute vallée de la Loire et au Mézenc. Au centre du Velay, plusieurs bassins, parcourus par la Loire supérieure et la Borne, se disposent en chapelet, un peu à l'image des limagnes du sud : fossés de Bas-en-Basset et de Monistrol, bassin de l'Emblavés, « creux du Puy ». Les sédiments tendres ont été déblayés, affouillés par les rivières, mais les conques de l'amont qui se tiennent vers 600-700 m d'altitude sont accidentées par des buttes volcaniques ou « rochers ». Le bassin du Puy, encadré par de hauts reliefs granitiques ou volcaniques et isolé par des cols à plus de 1 000 m, a longtemps fait figure de « bon pays » densément peuplé avec ses traditions artisanales (dentelle, soierie). Ces campagnes ressemblaient à celles de Limagne, mais sous un ciel plus méridional. Le paysage s'est simplifié aujourd'hui avec une extension des prairies et de l'élevage bovin (laitier ou à viande). Plus qu'à sa situation à trois kilomètres de la rive gauche de la Loire, Le Puy doit son développement à ce site extraordinaire hérissé de pitons basaltiques dégagés par l'érosion. La cité s'est accrochée au flanc de l'un deux, le rocher Corneille, surmonté aujourd'hui d'une gigantesque statue de la Vierge. A proximité, dans ce lacis de hauteurs, le rocher Aiguilhe ou rocher Saint-Michel possède une chapelle romane ; tout ce patrimoine et la vieille ville ont bénéficié d'un classement en secteur sauvegardé, la cathédrale étant inscrite à l'inventaire mondial de l'UNESCO ; comme Lourdes ou Lisieux, Le Puy est une des rares villes françaises où la fonction religieuse est essentielle dans la croissance : sanctuaire et pèlerinage vers la vierge noire, étape sur le chemin de Saint-Jacques-de-Compostelle, tout cela explique la petite industrie, le commerce, puis les activités administratives. Le secteur tertiaire est désormais complété par une forte fréquentation touristique (peut-être cinq cents mille visiteurs par an). On compte beaucoup sur une intense vie culturelle, sur l'École nationale de musique et sur l'événementiel (fêtes Renaissance du Roi de l'Oiseau) appuyé sur un parc hôtelier de qualité. Les périphéries de Blavozy, Chadrac ou Brives-Charensac sont actives grâce à l'industrie développée après 1945 : agroalimentaire (lait et fromageries, minoterie et malterie, liqueurs), tissus d'ameublement, construction métallique, papeterie. Les deux seules entreprises de taille notable (Michelin et pharmacie Merck Sharp et Dohme) sont liées à des décentralisations clermontoises. Aujourd'hui, l'agglomération s'étend en périphérie (42 600 hab.) et l'aire urbaine dépasse les 58 000 habitants. Relativement autonome par rapport à Clermont-Ferrand, Le Puy accroît son influence sur des campagnes vidées (pays de 92 000 hab.). Et encore le

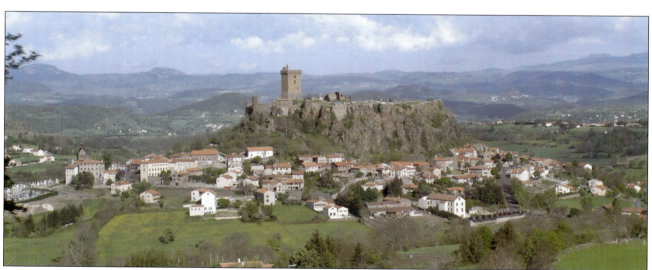

Bassin du Puy et rocher de Polignac

Brivadois lui échappe tout comme l'Yssingelais. Il faut dire que Saint-Étienne n'est qu'à 80 kilomètres et Lyon à 130 ! La préfecture reste à l'écart des grandes voies d'échanges malgré d'importants travaux routiers sur la RN88 (Lyon-Toulouse). Elle espère beaucoup d'un réseau de villes moyennes (Rodez, Mende et Aurillac) afin de développer le travail du bois, l'agroalimentaire ou le tourisme. Mais toutes ces cités paraissent bien éloignées entre elles.

À l'amont du bassin, le massif du Mézenc et la haute vallée de la Loire sont partiellement soumis à l'influence de la ville. Il n'en reste pas moins que cet ensemble de hauts plateaux hérissés de pitons phonolitiques, se caractérise également par sa situation de « confins » mal reconnus, à la périphérie de deux départements, de deux régions, de deux anciennes provinces et juridictions ; et le récent Parc naturel régional des monts d'Ardèche se calque (trop) étroitement sur la limite départementale et ignore la partie vellave. On est là dans un des pôles de froid du Massif central, d'autant plus ressenti que le peuplement atteint des records en altitude

Meygal vers Saint-Julien-Chapteuil

avec des fermes dispersées. L'isolement n'encourage guère les jeunes à rester au pays et les conséquences démographiques sont désastreuses : le Mézenc a encore perdu la moitié de ses effectifs sur le dernier demi-siècle (23 000 hab. en 1954, 11 000 en 1999). Les densités sont désormais inférieures en moyenne à 15 hab./km². Les résidences secondaires représentent déjà 40 % des logements et une petite fonction touristique se développe, alimentée par l'image des sources de la Loire, les excursions vers le Mézenc et le lac d'Issarlès, les colonies de vacances et même la pratique des sports d'hiver dans la petite station des Estables aménagée sur intervention du Syndicat d'Initiative du Puy. Le massif demeure pourtant un espace agricole. Les derniers agriculteurs, parfois dynamiques, ont rejeté la polyculture pour se tourner vers l'élevage, soit pour le lait collecté par des coopératives ou des industriels privés, soit pour la viande (broutards, taurillons) au sein de grandes structures ; la tradition des bœufs vendus sur les foires a même été relancée.

Le « fin gras du Mézenc », viande persillée obtenue à partir d'un engraissement au foin l'hiver, vient de décrocher l'AOC avec une aire géographique de trente-deux communes à cheval sur la Haute-Loire et l'Ardèche.

La bordure orientale : l'espace métropolisé

Avec le pays d'Annonay et le nord Vivarais commence cette longue bordure orientale, dominant les couloirs du Rhône et de la Saône. Les plateaux dépassent souvent 1 000 m d'altitude, mais des couloirs de direction sud-ouest–nord-est s'ouvrent vers l'intérieur tandis que la Loire draine des bassins méridiens. Ce dispositif permet l'épanouissement de pays assez homogènes (type bassins du Forez ou de Roanne) marqués par l'industrie et la petite paysannerie, mais l'organisation territoriale actuelle renvoie surtout à l'emprise des métropoles, Saint-Etienne et Lyon, avec des effets positifs sur le plan démographique. Seules les extrémités sud et nord échappent à cette tutelle, le Morvan étant déjà soumis à Paris tandis que les influences bourguignonnes descendent jusque dans le Roannais.

• En position méridionale, le **pays de l'« Ardèche verte »** comporte de hauts plateaux aux paysages de prairies et forêts de résineux ou de châtaigniers mêlés, avec un habitat dispersé. L'élevage, à l'origine laitier, se réoriente rapidement vers la viande. Les vallées (Cance, Deûme, Doux) qui entaillent ce versant abrité, comme le piémont rhodanien d'Annonay, portent des vergers (pêchers, poiriers et pommiers), certains grimpant même sur le plateau de Vernoux ; partout, sous influence lyonnaise, on a autrefois mouliné ou tissé la soie. Mais, il ne reste plus grand chose, si ce n'est des savoir-faire et un tissu de PME. Bien placée au contact de la vallée du Rhône, du piémont vivarois et de la « montagne », Annonay est la petite capitale de ce pays ; c'est une ville en croissance (25 000 hab.), même si elle a perdu la plupart de ses activités traditionnelles du textile, de travail du cuir et du papier (Papeteries Canson et Montgolfier qui résistent mieux). Il faut dire que le renouveau est venu de l'installation des usines Renault avec une partie de la division autobus du groupe. Des problèmes de logements en ont résulté, d'où le glissement de l'habitat vers les communes proches. Grâce à un certain suréquipement commercial et à un bon environnement médical, les liens entre la ville et son « arrière-pays » restent solides, même s'ils conduisent aussi à l'arrivée de retraités, d'où un vieillissement de la population de la cité.

• L'**Yssingelais**, largement compris dans un pays « **Jeune Loire et ses rivières** » est piloté par Monistrol, petite ville (11 000 hab.) située près du fleuve, en pleine croissance grâce à son support industriel (constructions mécaniques,

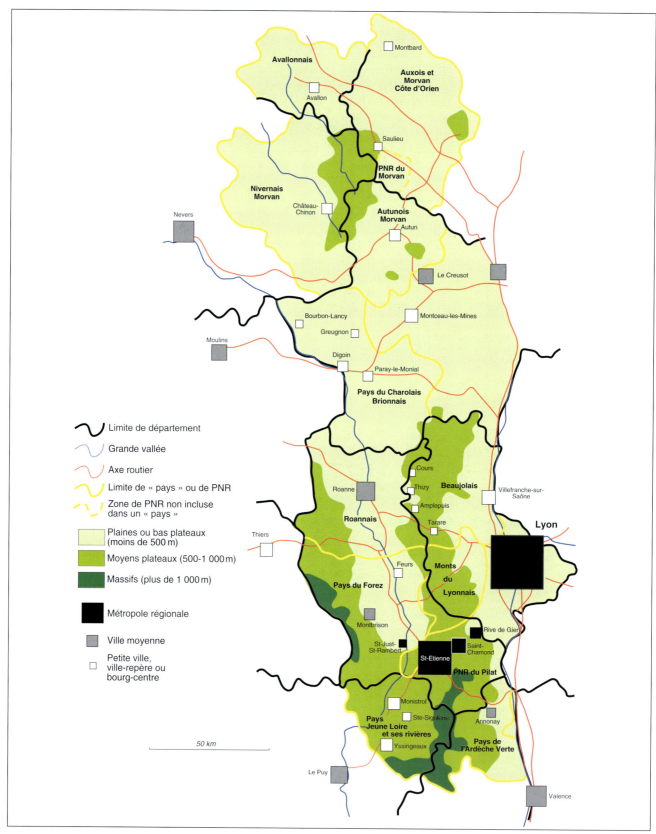

Fig. 33 – Pays et organisation de l'espace sur la bordure orientale du Massif central

textile) et malgré un manque d'équipements d'accueil. La cité même d'Yssingeaux est implantée à la charnière entre le Meygal et le plateau granitique. Vieille ville marché, avec son château fortifié, c'est surtout aujourd'hui un des centres de l'industrie (textile, mécanique, agroalimentaire) dans la sphère stéphanoise. Malgré la concurrence de Sainte-Sigolène (« capitale » des plastiques qui s'étend et dépasse 7 000 hab. mais manque d'infrastructures tertiaires), Monistrol ou Retournac, la sous-préfecture, qui avoisine les 6 500 habitants, contrôle une partie du plateau du Velay oriental, l'isolant partiellement du rayonnement ponot. Les services d'Yssingeaux sont solides (lycée, école supérieure de pâtisserie, hôpital) et se diversifient vers le tourisme. Les petits massifs volcaniques du Meygal-Lizieux déroulent leurs reliefs pentus entre le Mézenc au sud, la vallée de la Loire et les plateaux granitiques au nord. Les transitions sont souvent progressives entre ce pays cloisonné et les terroirs environnants plus ouverts. Étymologiquement « pays de la pierre », le Meygal fut autrefois caractérisé par une paysannerie pauvre dans des paysages de bocage morcelé. Le renouveau économique est réel, profitant des impulsions combinées du Puy et d'Yssingeaux. Le plateau granitique qui se prolonge vers l'ouest est encore densément peuplé, en lien avec la petite industrie diffuse et la sous-traitance généralisée (petite métallurgie, « quincaillerie » et mécanique, travail du plastique en plein essor). On compte plus de deux cents entreprises qui soutiennent le réseau dense des bourgades ou petites villes très actives et en croissance, aux portes de Saint-Étienne (Saint-Just-Malmont, Saint-Didier-en-Velay, Aurec). En outre, l'agriculture n'a pas renoncé et maintient ses livraisons laitières. Vers l'est et la vallée de la Loire, le tourisme s'insinue même, vivifié par les clientèles citadines proches, comme au Chambon-sur-Lignon ou à Tence ; les résidences secondaires des urbains y remplaçant peu à peu les maisons paysannes.

• La ville-mère de **Saint-Étienne** accueille encore plus de 180 000 habitants dans un bassin industriel qui reste puissant. En outre, l'agglomération approche les 300 000 personnes, tandis que l'aire urbaine de Saint-Etienne, qui court de la Loire au Rhône, englobe Saint-Chamond (82 000 hab.), Saint-Just-Saint-Rambert (43 500 hab.) et les communes satellites sur le Gier, mais aussi la partie amont vers Firminy-Unieux et les nouvelles cités du nord vers Andrézieux-Bouthéon, représente plus de 450 000 habitants et un bassin de 200 000 emplois. La ville est incontestablement originale, par son site (haute vallée coincée entre le massif du Pilat et les monts du Lyonnais), par son histoire industrielle, par les origines de sa population (longtemps locale, catholique et disciplinée, mais avec des velléités de promotion sociale appuyées sur le capital familial des petites entreprises), mais aussi par son identité ouvrière et les représentations qu'elle suscite (la fameuse ville « noire » industrielle, « rouge » militante et « verte » sportive d'André Vant).

Le pays est homogène, avec des campagnes encore peuplées, incluant le PNR des monts du Pilat apprécié des citadins dans un cadre herbager et forestier. Ces pentes avaient été colonisées par la petite industrie et le système de la fabrique, comme dans le bassin de Bourg-Argental ou à Pélussin. A La Terrasse-sur-Dorlay, on peut visiter la Maison des Tresses et Lacets. Le plateau granitique du Haut-Pilat est plus ouvert, avec des prairies, parfois tourbeuses, et un élevage laitier longtemps destiné au marché stéphanois. Vers l'ouest, on rejoint les landes protégées de la zone des crêts, tandis qu'à l'est la vallée du Furan marque la limite avec le versant du Jarez, davantage boisé, même si subsistent quelques vergers sur les coteaux. On retrouve les fruitiers (pommiers) et la vigne sur le piémont rhodanien et autour de Pélussin, tandis que, sur l'autre versant, la production de cerises avoisine les cinq cents tonnes par an à Cellieu.

Alors que la ville ne comptait que 20 000 habitants au début du XIXᵉ siècle et que l'on avait préféré Montbrison comme chef-lieu de la Loire, le foyer stéphanois doit son essor à l'exploitation houillère, soutenue par l'arrivée du chemin de fer dès 1832. Le charbon est extrait d'abord à l'est à Rive-de-Gier, puis se déplace vers l'ouest et le bassin de l'Ondaine. Un « pays noir », très classique avec ses usines insérées dans le tissu urbain, s'est ainsi allongé sur un cinquantaine de kilomètres dans un étroit carrefour de vallées (Ondaine, Furan, Gier), à la circulation difficile et aux risques évidents de pollution. Grâce à la force motrice des rivières descendant du Pilat, puis au charbon, la diversification industrielle fut donc assez remarquable : avec Saint-Chamond à l'aval, on débute par la soierie et la rubanerie, échappant partiellement aux donneurs d'ordre lyonnais, puis on passe à la métallurgie (quincaillerie, coutellerie et armurerie), à la sidérurgie (groupe Creusot-Loire), à la mécanique (« capitale » de la bicyclette) avec des filières de sous-traitance et des « fabricants » qui distribuent le travail à des ouvriers à domicile. Toute cette activité a débordé le bassin, gagné les plateaux de l'Yssingelais, de Craponne ou la plaine forézienne vers Feurs et Boën. La ville même s'étend selon un axe nord-sud, sur le piémont nord du Pilat, avec un centre commerçant assez actif, bien desservi par les transports collectifs, et des banlieues disparates sur les plateaux et collines, mêlant grands ensembles, pavillonnaire et zones d'activités. Mais la fermeture des mines (à partir de 1950 et jusqu'en 1975), la crise de la métallurgie, du textile (passementerie), de la mécanique (cycle) et du secteur de l'armement (Giat industrie) ont contribué à une profonde remise en cause du système productif, imposant une douloureuse reconversion avec son cortège de faillites, d'usines abandonnées et de symboles comme la disparition de Manufrance. Les luttes sociales qui ont fait de Saint-Étienne un précurseur de la mutualité et du syndicalisme, finissent par s'épuiser. Depuis le début des années 1980, le bassin a perdu le tiers de ses emplois industriels et la ville 25 000 habitants. Il faut dire que les perceptions négatives de Saint-Étienne, le chômage et la précarité de certains quartiers, les carences de l'urbanisme ont pesé sur la réadaptation, même si les municipalités successives, soutenues par une société qui possède un certain sens des réalisations collectives, ont conduit des politiques de promotion, de valorisation des espaces publics et d'accueil de nouvelles fonctions, notamment au nord-est (zone du Marais) et dans l'ancien quartier Manufrance. Dans un site difficile, les efforts de modernisation n'ont pas manqué : le centre a été restructuré avec destruction d'îlots vétustes ; il a été réanimé sur le plan fonctionnel avec la multiplication des rues piétonnes, tandis que les grands ensembles des périphéries, assez bien équipés et un temps précurseurs (on pense aux travaux de Le Corbusier à Firminy), sont en cours de rénovation. L'autoroute et la voie ferrée électrifiée ont très tôt permis le passage vers Lyon et la vallée du Rhône, mais aujourd'hui avec l'amplification des trafics routiers (y compris vers Clermont) et la desserte TGV, on est proche de l'asphyxie ; de nouveaux aménagements

Saint-Etienne, partie sud de la ville et pentes du Pilat

s'imposent, surtout si l'on affiche une politique de marketing urbain. Ainsi, une deuxième ligne de tramway est planifiée pour relier la gare de Châteaucreux et le nouveau centre des affaires au cœur de la cité. Finalement, les atouts ne manquent pas : de réelles capacités de production, un puissant tissu d'entreprises avec notamment des PME spécialisées et intégrées à des réseaux de production complexes, une main-d'œuvre qualifiée et peu coûteuse, une proximité de Lyon dont on se dit la « porte ouest ». Dès lors, et dans une logique technopolitaine, le secteur de l'optique appliquée constitue un des nouveaux pôles de développement, conjointement avec les technologies médicales, le design ou la mécanique ; ces branches se diffusant sur de nouveaux sites, par exemple dans la plaine forézienne ou sur l'ancien complexe du Giat (cité du design). De même entre Saint-Chamond et Givors, les activités traditionnelles (BSN) connaissent une renaissance, tandis qu'apparaissent des PME (agroalimentaire, textile, mécanique de précision).

Globalement, les bases tertiaires ne sont pas minces : bon équipement hospitalier et universitaire (campus depuis 1969, Ecole des Mines, écoles d'ingénieurs), appareil commercial (groupe Casino fondé par G. Guichard en 1898 et qui conforte son lien à la ville grâce à l'aménagement d'un siège social moderne sur le pôle de Châteaucreux), service aux entreprises. On joue aussi la carte sportive et culturelle (projet de Centre international de design, Comédie de Saint-Étienne, musée d'Art moderne, futur « Zénith »), tout en proclamant le patrimoine industriel. On se veut lieu de rencontre, de congrès. Il n'en reste pas moins que le malaise démographique et économique, la fréquente tutelle lyonnaise, ne permettent pas à l'agglomération de contrôler un vaste territoire. La communauté d'agglomération (Saint-Étienne métropole) a tardé à s'imposer, la vie politique étant rongée par les rivalités et les communes jalouses de leurs prérogatives ; aussi bien une partie de la vallée du Furan et surtout la vallée de la Loire (Andrézieux-Bouthéon, Saint-Just-

Musée d'art contemporain à Saint-Étienne

Vue aérienne de Roanne et axe de la Loire

totalement renouvelé et l'industrie cotonnière s'est concentrée à Roanne, d'où les « fabricants » diffusaient le travail vers le Haut-Beaujolais ou la région de Charlieu. Grâce à une bonne desserte précoce (canal latéral à la Loire en 1838, pont ferroviaire avec Saint-Étienne et Paris en 1858, puis avec Lyon par Tarare en 1866), la ville a su assez tôt diversifier ses activités liées au coton (teinturerie pour la toile « vichy », confection, bonneterie), à la métallurgie (arsenal installé en 1915, relevant du groupe Giat) et à la papeterie, devenant un fief des luttes ouvrières. Elle a surtout gardé jalousement son rôle régional sur un pays qui dépasse les 150 000 habitants, quitte à se doter d'un véritable pôle universitaire et d'un technopôle (Diderot). De nouvelles activités, dont une grosse usine Michelin, tentent difficilement de maintenir l'emploi industriel qui est resté longtemps majoritaire, mais qui est frappé dans les années 1970-1980 (bonneterie, arsenal, usines pour les machines textiles). On s'explique que l'agglomération ait régressé vers 80 000 habitants, avec la moitié seulement pour la commune-mère, d'où une petite communauté urbaine qui espère une meilleure desserte autoroutière vers Lyon, au risque d'accroître la dépendance. Il n'en reste pas moins que la gamme industrielle se renouvelle : textile avec des marques de renom comme Devernois, Marcelle Griffon, Carré Blanc, agroalimentaire (Revillon chocolatier, plats cuisinés), papeterie avec GPV-PNR leader de l'enveloppe papier-carton. Depuis 1984, on organise une « biennale du textile et de l'habillement » et la cité est intégrée au pôle de compétitivité Techtera Rhône-Alpes avec Lyon.

Vers l'aval, la plaine se confond avec la Sologne bourbonnaise dans une grande zone de confluence (Loire, Arroux, Bourbince) où l'influence de Roanne reste ténue. À Digoin, petite ville de 11 000 habitants aux activités indus-

Saint-Rambert en plein essor) lui échappent encore, créant leurs propres intercommunalités tandis que Montbrison parvenait à instituer une communauté d'agglomération.

• La **plaine du Forez** est un bassin très plan vers 300 m d'altitude, traversé par la Loire et ceinturé par les hauteurs. Avec ses sols médiocres, ce pays de grandes propriétés a longtemps été abandonné aux bois et aux étangs, avant que l'assèchement ne soit entrepris par des syndicats communaux. Avec l'utilisation des engrais, le recours à l'irrigation et les remembrements, les cultures se sont étendues (céréales, oléagineux), sans faire disparaître totalement un élevage bovin allaitant de type charolais. Les pratiques de loisirs et de chasse se sont multipliées dans un environnement urbain généralisé, tandis que le tourisme rural a profité des succès des auberges paysannes. Les côtes du Forez sont le théâtre d'un renouveau viticole, avec une appellation VDQS en 1956 et l'AOC en 2000 sur une vingtaine de communes pour moins de 200 ha. En dehors de Feurs, la vie urbaine se fixe sur la bordure de la plaine, avec une série de petites villes actives, assez industrielles, dont la plus importante est Montbrison (20 000 hab.) qui profite de ses ateliers de constructions mécaniques ou textiles et de ses nouvelles zones d'activités, pour animer un pays de 150 000 personnes, débordant sur le Puy-de-Dôme.

• Ouvert sur le nord, le **pays de Roanne** est assez autonome, jouant sur l'éloignement de Saint-Étienne et sur le seuil cristallin qui le sépare de la plaine du Forez. La mise en valeur agricole est fort ancienne, marquée par les cultures – qui connaissent un nouvel essor - et surtout par l'élevage à viande. Sur les coteaux, un petit vignoble renaît (AOC depuis 1994 avec une cinquantaine de producteurs et 200 ha). Sous l'impulsion lyonnaise, le vieil artisanat textile a été

Vue aérienne des premières pentes du Beaujolais depuis Villefranche-sur-Saône

Élevage biologique dans les monts du Lyonnais au-dessus de Mornant

trielles et tertiaires attractives, débouche la route des pays bourguignons, suivant la dépression du Creusot. Mais, on est là dans un bas pays dit du **Charolais-Brionnais**, mal polarisé avec finalement de nombreux centres assez bien équipés à l'image de Bourbon-Lancy (5 600 hab.), vieille cité thermale aujourd'hui dotée d'un important site de montage de moteurs de la firme IVECO et d'un tissu de PME et d'artisans de qualité.

• **Beaujolais et Lyonnais** sont davantage soumis à Lyon, avec de vieilles traditions textiles où s'ajoute l'influence de Roanne ou surtout de Villefranche avec son propre **pays dit du Beaujolais**. Ils opposent deux grands types de paysage : la bordure orientale, au-dessus des plaines de la Saône, se consacre largement aux cultures viticoles et fruitières, profitant d'un climat relativement sec et ensoleillé, tandis que, vers l'intérieur, les plateaux entaillés par les vallées, plus humides et plus froids, pratiquent une économie herbagère, mâtinée de quelques cultures, mais largement dépendante des marchés urbains. Si l'artisanat textile entretenait des densités élevées et a pu éviter un exode torrentiel, il est évident que l'attraction des métiers urbains a été forte aux confins et dans les parties les plus hautes. En outre, les crises industrielles n'ont pas manqué et le tissu de petites exploitations agricoles a beaucoup régressé, avec des structures bloquées, une terre très chère aux portes des aires métropolitaines.

Les **monts du Lyonnais** comportent une ligne de hauteurs boisées au-dessus des plateaux cristallins qui bordent le Rhône. L'espace rural y est encore prospère avec des densités supérieures à 60 hab./km². Il est le symbole d'un renouveau agricole dans les années 1960, sous l'influence d'une petite paysannerie entreprenante, solidement regroupée par la JAC et les coopératives, par exemple sur les cantons de Saint-Symphorien puis de Saint-Laurent-de-Chamousset. Bois et landes étaient alors défrichés pour constituer un paysage semi-bocager à l'habi-

tat dispersé, tandis que la proximité du marché lyonnais orientait les fermes des coteaux ou des vallées (comme l'Yzeron) vers les cultures spéciales (fruits, légumes) ou vers une puissante filière laitière (coopérative ORLAC), profitant des champs et prairies temporaires pour l'ensilage et d'excellentes performances techniques. En outre, compte tenu de l'étroitesse des structures (20-30 ha), on a développé l'élevage hors-sol (porcins), les cultures de petits fruits ou l'accueil à la ferme (gîtes, campings, hébergement d'enfants). Le relais industriel a suivi (chapellerie puis salaisonnerie avec la marque Cochonou, fabrique de meubles, électronique en sous-traitance). Aujourd'hui, malgré un fort sentiment identitaire, une intercommunalité précoce sur les trois cantons, un bon encadrement tertiaire et une vie associative animée, l'influence lyonnais s'impose comme en témoignent l'invasion des résidences temporaires et un fort mouvement de périurbanisation qui prolonge les riches banlieues.

Les **monts du Beaujolais** commencent par l'ensemble des monts de Tarare, que la vieille RN7 et la voie ferrée franchissent entre Roanne et Lyon. Classiquement, grâce à l'utilisation précoce de la force des cours d'eau, on travaille le coton pour Roanne à Thizy, à Amplepuis ou à Tarare, tandis que la soie de Tarare ou de l'Arbresle était destinée aux négociants lyonnais. Les fonds de vallées sont garnis de fabriques de toiles, d'ateliers d'indienneries, de petites filatures de coton ou d'usines de mousseline. Mais, le textile est entré partout en crise, avec d'importantes restructurations d'entreprises, provoquant les difficultés de maintes petites villes, comme Tarare. Cette dernière, avec plus de 15 000 habitants, garde un bon appareil tertiaire hérité de son

Morvan, plantation de sapins de Noël

rôle d'étape et maintient un peu de textile (voile tergal, velours) tout en se diversifiant avec l'entreprise Gerflor (sols PVC). De même, Cours reste attachée à la couverture de qualité, au tissu-éponge, au tissage des serpillières ou aux tissus techniques et médicaux (entreprise STC) ainsi qu'à la menuiserie-huisserie métallique (Malerba)… Les tissés peints se renouvèlent à Saint-Vincent-de-Reins (firme Deveaux) et la firme DMC est présente à Saint-Jean-la-Bussière. Thizy profite de son intégration dans une Communauté de communes qui l'associe à Amplepuis et regroupe près de 20 000 habitants. Bref, les initiatives se multiplient et de nouvelles zones d'activités apparaissent en marge des bourgades et petites villes ou profitant de friches industrielles. La montagne ou haut Beaujolais atteint 1 000 m dans des paysages remarquables, parés de beaux massifs de résineux (60 000 ha) mais avec un élevage laitier plus fragile. En contrebas, la mise en valeur poussée associe un système de polyculture (céréales, prairies pour l'élevage, vergers de l'Azergues) profondément modifié par l'extension du vignoble. Ce dernier concerne un étroit terroir de côte adossé à la montagne (huit kilomètres de largeur) et il est donc largement exclu de la définition officielle du Massif central (une vingtaine de communes sur quatre-vingt-dix). La grande propriété d'origine urbaine n'est pas absente et la petite exploitation y domine, parfois encore en métayage (système du vigneronnage), ce qui explique que la polyculture ait résisté plus longtemps. Au sud, un réseau de caves coopératives a facilité les reconversions, réduit les prétentions des négociants même s'ils restent globalement dominants. Mais toute la filière est parvenue à diffuser certaines innovations dans la commercialisation et la communication. Fondés presque exclusivement sur le gamay, les 22 000 hectares du vignoble se répartissent en trois zones de crus : au nord, les grandes appellations à dénomination locale (Chiroubles ou Morgon par exemple) ; au centre et jusqu'au canton de La Chapelle-de-Guinchay en Saône-et-Loire, les beaujolais-villages ; au sud, la région calcaire dite des « pierres dorées » où cultures et herbages prolongent les coteaux des « beaujolais supérieurs ». Le succès commercial est surtout celui des « beaujolais-villages » dont l'aire de production s'étend avec plus d'un quart des 350 000 à 400 000 hectolitres produits par an commercialisés en primeur. L'ensemble est assez prospère, même si la régularité des cours n'est pas assurée.

• Seuil de hautes terres et ligne de partage des eaux, le **Morvan** est un massif cristallin couvrant plus de 250 000 hectares, qui s'inscrit au cœur de la région Bourgogne et s'étend à la fois sur les départements de l'Yonne, de la Côte-d'Or, de la Saône-et-Loire et de la Nièvre, désormais largement inclus dans l'aire d'un PNR créé en 1970. Il est traversé de petits bassins et déborde sur les dépressions sédimentaires périphériques (Bazois, Auxois, Terre Plaine) qui ceinturent ce môle et où se sont fixées quelques villes. En effet malgré des altitudes modestes, comme le fait remarquer A. Fel, « *le contraste d'un haut et d'un bas pays s'impose […] parce que la masse montagneuse monte assez haut et qu'elle est complètement entourée de régions basses* ». Les sommets présentent plutôt des formes arrondies, dont les hauteurs sont souvent boisées. Si ces paysages

s'individualisent nettement par rapport aux plaines voisines, le massif n'a pas d'unité historique pour avoir longtemps été partagé entre le Nivernais et le duché de Bourgogne. Il a toujours été un pays de confins avec un enchevêtrement de circonscriptions : autrefois passait la frontière entre les royaumes franc et burgonde, et la limite entre les diocèses de Nevers et d'Autun. À la Révolution, le découpage en quatre départements conforte le partage, malgré un essai d'unification tenté par Autun. Aujourd'hui, la constitution des pays a également donné lieu à un éclatement souvent préjudiciable en fonction d'intérêts largement politiques et l'on relève soit du pays du Nivernais-Morvan qui concerne le cœur du massif avec Château-Chinon comme capitale, soit du pays de l'Avallonnais, soit de l'Auxois et Morvan-Cote d'Orien commandé par la petite ville lointaine de Montbard, soit enfin de l'Autunois-Morvan que pilote la sous-préfecture de Saône-et-Loire (16 500 hab.), assez bien équipée et industrialisée (métallurgie, machines-outils, câbles, chaussures, parapluies, meubles). Situé à environ trois heures de route de Paris, le Morvan est géographiquement, mais aussi historiquement, fortement influencé par la proximité de la région parisienne, qui a en particulier représenté un lieu essentiel d'émigration. Ce territoire, aisément accessible par autoroute ou voie ferrée, reste dépendant de la capitale, comme en témoignent les flux migratoires ou le poids des résidences secondaires. Mais les grandes routes restent périphériques (A6 passant au large et gare TGV à Montchanin) et les grands centres urbains sont lointains. En dehors de la grosse bourgade de Château-Chinon, le Morvan est donc surtout animé par une série de villes de contact, centre de services, comme Avallon diversifiée dans l'industrie (8 200 hab.) ou Saulieu, fief de la gastronomie. Il apparaît encore aujourd'hui comme un espace fragile à différents titres : faibles densités d'occupation (une quinzaine d'habitants au kilomètre carrré en moyenne), population vieillie, fermeture des paysages liée à la progression de la forêt (39 % de la surface cadastrée), agriculture modeste mais omniprésente (près de 20 % des emplois). Les riches prairies périphériques appartiennent classiquement à l'aire d'embouche du nord du Massif central, même si aujourd'hui on préfère produire des animaux maigres destinés à être engraissés ailleurs, le tout dans le cadre de grandes structures. Certes, des activités de diversification existent autour du tourisme et surtout de la culture du sapin de Noël (première région française productrice). Mais le massif n'offre que peu de travail dans la filière bois : la récolte annuelle représente pourtant environ 350 000 m^3, qui sont transformés essentiellement hors du territoire, notamment à Sougy (Nièvre). Une dizaine d'entreprises installées dans le Morvan ont une activité de sciage, mais elles font travailler moins de deux cents salariés. L'activité touristique demeure assez diffuse à l'exception de quelques sites notables, notamment le lac des Settons, le Musée du Septennat créé par F. Mitterrand à Château-Chinon ou bien encore le site archéologique européen du mont Beuvrey, ancienne capitale des Éduens. La création du PNR du Morvan a certes contribué à améliorer l'image de marque du massif. Mais l'été est souvent frais et, l'hiver, la faible altitude rend impossible la

Laurent Rieutort

pratique des sports d'hiver (la piste unique de la petite station du Haut Folin est rarement utilisée…). Quelques signes encourageants se dessinent. Ils sont tout d'abord démographiques : la population continuait certes de diminuer en 1999, mais la tendance semble être aujourd'hui à la stabilisation, du fait d'une amélioration sensible du solde migratoire, grâce notamment à l'installation de nouveaux habitants (y compris étrangers et en particulier Néerlandais). Parallèlement à un certain renouvellement du personnel politique en place, des initiatives se développent à nouveau (plantes médicinales, NTIC, manifestations culturelles) et se diffusent avec le soutien du PNR.

Au total, la généralisation des contrats de pays ou d'agglomération comme des chartes pour les parcs naturels, témoigne d'une nouvelle dynamique : à quelques nuances près, l'ensemble prend en compte les territoires dans leurs structures réelles et pourrait conforter la cohérence et l'équilibre du Massif central. Autour de projets, ces pays et agglomérations sont aussi des espaces d'innovations, de concertation et de mise en réseau…

Chapitre 9

DES RÉSEAUX RENOUVELÉS : DE L'INTÉGRATION RÉGIONALE À L'INSERTION INTERNATIONALE

Laurent Rieutort, Daniel Ricard

A l'échelle européenne et dans un contexte socioéconomique difficile, on ne peut que privilégier des actions d'aménagement et de développement sur un vaste Massif central qui mise sur des réseaux renouvelés. Mais au-delà de l'observation des difficultés communes, l'analyse doit tenir compte des atouts que recèle ce territoire car réunir un large ensemble d'espaces «défavorisés» n'a jamais donné une entité riche, attractive et capable de nouvelles dynamiques...

Des liaisons interrégionales inexistantes

En terme de réseaux, on rappellera tout d'abord que certaines collaborations existent depuis plus de trente ans au sein du Massif central et qu'elles se sont renforcées récemment. Les unes relèvent du pouvoir central. Elles sont anciennes et remontent aux années 1960, dans le cas de la SOMIVAL (SOciété de MIse en Valeur de l'Auvergne et du Limousin) ou de l'action dite de la «rénovation rurale»[1] voulue par Georges Pompidou et prolongée par le plan Massif central lancé en 1975, préparé par le premier ministre Jacques Chirac à la demande d'un Président de la République élu du Puy-de-Dôme. Annoncé au Puy, ce plan concerne alors dix-sept départements et vise à compenser et atténuer les handicaps, notamment l'isolement, ce qui explique que les trois quarts des sommes soient alors affectés au désenclavement routier. On favorise également la création de sociétés comme l'ADIMAC (Association pour le Développement Industriel du MAssif Central) chargée éventuellement de prendre des par-

Une des piles du viaduc de Millau
symbole d'une nouvelle ouverture

ticipations dans les entreprises nouvelles du Massif. La stratégie est confortée avec l'institution du Comité de Massif à la suite de la loi montagne de 1985, dont le père n'est autre que René Souchon, autre élu de la région Auvergne. Un Commissariat à l'aménagement et au développement du Massif central, directement lié à la DATAR-DIACT, voit le jour, bénéficiant des aides contractuelles de l'État ainsi que des fonds structurels européens.

D'autres initiatives sont liées aux choix de certaines administrations publiques et para-publiques ou issues d'une volonté professionnelle. Dans le premier cas, on évoquera les actions conduites dans un objectif interrégional (par exemple à travers le ministère de l'équipement ou de l'industrie). Dans le second, on soulignera surtout les réseaux établis à travers les chambres consulaires (chambres d'Agriculture, chambres de Commerce et d'Industrie, chambres des Métiers réunies dans une Association Interconsulaire du Massif central) ou éventuellement des firmes privées (organisation géographique et plates-formes logistiques de certaines industries ou de centrales d'achat, y compris pour les médicaments à but humanitaire). Aujourd'hui, trois structures jouent un rôle majeur.

• L'UCCIMAC qui réunit les CCI du Massif central, a été créée en 1975 sous forme associative ; c'est aujourd'hui un établissement public, groupement interconsulaire qui multiplie les initiatives dans des domaines aussi divers que le tourisme, le commerce, les infrastructures ou l'industrie. En matière de transmission-cession de PME-PMI, il suit des procédures d'accompagnement innovantes (opération « Créer et vivre dans le

Site de Saint-Julien-des-Chazes : patrimoine et tourisme intégrés
dans le programme européen Leader + du haut Allier

programme d'initiative communautaire *Interreg*).

• Les COPAMAC (COnférence des Présidents Agricoles du MAssif Central) et SIDAM (Service InterDépartemental pour l'Animation du Massif central) pour les questions agricoles et rurales, avec des misions spécifiques : études, installations, valorisation de la qualité, action européenne, information et communication.

De ce bref examen des formes d'association des différentes régions du Massif additionnant leurs moyens pour une gestion commune et pour accéder à une taille européenne, on retiendra l'orientation vers des politiques coordonnées, mais forcément différenciées (politique rurale et agricole, infrastructures de transport, fonction publique et recherche, développement industriel, promotion touristique, villes s'intégrant dans un réseau...). Depuis 2004, le Comité de Massif a ainsi élaboré, en partenariat avec les services de l'État, un schéma stratégique (« schéma interrégional d'aménagement et de développement du Massif central ») prévu par la loi sur le développement des territoires ruraux, et conçu à l'horizon

Massif central », schéma *TREIMAC* – Transmission des Entreprises Industrielles dans le Massif central, système « Place aux jeunes ») tandis qu'il met l'accent sur les communications et la mise en réseau d'acteurs. A titre d'exemples, on citera les projets engagés autour des nouvelles technologies (*Cybermassif* qui doit multiplier les équipements) ou des autoroutes A75 (appui technique aux entreprises, mise en place d'un centre de ressources à Millau, d'un club d'aires de services conjoint avec l'A71, d'itinéraires de découverte, du réseau des « perles vertes » pour les petites villes touristiques) et A20 (concept des villages-étapes qui devrait s'élargir à d'autres axes). L'UCCIMAC est également un des chefs de file d'un programme de recherche-développement *Porta Natura* qui cherche à améliorer la professionnalisation des acteurs touristiques afin de mieux répondre aux

Site de l'abbaye de Lavoûte-Chilhac, centre de conférences

nouvelles demandes des clientèles, sur le Massif central, la région *Centro* du Portugal et la *Castilla y Léon* en Espagne.

• L'APAMAC (Association de Promotion des Artisans du MAssif Central) qui traite des questions artisanales sur dix-sept départements, avec des axes forts sur la transmission d'entreprises, la reconnaissance de la qualité des produits, les nouvelles technologies et les coopérations européennes (notamment avec l'Espagne et le Portugal dans le cadre du

2030. D'après ses promoteurs qui souhaitent s'inscrire dans les grandes orientations du Schéma de Développement de l'Espace Communautaire (SDEC), « *l'entrée de nouveaux pays dans l'Union européenne place le Massif dans une situation nouvelle : il s'agit de passer d'une logique de zonage à une logique de projets au cœur du développement des territoires* ». C'est ainsi qu'ont été précisés trois axes de développement durable – accueil de nouvelles populations,

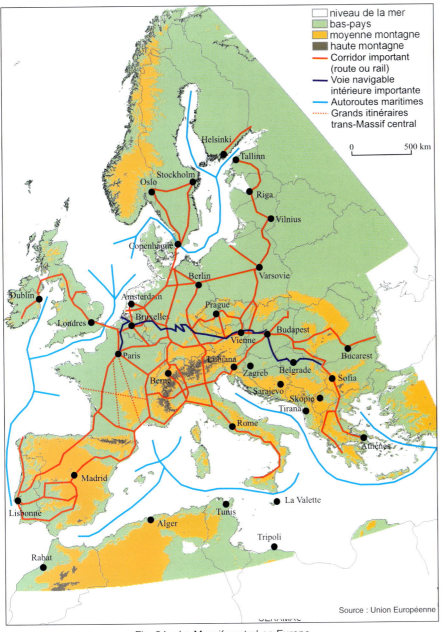

niveau de la mer
bas-pays
moyenne montagne
haute montagne
Corridor important (route ou rail)
Voie navigable intérieure importante
Autoroutes maritimes
Grands itinéraires trans-Massif central

0   500 km

Source : Union Européenne

Fig. 34 – Le Massif central en Europe

création de richesses, accessibilité du territoire – et quatre leviers – recherche / développement / transfert, structuration des réseaux, qualité de l'environnement et du cadre de vie, maintien des services aux habitants et aux entreprises. Nul doute que ces préconisations reposent sur des atouts non délocalisables et correspondent aux dynamiques récentes observées à l'échelle du Massif.

Les formes de l'insertion internationale

Outre les nombreux échanges qui existent entre les différents départements qui le composent et avec d'autres régions françaises, le Massif central s'affirme comme un espace ouvert sur l'Europe et le monde. Les quelque quatre millions d'habitants du Massif ne constituent qu'un débouché limité, surtout pour les plus grandes unités industrielles, ou les plus spécialisées ; et bien souvent, même le marché national ne suffit pas : l'exportation est une nécessité. Certes, la position intérieure peut constituer un handicap et ce sont fort logiquement les régions frontalières ou littorales qui présentent les plus fortes propensions à exporter, comme l'Alsace ou la Haute-Normandie. Mais, la croissance des flux est similaire à celle de l'ensemble de la France, avec des balances commerciales globalement équilibrées. En fonction des systèmes productifs et de la présence de

L'analyse de la propriété des quarante-trois établissements industriels auvergnats de plus de trois cents salariés (au 1er janvier 2002) permet de mieux cerner cette grande diversité des situations, et l'évidente internationalisation du capital des entreprises industrielles, y compris donc au cœur du Massif.

Onze unités dépendent de groupes industriels français cotés en Bourse (Danone, Eramet, LVMH, L'Oréal, Peugeot, Safran, Saint-Gobain, Valéo, Sanofi), dont les centres de décision sont généralement parisiens, extérieurs au Massif en tout cas. A l'inverse, seule une unité relève d'un groupe coté, mais dont le siège est local. Il s'agit bien entendu de la société Michelin (Clermont-Ferrand et Le Puy), qui fait figure d'exception.

On trouve ensuite dix-huit établissements qui sont autant de sites de production dépendant de sociétés internationales, souvent de grande taille et cotées en bourse. Là, les capitaux peuvent venir des quatre coins du monde, des États-Unis très souvent, mais également d'Allemagne, de Belgique, des Pays-Bas, de Suisse, d'Italie,

d'Espagne, de Suède, du Danemark, et même du Canada, du Japon et de Chine.

Les sociétés françaises, extérieures au Massif, ne détiennent finalement que trois établissements ! L'abattoir de Villefranche-d'Allier appartient à une grosse coopérative bretonne, la SNOP de Brioude est dirigée depuis Paris et la société AMIS de Montluçon appartient au groupe français SIFCOR.

Les groupes véritablement régionaux ne sont qu'une poignée avec la fonderie Brea de Vaux, l'entreprise de serrurerie JPM de Moulins, le groupe de presse La Montagne et la société PEM, de Siaugues-Saint-Romain, près de Langeac. Dans le cas du spécialiste altiligérien du textile Cheynet et de l'entreprise aurillacoise LAFA, le capital est désormais aux mains des salariés et de la direction.

Restent enfin certains établissements relevant de l'État, avec l'AIA à Clermont-Ferrand, les deux sites de la Banque de France, et Manhurin Défense à Cusset (récemment en perte de vitesse).

Gorges de la Loire et barrage hydroélectrique de Grangent
à l'ouest de Saint-Etienne

quelques entreprises industrielles motrices (avec leurs systèmes de filiales), le Massif central combine des exportations spécialisées (chimie organique, caoutchouc et biens pharmaceutiques en Auvergne, équipements électriques, composants électroniques, papier/papiers-cartons, produits pharmaceutiques, équipements pour automobile en Limousin) ou plus banales (métallurgie et transformation des métaux, textile, produits agricoles notamment les bovins maigres vers l'Italie ou la viande de porcs avec le leader national Madrange installé en Limousin). Les biens d'équipement sont en revanche moins bien représentés, à l'exception de Rhône-Alpes et Midi-Pyrénées (Lot). Partout, on relève une part non négligeable de marchandises en transit.

Les premiers clients du Massif central demeurent les états membres de l'Union européenne (à plus de 60 % pour l'Auvergne et le Limousin) ; l'Allemagne, le Royaume-Uni et l'Italie étant les clients les plus importants pour les départements du centre et du nord, tandis que l'Espagne et le Portugal sont mieux représentés au sud. Les États-Unis sont les premières destinations non européennes. Les expéditions vers l'Afrique sont également notables en Auvergne ou en Languedoc.

L'Allemagne, l'Italie, la Belgique/Luxembourg, l'Espagne, les États-Unis voire l'Asie ou le Chili (5e partenaire du Limousin) sont les principaux fournisseurs de biens intermédiaires et de consommation.

Il faut dire que les entreprises sont largement ouvertes, même si seul un petit nombre d'établissements réalise l'essentiel : en Auvergne, 10 % des sociétés exportatrices réalisent 90 % du chiffre d'affaires à l'exportation. En Limousin, 70 % des exportations sont réalisées par des multinationales françaises ou étrangères (Legrand, Valeo, Borg Warner, Isoroy, Electrolux…). Toutefois, certaines structures modestes tentent de s'associer pour mutualiser leurs moyens matériels, humains et financiers, comme par exemple les groupements de producteurs pour exporter les « broutards » vers l'Italie.

L'ouverture économique est donc une réalité. Et elle ne date pas d'hier dans le cas de l'industrie du Massif central, puisque dès avant la grande guerre par exemple, les maîtres de forges montluçonnais vendaient leurs fontes et leurs aciers un peu partout. De même, les pneumatiques Michelin suivaient déjà l'expansion de l'automobile sur le continent. Mais les couteaux thiernois, la mousseline de Tarare ou le fromage de roquefort se retrouvaient également un peu partout à l'extérieur de la montagne, voire à l'étranger. Aujourd'hui, cette ouverture est inévitable, vitale même pour les entreprises. L'industrie en effet, totalement soumise aux règles de la concurrence, peu soutenue ni protégée à la différence de l'agriculture, est complètement intégrée, dans le Massif central comme ailleurs, dans le processus de la mondialisation. À côté des exportations, cette ouverture s'exprime à travers la provenance des capitaux employés dans l'industrie. L'analyse n'a guère de sens pour les petites unités de quelques salariés, quasiment toujours familiales et, par nature, contrôlées localement. En revanche, dès que l'on atteint plusieurs dizaines d'emplois, le caractère local s'efface, partiellement tout au moins, pour faire place, progressivement, à des capitaux extérieurs au Massif. Ceux-ci, français ou étrangers, sont considérables et assez fluctuants, reflétant en cela les modifications continuelles de la propriété de ces entreprises. Ainsi, en 2004, l'usine Pechiney d'Issoire est-elle reprise par le Canadien Alcan, numéro un mondial de l'aluminium. Non loin de là, l'usine chimique de Vertolaye est passée, ces dernières années, des mains de Roussel Uclaf à celles de Hoecht (Allemagne), puis de Aventis (suite à la fusion entre Hoecht et Rhône Poulenc) et enfin de Sa-

La haute vallée de la Loire associée au Danube et au Rhône dans le cadre
du Cercle international des sources de grands fleuves

nofi, quand ce dernier groupe absorbe Aventis. De même, à Commentry, l'usine spécialisée dans la production d'additifs pour l'alimentation animale est-elle récemment passée des mains de Aventis à celles de Sanofi, puis au fonds d'investissements CVC, puis au fonds Drakkar Holding (Bel), avant d'être revendue début 2006 au groupe chimique chinois ChemChina !

Comme on le voit, l'industrie purement locale et régionale a vécu, preuve d'une intégration évidente dans les circuits internationaux. D'un côté, une telle situation fragilise peut-être le tissu économique du Massif. Mais à l'inverse, c'est également la preuve d'une compétitivité certaine des sites de production, puisque, à l'évidence, Américains, Suédois ou Japonais n'hésitent pas à investir avec, sauf exception (Sediver à Vichy,…), des participations durables.

Par ailleurs, le Massif central est de plus en plus traversé, assurant un trait d'union entre l'Atlantique et l'Europe rhénane, entre le Nord et la Méditerranée. Dans le domaine des transports, l'ouverture des grandes transversales Nord-Sud (A75, A89 et A20) ainsi que l'amélioration de la Route Centre Europe Atlantique, peut-être doublée dans le futur par le projet de liaison ferroviaire TAA (Transversale Alpes Atlantique), contribuent à repositionner le Massif central comme un espace d'échanges de personnes et de marchandises, d'idées et de culture entre l'Europe, y compris orientale, et les Sud. D'ores et déjà, des partenariats se développent avec le Sud-Ouest européen et d'autres régions aux enjeux similaires.

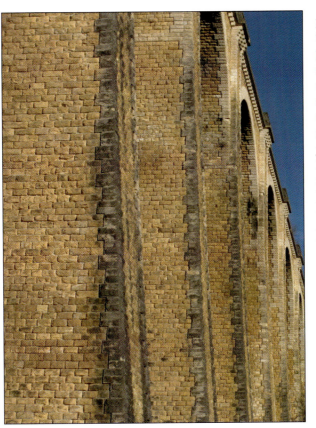

Viaduc de Souillac,
symbole d'une ouverture ancienne (1891)

Ces dynamiques devraient permettre, à moyen terme, d'atténuer, à défaut de les faire disparaître, les fragilités et perceptions négatives d'un Massif central, appelé à jouer un rôle actif à l'échelle européenne. Si de nombreux massifs de moyenne montagne restent aujourd'hui « périphériques », à l'écart des grands flux commerciaux, que ce soit dans les Îles britanniques, en Scandinavie ou dans l'Europe orientale et méridionale, d'autres sont beaucoup plus accessibles, notamment dans ce cœur économique autour de l'Allemagne et des états voisins. Or, malgré un héritage difficile, le Massif central est en passe de se rapprocher de cette seconde catégorie, tout en privilégiant la qualité et la durabilité des paysages et des activités.

Note

1 – On remarquera toutefois que la politique de « rénovation rurale » avait séparé le Massif central en deux entités pilotées par des commissaires différents : un ensemble Limousin (auquel s'ajoutait le Lot) et un bloc comprenant l'Auvergne (sans l'Allier), la Lozère, l'Aveyron et une partie de l'Ardèche.

Références bibliographiques

• La littérature est évidemment très riche même si les ouvrages de vulgarisation sont peu nombreux en dehors du beau *Massif central* publié en 2005 par les éditions Ouest-France. Des reportages bien informés et une iconographie irremplaçable sont également disponibles dans le magazine bimestriel *Massif central*, créé en 1991 et publié au Puy-en-Velay. En 1996, aux éditions Autrement, un collectif d'auteurs dirigé par L. Tarrago avait proposé un intéressant *Massif central, l'esprit des hautes terres*. Le recours aux cartes IGN et aux guides de randonnée de Chamina qui couvrent une grande partie du Massif et sont agrémentés de textes de qualité, s'impose pareillement. Les statistiques de base sont fournies par l'INSEE ou par les Directions Régionales de l'Agriculture et de la Forêt. Les atlas actualisés sont peu nombreux, à l'exception d'un petit *Atlas du Massif central* diffusé par l'INSEE Auvergne (*Dossiers*, n°5, 2002) ; à une autre échelle, citons le remarquable *Atlas du Limousin* issu des Presses Universitaires de Limoges en 1998, l'*Atlas permanent de la région Languedoc-Roussillon* (Reclus, 1990) ou *Représentations de Midi-Pyrénées* (Privat, 1995). D'innombrables sites Internet apportent enfin des compléments d'information, notamment ceux des collectivités territoriales, des chambres consulaires ou de la DATAR-DIACT.

• Sur le plan universitaire, les travaux n'ont pas manqué. Dans les grandes synthèses qui évitent de recourir aux publications antérieures, même lorsqu'elles étaient de qualité (comme par exemple un chapitre de Ph. Arbos dans *La France, géographie, tourisme* paru aux éditions Larousse en 1951 ainsi que *Le Massif central* de P. Estienne, EDSCO, 1960 ou le « Que Sais-Je ? » de Mme S. Derruau-Boniol et A. Fel, 1970), on mentionnera l'ouvrage de G. Bouet et A. Fel, *Le Massif central*, Flammarion, 1983 ; outre une solide introduction, on y lira des analyses fouillées sur l'Auvergne et le Limousin ainsi qu'une riche bibliographie que l'ont peut compléter par les autres volumes de cette collection *Atlas et géographie de la France moderne* (*La région lyonnaise* de R. Lebeau, *Le Midi toulousain* de F. Taillefer, le *Languedoc et Roussillon* de R. Ferras, H. Picheral et B. Vielzeuf, la *Haute-Bourgogne et Franche-Comté* de P. Claval). Plus récemment, les géographes ont adopté les découpages régionaux, par exemple dans l'intéressant *Portrait de la France* d'A. Frémont (Flammarion, 2001) ou dans le très à jour *La France, les 26 régions*, Colin, 2005. Aux éditions Bonneton, on trouvera des volumes consacrés à l'Auvergne (nouvelle édition de 2005, géographie par E. Bordessoule), au Limousin (2005), à la Bourgogne (2005) ainsi qu'à plusieurs départements (Lot, Cantal, Puy-de-Dôme, Allier, Lozère, Corrèze, Haute-Vienne, Ardèche, Loire, Haute-Loire). Des mises au point sont aussi fournies dans la *Nouvelle géopolitique des régions françaises*, publiée chez Fayard en 2005 sous la direction de B. Giblin.

• Dans la profusion des publications locales, on doit retenir la riche collection du CERAMAC, éditée par les Presses Universitaires Blaise-Pascal et notamment les volumes 1 (collectif sous la direction de J.-P. Diry, *L'Auvergne rurale*), 12 (*Sections et biens sectionaux dans le Massif central* de P. Couturier), 14 (*Les friches dans le Massif central*), 15 (*Commerces et services dans les campagnes fragiles*), 16 (*Organisation et dynamique urbaines du nord du Massif central* par J.-Ch. Edouard), 17 (*Les « montagnes » du Massif central* par E. Bordessoule) ou 18 (collectif, *L'Auvergne urbaine*). Bien qu'ancienne, la thèse d'A. Fel sur *Les hautes terres du Massif central* (PUF, 1962) est irremplaçable pour comprendre les sociétés locales et les héritages ruraux. Une approche géohistorique est également fournie par P. Bonnaud dans sa thèse, *Terres et langages, peuples et régions*, Clermont-Ferrand, 1981, ou dans son essai anticonformiste *De l'Auvergne*, éditions Créer, 2003. L'approche environnementale a profité des nombreuses recherches de M. Derruau, de P. Estienne (sur le climat) et plus récemment d'Y. Veyret-Mekdjian ou B. Valadas (sur la morphologie). Voir aussi le travail passionnant de F. Serre (*La neige dans le Massif central, une contrainte pour la gestion des territoires ?*, PUBP, 2001). *L'Allier* (Privat, 1991) ainsi que *La Loire* (Delachaux et Niestlé, 2002) ont fait l'objet de beaux ouvrages sous la direction de Ch. Bouchardy. Les approches socioéconomiques sont plus rares : sur l'agriculture de qualité, on pourra recourir aux nombreuses publications de D. Ricard tandis que sur les transports on retiendra la thèse de Fr. Faucon, soutenue à Clermont en 1997. L'industrie bénéficie des analyses éclairantes de M. Fournier, *Les dynamiques industrielles d'une moyenne montagne, innovations, initiatives en Auvergne et Velay*, Publications de la Faculté des Lettres de l'Université Blaise-Pascal, 1998.

• Enfin, l'accès par « pays » ou ensembles régionaux est facilité par une pléthore d'études mais rarement mises à jour. Pour l'ouest, on peut exploiter la présentation de la Haute-Vienne par G. Bouet et O. Balabanian (éditions Bordessoules, 1983), du Rouergue par G. Mergoil (Privat, 1982) ou R. Béteille (*L'Aveyron au XXe siècle*, Éditions du Rouergue, 1999). Le travail original de P. Marty (2004) sur *Forêts et Sociétés* (Presses de la Sorbonne) traite de problématiques qui débordent le strict cadre départemental. Analyses actualisées d'O. Dehoorne sur *Tourisme et développement rural : l'exemple du département de l'Aveyron* (CGHS, 1998) ; *les terroirs du vin de cahors* viennent d'être décrits par E. Rouvellac (PU de Limoges, 2005). La bordure méridionale a fait l'objet de la synthèse de H. Guibourdenche et J. Marcou sur l'Ardèche (La Documentation Française, 1997) tandis que les Cévennes sont approchées par les collectifs dirigés par Ph. Joutard en 1979, puis par A. Rivière-Honnegger en 1995 (Privat). Voir également sous la direction de J. Rouzier, *Le*

Laurent Rieutort et Daniel Ricard

Languedoc-Roussillon, histoire d'une mutation 1950-2001 (Privat, 2002) et les *Grands Causses, nouveaux enjeux, nouveaux regards,* publiés à Millau en 1995. Le travail original de P. Chevalier sur les *Dynamiques tertiaires de l'espace rural* (Université Paul-Valéry) accorde une grande place à l'Aveyron et à la Lozère. Sur le centre et l'est, les œuvres sont surabondantes. On retiendra l'essai de P. Mazataud, *Géopolitique de l'Auvergne*, Ed. Créer, 1987, à compléter par le volumineux travail collectif sur *L'identité de l'Auvergne, mythe ou réalité historique (Ibidem*, 2002). Le guide géographique Masson *Auvergne* (1988) rendra service par son approche paysagère ainsi que son concurrent naturaliste *L'Auvergne*, Delachaux et Niestlé, 1997 (chapitre de P. Vitte). Outre l'excellente synthèse de Ch. Mignon, dans le collectif *La France et ses régions* (SEDES, 3e édit., 2000), comment ne pas citer également les volumes sur *Les Monts d'Auvergne* (Privat, 1983), le *Pays de Thiers* (PUBP, 1999), *Les Monts du Forez* (Centre d'études foréziennes,1990), le *Roannais (Ibidem*, 1993 ; à compléter par les travaux de Jean-Pierre Houssel), *La Margeride* (INRA, 1983), la chaîne des Puys (*Les Jardins de Vulcain* par Y. Michelin, Éditions de la MSH, 1995) ? La région stéphanoise est traitée dans les publications d'A. Vant (*Imaginaire et urbanisation, recherches sur l'exemple stéphanois*, Centre d'études foréziennes, 1990), de Cl. Crétin ainsi que dans le superbe *Saint-Étienne, cartes et plans (Ibidem*, 1990) ou dans des articles de la revue *Géocarrefour* (entre autres par G. Gay). Sur Clermont-Ferrand, les travaux des géographes urbains du CERAMAC et notamment ceux de Ch. Jamot, tentent de suivre la croissance et les aménagements de l'agglomération.

Achevé d'imprimé en septembre 2006
Imprimerie Barnéoud
B.P. 44 - 53960 BONCHAMP-LÈS-LAVAL
N° d'imprimeur : 607093
Imprimé en France

© CERAMAC
Clermont-Ferrand, 2006
ISBN 284516-333-9
ISSN 1242-7780